远东国际军事法庭庭审记录·中国部分
——全面侵华检方举证

Transcripts of the Proceedings
of the International Military Tribunal for the Far East:
The China related
——Invasion of Inland China

主编 程兆奇

徐真 译　陈爱国 校

上海交通大学出版社
SHANGHAI JIAO TONG UNIVERSITY PRESS

国家图书馆出版社
National Library of China Publishing House

内容提要

本书所译，为远东国际军事法庭庭审记录中1946年7月22日至同年8月15日期间的中国部分，主要由检方提出证据或传唤证人出庭作证，其主要内容是检方举证卢沟桥事变及其后日本全面侵华的罪行，包括卢沟桥事变的背景、爆发的经过，以卢沟桥事变为开端日本实施全面侵华战争的经过，以及卢沟桥事变后日本对华外交政策等一系列侵华罪行及其相关资料。

本书以上海交通大学出版社、国家图书馆出版社2013年英文版《Transcripts of the Proceedingsof the International Military Tribunal for the Far East（远东国际军事法庭庭审记录）》为底本翻译，参照雄松堂1968年日文版《遠東國際軍事裁判速記録》校对。

图书在版编目（CIP）数据

远东国际军事法庭庭审记录.中国部分／东京审判研究中心编译.—上海：上海交通大学出版社，2016
ISBN 978-7-313-14847-6

Ⅰ.①远… Ⅱ.①东… Ⅲ.①远东国际军事法庭—史料 Ⅳ.①D995

中国版本图书馆CIP数据核字（2016）第080135号

远东国际军事法庭庭审记录·中国部分
——全面侵华检方举证

主　　编：程兆奇	译　　者：徐　真
出版发行：上海交通大学出版社	地　　址：上海市番禺路951号
邮政编码：200030	电　　话：021-64071208
出 版 人：韩建民	
印　　制：上海景条印刷有限公司	经　　销：全国新华书店
开　　本：787 mm×960 mm　1/16	印　　张：28
字　　数：357千字	
版　　次：2016年5月第1版	印　　次：2016年5月第1次印刷
书　　号：ISBN 978-7-313-14847-6/D	
定　　价（共十二册）：1200.00元	

版权所有　侵权必究
告读者：如发现本书有印装质量问题请与印刷厂质量科联系
联系电话：021-59815625＊8028

前　言

本书所译,为东京审判庭审记录中1946年7月22日至同年8月15日期间有关中国的部分,其内容以卢沟桥事变及日本全面侵华罪行为主。本册所译的庭审记录中,检方从"卢沟桥事变的背景"、"卢沟桥事变爆发及全面侵华"以及"对华外交"这三个方面举证了日本全面侵华罪行。

庭审记录不仅包括检方提交或宣读书面证据、传唤证人出庭作证并进行直接询问,还记录了由辩方对证人进行交叉询问的整个过程。

在举证过程中,检方共引证6位证人的证词(本书不含控诉南京暴行罪的相关证人),证人分别为:

原北平市长、中华民国第二十九军副军长秦德纯;

美国报纸《密勒氏评论报》特派编辑约翰·鲍威尔;

宛平县县长王冷斋;

美国驻华大使戴维·巴雷特;

美孚石油公司(汉口)经理多兰斯;

国际新闻社首席记者约翰·戈特。

以上证人的证词包括华北局势与卢沟桥事变、日本侵略中国东北与九一八事变、日本侵占上海及日军虐待平民暴行、卢沟桥事变爆发经过、日本侵占汉口、日本全面侵华等内容。

为了举证日本全面侵华罪行,检方还提交或引证、宣读了大量证据,这些证据包括证人宣誓证词、被告讯问笔录、中国抗战时期军队伤亡统计表、日军侵华年表,以及日本全面侵华时期日本政府声明、外交文书等相关内容。各号证据具体内容如下(按庭审时检方提交或宣读顺序排序）：

检方第 198 号证据：《秦德纯第 1 陈述书》；

检方第 199 号证据：《秦德纯第 2 陈述书》；

检方第 200 号证据：平汉线永定河铁桥照片；

检方第 201 号证据：卢沟桥铁桥鸟瞰图；

检方第 58 号证据：《日美外交关系丛书》第 2 卷摘要；

检方第 59 号证据：国际联盟总会通过的报告书（1933/2/24）《在满洲的日本人是侵略者》；

检方第 57 号证据：《国际联盟李顿调查团报告书》（1932/10/2）；

检方第 247 号证据：《义和团事件议定书》；

检方第 249 号证据：《美国陆军上校戴维·巴雷特宣誓证词》；

检方第 252 号证据：中华民国政府制作的《中国军伤亡统计表》（1937/12/7－1945/8）；

检方第 253 号证据：重庆市统计部制作的《重庆空袭受害统计表》（1937/12/7－1945/8）；

检方第 254 号证据：1946/6 中华民国制作的《日军军事侵略中华民国年表》；

检方第 255 号证据：同盟国对被告武藤章讯问笔录（1946/4/16）：《俘虏待遇》；

检方第 256 号证据：同盟国对被告畑俊六讯问笔录（1946/1/14）：《被告的经历》、《在中国日本军的目的》、《夺取杭州之战》；

检方第 257 号证据：同盟国对被告松井石根讯问笔录（1946/3/8）：《南京事件》；

检方第 258 号证据：同盟国对被告桥本欣五郎讯问笔录：《"帕奈号"事件》；

检方第 259 号证据：中国驻屯军多田司令官致古庄陆军次官电文参秘 169（1935/12/2）：《华北各铁道的军事处理要领案》；

检方第 260 号证据：1937 年外务省报告：《中国事变发生后的人事应急措置》；

检方第 261 号证据：外交问题研究会编日本国际协会发行《松冈洋右演说集：“八纮一宇”》、《"满洲建国"之回顾（承认八周年）》；

检方第 262 号证据：松井司令官声明（1937/12/19）：《进入南京城之际》；

检方第 263 号证据：美国海军部查问法庭事实认定：《"帕奈号"事件》（1937/12/12）；

检方第 264 号证据：被告桥本欣五郎著《革新的必然性》摘要：《"瓢虫号"事件》、《新体制》；

检方第 265 号证据：被告广田外相致英国大使克雷吉文书（1937/9/21）：《英国驻华大使蒙难事件的最终答复》；

检方第 266 号证据：日本政府发行《周报》（1938/3/4）摘要：《日本精神的昂扬（文部省）》；

检方第 267 号证据：外务省情报部长河相达夫在东京帝国大学演说（1938/8）：《中国事变与帝国外交》；

检方第 268 号证据：《帝国政府关于中国事变之声明》；

检方第 269 号证据：(a) 宇垣外相内奏资料（1938/9/21）：与英国驻日大使罗伯特·克雷吉就日英悬案调整的会谈：《天津英法租界问题》、《中华民国政府联合委员会之成立》；(b) 有田外相枢府说明资料（1938/11/26）：《拒绝与蒋政权和平》、《助成新中国政权》、《门户开放》、《就机会均等要求之态度》；

检方第 270 号证据：内务省临时警察部长会议陆军新闻班长被告佐藤贤了大佐演讲（1938/8/25、29）：《中国事变处理方针》、《德国驻华大使陶德曼和平工作》；

检方第 271 号证据：枢府议事录（1938/11/2）：《帝国与国际联盟各机构终止合作》；

检方第 272 号证据：华中派遣军参谋长吉本致次官山胁文书"中支参二 263"(1939/7/24)：《华中派遣军情势判断——政治经济组织的摘要及培养建立新中央政权》；

检方第 273 号证据：驻蒙兵团参谋长石本致被告东条陆军副官通牒蒙上发 98(1938/6/19)：《蒙疆地区特别调查计划》、《张鼓峰战役停止》(1938/8/11)；

检方第 274 号证据：《蒙古建军及强化扩充基本纲要》(1939/5/1)；

检方第 275 号证据：海军军事普及部发行(1937/7－1939/5)：《中国事变中的帝国海军活动》；

检方第 276 A 号证据：《日本年鉴(1941、1942)》摘要：《占领山东省海州》、《汪精卫政权建立》、《云南铁道轰炸》；

检方第 276 B 号证据：《日本年鉴(1941、1942)》摘要：《中国作战的总成果》(1937/7－1941/6)；

检方第 277 号证据：第 85 次帝国议会议事速记记录摘要：《被告小矶首相议会演说》(1944/9/7)；

通过以上的书面证据和证人证词，检方举证了 1937 年 7 月 7 日起日本实施全面侵华战争的罪行，揭露了全面侵华战争给中国军民造成了巨大伤亡和损失等历史事实。

本册由徐真翻译，由我校对。译稿完成后，上海交通大学东京审判研究中心的石鼎老师、陈丽娜老师编制了索引。在出版过程中，得到上海交通大学出版社郁金豹老师和金迪老师的大力支持与协助，在此一并表示衷心感谢。

陈爱国
2014 年 8 月

本册出庭发言者

法官

威廉·弗拉德·韦伯

检察官

托马斯·H.莫洛
沃特·I.麦肯锡
R·S.戴维斯
肯尼斯·N.帕金森

弗兰克·塔夫纳
阿兰·詹姆斯·曼斯菲尔德
约瑟夫·季南
亨利·A.豪克斯赫斯特

辩护律师

乔治·山冈
劳伦斯·P.麦克马纳斯
太田金次郎
大卫·F.史密斯
伊藤清
富兰克林·E.沃伦
本·布鲁斯·布雷克尼
林逸郎
萨缪尔·J.克莱曼
冈本敏男
阿尔弗雷德·W.布鲁克斯
乔治·A.弗内斯

威廉·洛根
迈克尔·列文
弗洛伊德·J.马蒂斯
神崎正义
罗杰·F.科尔
冈本尚一
詹姆斯·N.弗里曼
清濑一郎
弗洛伊德·J.马蒂斯
成富信夫
高野弦雄

证人

秦德纯　　　　　　　　A·A.多兰斯

约翰·B.鲍威尔　　　　朝见一男

王冷斋　　　　　　　　约翰·戈特

戴维·巴雷特

凡 例

1. 本书主要根据庭审记录英文版翻译,参照日文版校对,内容按照庭审记录顺序排列,不作变更。

2. 书前"本册出庭发言者"名单,为译者与校对者整理而成。

3. 为方便阅读,由译者与校对者将全书分段并加各段标题。分段根据庭审内容,标题仅起提示作用。

4. 本书内容,尽可能保留原状。同时,译者与校者对某些名词作了必要的技术处理。

5. 脚注为译者与校对者所加。

6. 原文中少量明显错误或者有疑问的地方,译稿以脚注指出。

目 录

一、证人秦德纯证词：华北局势与卢沟桥事变　001

二、证人鲍威尔证词：日本侵占中国东北与九一八事变　089

三、检方开场陈述：日本全面侵华　105

四、证人鲍威尔证词：日本侵占上海　111

五、证人鲍威尔证词：大桥、江湾监狱虐待平民暴行　121

六、检方提交证据：国际联盟相关报告书及《辛丑条约》　131

七、证人王冷斋、巴雷特证词：卢沟桥事变爆发　146

八、证人多兰斯证词：日本侵占汉口　169

九、检方提交与卢沟桥事变及其后日本全面侵华相关的证据　184

十、检方提交与卢沟桥事变后"日本对华外交"相关的证据　251

十一、证人戈特证词：见证日本全面侵华　326

索引　408

一、证人秦德纯证词:华北局势与卢沟桥事变

1946年7月22日,星期一
日本东京都旧陆军省大楼内远东国际军事法庭

……

(9:35[1]再次开庭。)

……

法庭执行官:远东国际军事法庭现在开庭,并将听取提交法庭讨论的任何问题。

韦伯庭长:除了大川周明和平沼骐一郎由律师代表出庭外,其他所有被起诉人员全部到庭。还有哪位辩护人希望表达意见?

山冈辩护律师:尊敬的法庭,我希望宣布,今天上午,已经是梅津美治郎将军辩护律师的陆军少校本·布鲁斯·布雷克尼,将作为被告东乡茂德增加的美国籍辩护律师出庭。他已如期向秘书处提出出庭应诉。

韦伯庭长:莫洛上校。

莫洛检察官:尊敬的法庭,请允许我让来自中华民国的证人秦德纯将军出庭。

韦伯庭长:本法庭没有反对意见。你可以传唤将军到庭。

---

[1] 日文庭审记录为9:30。关于开庭和休庭时间,英文庭审记录和日文庭审记录之间时有若干差异,下文不一一例举——校者注。

莫洛检察官：尊敬的法庭，与此相关的，我希望能当庭出示两份宣誓证词，分别为第 2340 号文书和第 1750 号文书。两份文书均为秦德纯将军的陈词，我们希望能作为他的主要证词提交法庭。

法庭书记官：第 1750 号文书标记为第 198 号证据，第 2340 号文书标记为第 199 号证据。

（上述两份文书被分别标记为检方第 198 号和第 199 号证据，并当庭展示）

韦伯庭长：上校，这不是宣誓证词。

莫洛检察官：我知道那么说也许不对，但它是陈词。

韦伯庭长：你无权处理它。

莫洛检察官：我希望能将这些陈词递交给秦德纯将军仔细审查。

法庭执行官：庭长阁下，证人已到庭，并将宣誓。

（秦德纯，作为检方传唤的证人，首先宣誓，并通过中文翻译作证如下）

莫洛检察官：尊敬的法庭，我知道这些证词都是十分严肃的，是一份由中华民国政府提交的真实、可靠的陈述。

韦伯庭长：是中文文书吗？

莫洛检察官：是的，庭长阁下。根据证人的良知，我们认为将军的陈词是真实的。

韦伯庭长：我们知道这是一份由中国代表提供的中文文书，所以我们允许你询问证人文书的内容是否真实，并且像宣誓证词的做法那样在法庭上宣誓这些内容是真实的。

直接询问（由莫洛检察官询问秦德纯证人）

问：我想请问将军，你是不是做出手中这份陈词的秦德纯将军本人？这些陈词是否真实？是否依据你的良知而做出的真实陈述？

答：除了两个用词方面的错误外，文书中所述的事情都是真实的。第一个用词错误是关于七七事变部分，第二节，在"B. 日本入侵的阶段"下面经济垄断部分。在这个中文陈述里,铁路的名称是"沧石铁路"。这条铁路的正确名称是"津石铁路"。在中文陈述的最后一部分提到我的头衔是"第二十九军军长",正确的应该是"第二十九军副军长"。

……

韦伯庭长:你必须重新开始。

莫洛检察官:重新开始?

直接询问(由莫洛检察官询问秦德纯证人)(继续)

问:我想请证人仔细查看呈现在他面前的这两份陈述书,并且告诉大家这是否是他在这个案件中的宣誓证词。

答:我已经仔细阅读了这份陈述书,确实是我的宣誓证词。

问:这些陈述是否真实的、准确的?

答:是的。

问:我还希望给证人看第2211号和第2212号文书,并且询问他是否能辨别这两样东西,并说出它们是什么。

答:这是卢沟桥附近的一座桥,也就是平汉线铁桥,铁桥横跨永定河。第二个是卢沟桥的鸟瞰图。

……

莫洛检察官:尊敬的法庭,我想宣读第199号检方证据,也就是第2340号文书。(宣读)

日本侵略中国华北的事实

(I) 察北事件[1]

1935年6月,两名日军军官和两个日本士兵坐车从多伦,经过

---

[1] 即"第二次张北事件"——校者注。

张北县去张家口。当到达张北县城北门时，他们不服从守备人员的检查指令，也没有向守备人员出示入城许可（按照规定，日本人进入察哈尔省需要事先从日本驻张家口领事处领取由察哈尔政府提供的入城许可）。在这种情况下，张北县城北门守备指挥官将这四人带到赵登禹将军（第一三二师师长）所在的张北城内的师指挥部。赵师长通过电话向在张家口的第二十九军军长宋哲元将军请示，宋将军允许这些日本人通过张北县前往张家口，但同时强调，这个并不能视为一个先例，今后想入省的人仍然必须按规定携带入城许可。那四个日本人继续前往张家口，最后去了北平。

上面提到的日本人离开之后，日本驻张家口领事桥本[1]突然提出抗议，声称在张北县北门，守备人员要求搜查日本军官和士兵时，拿着步枪指着这四个人，并且在抵达第一三二师指挥部后，这四人被扣留长达四至五个小时，这是对日本军人的侮辱。桥本要求惩罚当天负责的军官并要求中国政府道歉。他还要求中方保证今后不再发生类似事件。宋将军命令我以第二十九军副军长的身份同日方谈判。几个回合谈判下来，桥本突然宣称这个事情很严重，已经超过领事馆能够解决的范围，这个事情将交由天津日本驻屯军处理。天津日本驻屯军派出的代表是土肥原贤二少将。于是，我随即赶到北平，土肥原也到达北平，我们在那里继续谈判。

谈判的结果大致如下：

1. 负责守卫上述城门的警卫团团长必须革职查办。

2. 扣留日本军官的第一三二师军法处长必须革职查办。

3. 第二十九军必须从张北县以北的宝昌、康保、商都、沽源和化德（加十寺）等地撤军，这些地区的治安秩序必须委托给保安队来维持。

---

[1] 桥本正康，1935年日本驻张家口领事——校者注。

4. 从今以后,限制中国人移入和定居在察哈尔省的北部地区。

5. 国民党不得在察哈尔省从事任何活动。

6. 察哈尔省必须禁止所有抗日组织和反日法案。

宋将军和我将谈判的过程和结果用电报上报了中央政府,并请求中央给予必要的批准。中国政府为了寻求和平,一而再地做出妥协,但是日本军队的侵略步伐始终不停。尽管日本驻中国大使馆武官高桥坦也参加了前述的谈判,但实际的决策者是土肥原贤二。

(II) 冀察政务委员会建立前后日本的引诱和威胁策略

1935年9月,宋哲元将军被任命为平津卫戍司令时,日本多次派土肥原到北平[1],煽动建立华北自治政府,离间当地政府同中央政府的关系。

引诱策略包括:

1. 任命宋哲元将军为华北自治政府领导人。

2. 日本方面将在华北地区尽可能提供任何有关军事和经济的援助。

土肥原多次向前天津市长萧振瀛先生表示上述提议,但不论是在哪种情况下,都被我予以拒绝。之后,日军驻北平特务机关长松室孝良和日本驻中国大使馆武官高桥坦又多次作出类似的表示,也没能得逞。中央政府任命宋哲元将军为冀察政务委员会委员长,负责河北、察哈尔两省以及北京、天津两市的军事和政治事务。宋将军在军事和政治事务方面所采取的措施都与中央政府的意愿相一致,比如选举产生国民大会代表、高校学生集中军训等,所有这些都引起日方不满。日本方面意识到,他们的引诱策略已经失败了。所以日本改变原来的引诱策略,转而用威胁的方法,具

---

[1] 英文庭审记录为"华北",而日文庭审记录为"北平"——校者注。

体如下：

（a）政治方面

1. 宋将军必须按照日本要求，通电宣布华北自治政府成立。

2. 仍然留在华北地区、隶属于中央政府的宣传人员必须撤走。

3. 在北京和天津地区，公众意见必须受到控制，并且禁止那些反对自治政府的意见。

（以上三条要求由土肥原和高桥坦直接向萧振瀛先生陈述）

（b）经济方面

1. 建造津石（天津-石家庄）铁路。

2. 天津海关重新修订海关关税，增加欧洲和美国货物的关税，减少日本货物的关税。

（以上两条要求由土肥原和日军驻北平特务机关长松井[1]，通过北宁铁路局局长陈觉生，向宋将军和我本人转达，都被我们拒绝了）

（c）军事方面

1936年9月发生丰台事件。一中队日本士兵在丰台进行演习，他们越过了中国军队的警戒线，当我们的巡逻队试图阻止他们时，冲突发生了。尽管事件很快平息，日本仍然利用这件事作为其加强在丰台驻军的借口，驻军达一个大队，大队长是陆军少佐一木清直。

此外还有一个实例。1935年秋天，松井石根来到北平。他是已退役的大将，并且一直鼓吹所谓的"大亚细亚主义"，还希望在北平建立"大亚细亚协会"的支部。经由北宁铁路局局长陈觉生介绍，松井石根与宋将军和我见了面，我方表示不赞成。在和我的谈

---

[1] 松井太久郎——校者注。

话中,松井宣称,亚洲应该是亚洲人的亚洲,必须把欧洲和美国的影响排除出去。我笑了笑,回答说,恐怕你所谓的"亚洲人的亚洲",实际上是日本人的亚洲。除非是基于真正的平等和互惠,否则一切免谈。

(签字)秦德纯

原二十九军副军长,现国防部次长

日期:1946 年 6 月 10 日,南京

莫洛检察官: 尊敬的法庭,我这里还有一份宣誓证词,是一份陈述,第 118 号,被定为第 198 号证据,不是第 118 号,尊敬的法庭。

由秦德纯将军(原北平市市长,曾任第二十九军副军长,现为国防部次长)写的《七七事变纪实》。[1]

一、序　　言

A. 抗战前冀察军政情况

1. 政治情况

七七事变之前,在政治上管辖冀察两省的机构是冀察政务委员会。宋哲元将军以第二十九军军长身份兼任冀察政务委员会委员长,这是由国民政府任命的,所有冀察两省、平津两市之政务及驻军统归宋将军节制指挥。冯治安将军和刘汝明将军分别任河北省和察哈尔省政府主席。我是当时北平市的市长。后来以总司令身份为国英勇捐躯的张自忠将军,时任天津市市长。

这些日本侵略者毫不费力地入侵了中国的东三省之后,接着又入侵了热河省并发动了长城战役,所以他们觉得也能像这样轻

---

[1] 以下内容部分参考、摘自:中国人民政治协商会议全国委员会文史资料研究委员会《七七事变》编审组编:《七七事变:原国民党将领抗日战争亲历记》,中国文史出版社 1986 年版,第 10~17 页——译者注。

而易举地占领华北地区的这些省市,因此北平和天津就成了中国国防的前线。但是在冀察平津四地,当地政府规划和执行的所有政策都必须与国民政府发布的指示和法律相符。例如,选举国民大会代表、所有高校学生集中军训等,这些做法都被日本侵略者视为与特殊地区地位不相符。于是日本方面一再要求开启谈判,并且干涉冀察政务委员会工作,但是所有的威胁利诱均告失败。最终,他们在1937年的7月7日采取了军事侵略行动。

2. 军事情况

在华北地区,第二十九军是主力部队,并且在河北、察哈尔、北平和天津都有驻防部队。在七七事变发生时,冯治安将军所率的第三十七师驻扎在北平郊外,也就是南苑、北苑、西苑、卢沟桥、长辛店和保定。张自忠将军率领的第三十八师驻扎在天津杨村、廊坊、军粮城、太沽、塘沽以及津浦沿线的马厂及沧州等地区。刘汝明师长所率的第一四三师分布在察哈尔省的张家口、张北、柴沟堡、延庆及南口等地,而赵登禹将军指挥的第一三二师,则遍布于冀南的大名、河间、献县及任丘等地区。

七七事变的发生地——卢沟桥,坐落在北平城彰仪门外西南方二十里处,宛平县政府就在桥的东边。宛平城不大,城内外均有三十七师的军队驻防。作为北平西面的交通要道,卢沟桥的战略意义重大。驻扎在丰台地区的日本军队多次要求中国驻军撤出此地,也包括撤出长辛店地区,都被我方明确拒绝了。1936年冬,为了彻底控制华北地区,日本企图加强其驻防力量,并计划在丰台和卢沟桥之间地区建造军营和机场。他们多次试图与我们协商此事,都被我方严词拒绝。失望之余,日方开始改变策略。他们用威逼利诱的方法,企图让当地居民将土地自愿出租或者出售给日本。但是根据宛平县长王冷斋的报告,当地居民并没有将自己土地租赁或是出卖给日本的意愿。为此,当地居民也做了誓词,并按手印证明其真实性。一天,桥本和日本驻华北地区部队参谋长和知,以及其他一些日本军官过来拜访我,再次要求购买这些土地。他们辩称当地居民非常希望,也自愿将土地租赁或者是卖给他们,然而至今无法实现,显然这与华北政府的阻碍有关。我的答复是,在任何国家,土地权都不可能自由租赁或者买卖给外国人。如果我们要求租赁或者买卖东京附近的土地,贵国政府也不会允许的。从最低限度上讲,地产属于个人所有,政府不能肆意剥夺个人享有的土地所有权。既然你们声称"居民愿意租赁或转卖土地",你们有什么凭证吗?桥本反驳我们,要求我们拿出居民不愿租赁或者出卖土地的证据。于是我便拿出有居民摁手印确认的誓词,这份誓词是王冷斋县长转交给我的,大意是他们不会出卖任何土地。看到这些文书,桥本和那些日本军官都说不出话来。这件让他们丢面子而且让他们愤怒的事一定是激怒了他们。从那以后,他们便以演习为借口,试图乘我方不备,入侵并占领宛平城。这是导致七七事变爆发的直接原因。

B. 日本侵略的几个阶段

1. 离间和疏远

日本方面试图离间华北地方政府同中央政府的关系,使两者关系疏远,他们用威胁、利诱等方式,试图将分散区域各个击破,所有方式都可以概括为 4 个字:利诱威胁。然而,所有的尝试都遭到当地政府的断然拒绝。日方的阴谋昭然若揭。这是敌人侵略华北的第一阶段,时间大约是从 1935 年秋至 1936 年夏天。

韦伯庭长:休庭时间到,莫洛上校。我们休庭 15 分钟。

(10:45 到 11:00 休庭)

（再次开庭）

法庭执行官：远东国际军事法庭现在再次开庭。

麦克马纳斯辩护律师：尊敬的法庭，我反对继续宣读这份文书。这份文书很显然带有证人的主观推测和意见，不只是限于事实的陈述。

韦伯庭长：它确实不应以那种形式呈现，但我想我们要接受它的证据价值，麦克马纳斯先生。

莫洛检察官：我可以继续吗，尊敬的法庭？

韦伯庭长：可以。

莫洛检察官：（继续宣读）

    2. 〔1〕经济垄断

日本方面假借友善、平等、互惠之名，试图制造经济垄断。他们提出的具体要求有：

    a. 建造津石铁路（在唐山和石家庄之间，位于河北南部）。

    b. 开发龙烟铁矿（在察哈尔省）。

    c. 修改天津海关关税，以此提高欧洲和美国货物的关税，降低日本货物关税。

所有这些会损害中国主权的要求，一概被断然拒绝。这是日本入侵中国华北的第二阶段，时间大约是在1936年夏至1937年春。

    3. 武力威胁

在意识到离间、利诱和试图经济垄断等一系列策略均告失败后，日本方面最终决定诉诸武力威胁。他们曾希望不动武就能达

---

〔1〕日文庭审记录中以2和3分别注明，呼应前文中的1，而英文庭审记录中有序号1，无2和3，本书编辑时做了数字的补充。而且，日文庭审记录中，2. 经济垄断、3. 武力威胁两段文字置于10:45休庭之前。本书按英文庭审记录顺序排列——校者注。

到目的。在卢沟桥事变一开始时,日本预估中国军队在日方相对先进的武器攻击下,只有投降。他们期望河北、山西、山东、察哈尔以及绥远省都由此变成具有特殊地位的地区,进而实现田中征服整个世界计划的第二步。他们从来没想过,在中国最高领导人的召唤下,所有中国人都将起来,奔赴抗日战争的前线。至于抗日战争持续时间如此之长,并且中国人也从未动摇过抗日的意志,这是敌人所始料未及的。

二、事件纪实

1937年7月7日夜0:10〔1〕,我接到冀察政务委员会外交委员会的报告,谓据日本特务机关长松井〔2〕说:"本日有日军一中队在卢沟桥附近演习。但在整队时,似有驻卢沟桥之第二十九军三十七师部队向其射击。射击影响到了演习。经过点名,发现走失士兵一名,日本军官要求率队进城检查"。外交委员会来电请示如何处理此事。我当即回复说,"卢沟桥是中国领土,日本军队事前未得我方同意在该地演习,已违背国际公法,妨害我国主权,走失士兵我方不能负责,日方更不得进城检查,致起误会,惟姑念两国友谊,可等天亮后,令该地军警代为寻觅,如查有日本士兵,即行送还。"外交委员会将我的这一指示转达给了日方。不久,外交委员会又来电话,谓日本特务机关和军队对我所作的答复不满,强要派队进城搜查,否则日军即包围该城。我再次立即作出回复:如果日方作出如此无理、剧烈、粗暴的行为,出于自卫考虑,我方只能选择坚决抵抗。接着我打电话给吉星文团长。当时,他指挥的团中有一个营负责卢沟桥的防卫,另两个营和他的团部在长辛店。我问

---

〔1〕 7月8日凌晨0点10分——译者注。
〔2〕 松井太久郎——校者注。

吉星文团长今晚他们有没有进行过演习,吉团长回答说没有。我又问他今晚有没有日本军队在卢沟桥附近演习,吉团长回答说没有收到这方面的消息,但表示会立即派人去调查此事。随后我将日本与我方之间的商谈情况告知他,并令吉团长派人侦查丰台方面敌军的动向;另一方面,我又打电话命令时任宛平县县长王冷斋调查并报告日本军队当晚的演习情况,查明是否真有日本士兵失踪。很快,我接到吉团长的电话,他报告说,根据派往丰台的军官汇报,约有日军步兵一大队,携炮六门,正从丰台前往卢沟桥,是否有后续部队支援还有待进一步侦察。于是,作为第二十九军副军长,我当即指示吉要守好宛平城,说:"保卫领土是军人天职,对外战争是我军的荣誉,务即晓谕全团官兵,牺牲奋斗,坚守阵地,即以宛平城与卢沟桥为吾军坟墓,一尺一寸国土,不可轻易让人。如果日本不先开火,我们也不先于他们开火。但如果他们先开火,我们必将给他们致命的打击。"接到我的命令后,吉团长加派了一个营加强卢沟桥的防卫,并由他亲自率领,巩固防御。同时,王冷斋县长也到达北平,亲自汇报事件调查的结果。之后,我派王冷斋县长、冀察政务委员会外交委员会主席魏宗瀚、魏的下属林耕宇专员以及交通委员会负责人周永业等人与日方谈判。在大约5:00时,接连有报告称,日军已抵达宛平城边界,并以武力胁迫,要求进入宛平城内。报告称,我方一方面已做好防卫的准备,另一方面也努力通过谈判阻止日军进入。在意识到已经没有可能不使用武力就占领宛平城,日本最终分三路包围宛平城。我方士兵将防御武器架设在宛平城墙上。大约6:00,敌人开始向城内炮击,并开始集结兵力。这是中日战争的开始,但是七七事变的责任肯定在日本方面。

7月8日和9日的战况很惨烈,日军伤亡很大。8日上午,日本占领了通往长辛店的铁路桥,当天晚上,两个连的中国士兵秘密前行,每位士兵都轻装上阵,仅携带一支手枪、一把大刀和四枚手榴弹,当快到桥头时,他们发动突然袭击。敌人——大约有一个中队之多——十分震惊,并悉数被灭。日军在看到遭受挫败之后,于第二天派松井[1]及其他一些人到我这里要求谈判。我在他们来之前就猜到了他们的意图,所以拒绝了。不久,他们再次前来并表明停战意图,还补充说失踪的日本士兵已经找到,所以和平解决争端是可行的。我们开始讨论,并就三个条件达成一致:

a. 双方立即停战。

b. 双方各回原防。

c. 因第三十七师对日本有较大的敌视情绪,二十九军必须调换其他部队来接替其防务。

另外,双方也就今后应避免出现类似事件达成共识。然而,这些条件不过是日本的拖延战术,他们以此来争取时间。利用这个喘息的间隙,关东军抵达北平、天津加入战争。我方觉察到了日本的阴谋,不得不命令原驻扎在河北南部大名和河间地区的赵登禹部火速增援北平。那个时候,宋哲元将军正在山东老家休假。在我多次发去电报请求他回来后,宋将军于7月12日返回北平。我们讨论了战略和战术问题。战争于7月14日再次爆发,并且比之前更为激烈。每天,敌军都会炮轰宛平城,以掩护他们在前方的步兵团,但是每次都被我军击退。7月25日,敌军侦察机发现我军大部正向北部集结,先头部队已抵达南苑地区。7月26日,日方向我方发出最后通牒,要求第三十七师必须在24小时内撤出北平地区,否则即以大规模武力攻击。为了自卫,我方立即进攻了在丰台和卢沟桥附近的敌军第二十七师团。当天晚上,日方在战斗中伤亡惨重,我方重新夺回丰台西侧和南侧地区,并继续行进至敌军司

---

[1] 松井太久郎——校者注。

令部附近。日本驻屯军司令官香月清司命令驻通州和天津的日军，装备重型武器和超过30架的战机，发动猛攻。28日拂晓，日军调集陆空优势兵力，对南苑发动全力猛攻。大规模的战事导致了自七七事变爆发以来所未有的惨重伤亡。最遗憾的是，14:00左右，第一三二师师长赵登禹将军和第二十九军副军长佟麟阁将军均在战争中牺牲。我方军官、士兵的伤亡数字超过5 000。

在这之前，我方的最高司令（蒋总司令）多次来电报，命令冀察政务委员会委员长宋哲元将军移驻保定（在河北南部）坐镇指挥。宋将军现在所做的就是执行这些指示的。我本人和宋将军于7月28日晚前往保定。7月29日和30日，在天津的中国军队英勇奋战，取得大捷。随后，这些人也根据收到的命令撤离。他们沿着津浦铁路一路撤到天津南面，还有一部分军队沿着平汉铁路线撤退。在彼此紧密合作下，他们开始投身于抗日的长期战斗中。这就是卢沟桥事变发生的经过，从那之后就开始了抗日战争。

煽动该事件发生的日军高级军官有：天津驻屯军司令官香月清司；旅团长河边正三；联队长牟田口廉也；前驻屯军参谋长酒井隆；[1]但最早唆使煽动日本侵略中国华北的是策划发动了九一八事变的土肥原贤二。所有这些人都必须对侵略战争负责。根据各方报告，日占区实行毒化政策，各类暴行层出不穷，随着时间的推移，呈愈演愈烈之势。很遗憾，由于我沿着北平-汉口、北平-大名、天津-浦口铁路沿线作战，我无法提供确凿而有力的证据证明这些行为和暴行。

签名：秦德纯

前北平市长兼第二十九军副军长

现为国防部次长

---

[1] 日文庭审记录中还包括事变时的参谋长：桥本。即"桥本群"——校者注。

莫洛检察官：鉴于证词的内容，我还是不读证明书了。尊敬的法庭，以上就是宣誓证词的全部。

韦伯庭长：辩护律师现在可以进行交叉质证。

太田辩护律师：我是土肥原贤二的辩护律师太田金次郎。我想请问证人秦德纯将军几个问题。

交叉询问（由太田金次郎辩护律师询问秦德纯证人）

问：证人声称检方拿到的两份证词都经过宣誓，真的宣誓过吗？

答：第一份证词是我在4月2日做的，是凭良心的、真实的。我写的时候并没有起过誓。第二份证词写于6月10日，情况也是一样。我只是根据事实，写出自己的良知，但并没有宣过誓。

问：那我再重复一遍，这并不是一份宣誓证词，对不对？

答：我发誓，证词是先写出来，然后得到证明是正确无误的。

问：我听说在你的国家，也就是在中国，做证词有种特殊的形式。你是否遵照这种形式？

语言监督官：更正：你用的是哪种形式？

答：检察官问我，我所提供的陈述是否真实，我承认它是真实的，然后起誓。这是我采用的形式。

问：证人是否认识程克先生？他在1935年6月时任天津市长。

答：认识。

问：证人是否认识北宁铁路局局长陈觉生先生？

答：认识。

问：所谓的"秦土协定"是不是经过程克先生和陈觉生先生的调停而达成的？

答：不存在所谓的"秦土协定"。有关冀北事务，我根据中央政府的指示，为了暂时解决此事而与土肥谈判。那时，天津市长程克、北宁铁路局局长陈觉生负责翻译。

问：所谓的"察哈尔北部事件"——察北事件——所谓的"察北事件"——下面这些事实是否与察北事件有关？1935年7月——1935年6月，两名日军军官和两个日本军士坐车从多伦，经过张北县去张家口。行至张北县东门处遭中国驻防部队枪击，之后，他们被中国士兵痛打，捉拿并拘留在一个军事警察站。这是导致事件发生的起因吗？

语言监督官：更正："两名日本军官和军士"，"军士"更正为"士兵"。另一个更正的地方："东门"更正为"北门"，以及"他们被扣留了四至五天"。

答：你说的和当时所发生的有稍许不同。实际情况是这样的：那时有两名日军军官和两个日军士兵想从张北县门通过，他们被要求出示护照。根据当时的有关规定，这些护照应由日本大使馆提供，并得到中国政府的认可。那天门口当值的中国守军要求这些日本人出示护照，但遭到拒绝。虽然这些日本人拒绝出示护照，但为了履行职责，中国守军坚持要求他们出示。那时候，中国守军只是做出拿着手中武器对准日本人的姿势，并没有开枪。在他们争吵的过程中，一名中方排长到达现场，并带着日本人进入城内，去到了第一三二师指挥部。他们一到指挥部，这些日本人就被招待吃了饭，同时，这位排长向当局报告了此事。当时这些日本人在那里吃饭，报告这些事情也花了些时间，一共大约三至四个小时，他们并不是被拘留。

问：那些谈判是不是在6月23日那天以友好的方式结束？谈判结果是不是在同月的27日得到了中央政府代表的批准？

答：确切的日期我不记得了，但我记得解决方案大约是在6月20日左右达成的。但这个解决方案仅仅是中国政府为了确保不战而做出让步的结果。

问：为了谈判能达成一致，也为了能得到一个和平的谈判协议，日中双方是不是都做出了较大让步？因为主观上希望能得到一个和平的谈判结果，和谈判初始开出的条件相比，日方做出了很大让步，是这样吗？

语言监督官：更正：或许中方是做出了让步，但日本方面也因为希望和解，对最初做的协议作了妥协，所以协议的达成是双方都让步的结果，是不是？

答：问题暂时得以解决。但如果你说达成协议的部分原因是因为日本的一再让步，这话不对。

问：那么对于协议最终达成的和平结果中方是不是也很欢迎？

答：我刚刚已经说了，中国政府是为了确保和平才忍痛与日本达成这个协议的。这不是一份出于中国人民意愿的协定。

问：在日期标记为1946年6月10日，题为《日本侵略中国华北的事实》的文书记录中，你说日本的军事集团直到那时都没有停止侵略等。那么，在日中双方都希望避免冲突的意愿下，当时这些谈判是用和平的方式进行的吗？

答：你说"直到现在，日本的侵略都没有停止"。事实并不是这样。现在日本的侵略行动已经被制止，但是那时候没有。你能让我看下那一段文字吗？

（辩方律师将上述文书拿到译员席）

韦伯庭长：休庭，13:30开庭。

（12:00 休庭）

（再次开庭）

法庭执行官：再次开庭。

韦伯庭长：本法庭以多数票决定克拉默将军有资格作为美国代表成为本庭一员。因此，驳回辩方动议。克拉默将军未参与该项决定。

史密斯先生。

史密斯辩护律师：尊敬的法庭，为保存记录，我代表所有辩方律师请求法庭允许将此驳回意见记录在案。

韦伯庭长：已经记录。还有问题要问证人的吗？

太田辩护律师：我是土肥原的辩护律师太田。

交叉询问（由太田金次郎辩护律师询问秦德纯证人）（继续）

问：我希望证人能回答我上午向他提出的问题。

答：在上午休庭之前，辩方律师就我的陈词进行了提问，也就是，在察北事件解决之后，日本的侵略始终没有停止。我在陈词中的意思是：为保证和平，中国政府在极其困难的条件下，为寻求解决方案而与日本就察北事件问题进行谈判。但是日本军国主义者的入侵行动始终没有停止，即使是在察北事件解决了之后仍是如此。陈词中的"始终没有停止"——入侵行动始终没有停止，我的意思是说，在协议签订之后，日本的侵略行为也始终没有停止。这并不是说直到现在一直没有停止侵略。

问：这一点正是我想知道的。那么接下来，我想就冀察政务委员会的建立问题提问。根据你宣誓书中的内容，证人和被告，也就是土肥原，于1935年9月到北平，并且一直待到冀察政务委员会建立。这里似乎有错误，我希望能向你指出，尽管土肥原待在北平，但是他频繁去天津，这是不是事实？

答：在我看来，土肥原将军那时大多时候在东三省。他来北平很频繁，也经常去天津。

问：那么，"土肥原1935年9月频繁去北平是为了实施他的计划"这个说法是错误的？

答：1936年6月[1]，我与土肥原就察北事件有关问题进行谈判。之前从1935年9月到1936年2月，我与土肥原经常见面。[2]

---

[1] 英文庭审记录中的日期为1936年6月，而日文庭审记录中的日期为1935年6月。察北事件的谈判时间应该为1935年6月——校者注。

[2] 日文庭审记录中此处的中文译文为：而且6月21日以后，从1935年9月10日至1936年2月左右，我与土肥原经常见面——校者注。

韦伯庭长： 现在休庭。我们将于明天 9:30 开庭。

（16:00 开始休庭）

1946 年 7 月 23 日，星期二
日本东京都旧陆军省大楼内远东国际军事法庭

……

（9:30 再次开庭）

……

韦伯庭长： 有律师想要提其他问题的吗？

莫洛检察官： 没了，阁下。

韦伯庭长： 莫洛上校。

莫洛检察官： 尊敬的法庭，我知道辩方律师还将继续交叉质证。

太田辩护律师： 我是土肥原的辩护律师太田金次郎。我想请求法庭允许我继续昨天的交叉质证。

（秦德纯作为检方传唤的证人，再次被召唤入证人席并做证词如下）

交叉询问（由太田金次郎辩护律师询问秦德纯证人）（继续）

问：证人先生，关于冀察政务委员会与华北自治运动的关系，天津市长萧振瀛和北宁铁路局局长陈觉生是同意的，并且支持这个运动，是不是？

答：关于冀察政务委员会的建立，萧振瀛和陈觉生有和土肥原联系，并与土肥原就此事进行讨论。有关自治方面的事，日本政府提出了这个议案，然后通过陈觉生转达给了中国政府。

问：那么负责北平防务的总司令宋哲元将军是否也同意了这个

提案？

语言监督官：更正：平津地区。

答：宋哲元将军从维持北平、天津地区内外的和平与秩序考虑，同意建立冀察政务委员会。但他从来没同意过在这些地区开展自治运动。

问：但是，宋哲元将军是不是在 11 月 17 日成立人民自治指导委员会，并通过该机构就这件事与中央政府谈判？

答：你所说的这个委员会从来就没有过。

问：你是否清楚以下事实：宋哲元将军对建立冀察政务委员会非常欢迎，并且曾表达过要尊重人民意愿以及维持中日两国融洽关系的原则？

答：也许有。

问：但是，那时候你是不是不知道，不仅宋哲元将军，所有参与这项运动的人都很欢迎这个提案，并且对土肥原将军所做的努力表示感谢。宋将军也为了关东军与天津部队能够继续有联络，通过陈觉生表达了希望土肥原将军留在该地区的意愿？

答：这个我不知道。我只知道当时所有人都感受到了土肥原给大家带来的压迫，而且这种压迫给大家的感觉很糟。

问：那么我想让证人看一幅画卷，这是宋哲元将军送给土肥原将军的谢礼。我希望让证人看一下这幅画卷。

法庭书记官：这幅画卷标记为：辩方第 202 号证据。

韦伯庭长：辩方还未提供。我不清楚辩方是否会作为证据提供这幅画。先别登记。

法庭书记官：为了便于识别。

韦伯庭长：如果辩方提供这个文档，无论是什么，都可能对本案的进程产生严重影响。我想在出示证据之前，辩方就应该明白这个情况。

太田辩护律师：那么庭长阁下，我想在此之后考虑出示此幅画卷并将其作为证据。但是现在是否能够允许我向证人出示这幅画卷,并让其辨认?

韦伯庭长:可以。

(一份文档递交给证人)

韦伯庭长:根据《远东国际军事法庭宪章》规定,无论在什么情况下,都将由检方做最后陈述。该条款在本法庭同样适用。

答:这是我第一次看到这幅画,它是土肥原离开中国时,宋哲元将军赠送给他的纪念品。这类赠送在各国官员间相当常见。那时候,宋哲元将军掌管该地区。他不仅赠送画卷或者类似的礼物给日本官员,也送礼物给其他在那个地区有公务的军队武官或者外国官员。

问:那么接下来,证人先生,我想问一个有关你陈词当中提到的七七事变的一个问题。你提到"田中征服世界的第二个计划",等等这些,在书面陈述的第4页。我想这不是个事实。这部分是不是有误?

答:我这份陈词是基于一本在当时中国流传甚广的小册子里的内容。小册子里提到,田中计划掌控全世界。

田中的计划分为4个阶段:第一阶段是控制和占领满洲和蒙古;第二阶段是要控制整个中国华北;第三阶段和第四阶段,用之后的事实证明,早在1940年,日本就开始了他们珍珠港计划。

问:这本小册子的作者是谁?

答:这本册子叫《田中奏折》,在中国印刷出版。

问:在你宣誓书的第4~5——你提到日本军队在中国领土上肆意进行军事演习。那么你是不是知道,在义和团运动之后,中国同其他联军于1900年签署《辛丑条约》,根据条约中的条款,日本军队可以在中国领土上进行演习?

答:是的,我知道。但是根据那时的条款,在进行任何演习之前,都必须提前告知当地政府,再由当地政府告知当地民众。

语言监督官:我想更正一下辩方律师问题的英文翻译:不仅是我

们国家，其他签署《辛丑条约》的国家也同样有在中国领土上进行演习的权利。

问：那你是不是知道，日本在进行这些演习之前，就已经完成了规定的程序？

答：因为很多次演习事先都没告知我方，很多地方的民众也很害怕，为此中方多次向日本军队提出抗议。卢沟桥事变爆发时的那次演习，事先也没通知中国政府。

问：按照《辛丑条约》有关条款，演习是在得到宋哲元将军确切许可后才进行的。那么在这些演习之前，还需要有更高层次的许可吗？

补充：难道日本军方从宋哲元将军处得到的许可不比《辛丑条约》规定的更加有效吗？

答：第一点，就《辛丑条约》来讲，外国可以在铁路沿线附近进行演习，但并不允许在更远的地方演习。

问：在卢沟桥事变爆发后不久，也就是1937年7月29日发生的通州事件。你熟悉或是知道这个事件吗？

答：我只是在事件发生后听说过此事。那时我已经不在北平了。

问：通州事件是由中国煽动者挑起的。通州的一部分保安队员进攻了冀东地区的反共政权。由于这次攻击，很多在那里的日本国民，包括妇女和儿童都遭到屠杀。即便在此之后，你也应该收到过关于这个事件情况的大致汇报，是不是这样？

答：我只是听说过此事。那时候我和宋哲元将军都在保定。

问：那么，你也不清楚日本军队在同年的7月26日遭到中国军队枪击的事情了，是吗？

答：双方于7月8日，也就是卢沟桥战争爆发的时候开战，这场战争在某些地方一直持续到1945年。

问：在你的宣誓书中，你声称土肥原将军需要为九一八事变的爆发负责。你是基于什么理由对他提出这项指控的？

答：这样陈述的根据是中国当局收到的情报。

问：九一八事变发生前，土肥原去了东京汇报"中村事件"的有关情况，在九一八事变发生时，他正在汇报完返回奉天的路上；当他听说事件爆发后也很震惊。这些你知不知道？

答：那个我不清楚。

太田辩护律师：我的提问完了。

韦伯庭长：给证人看的画卷必须编号以供辨识。

书记官：编号为202。

（上述提到的文书被标记为辩方第202号证据）

伊藤辩护律师：我是被告松井石根的辩护律师伊藤清。

既然证人不会讲法庭规定的官方语言，自然地，如果让他用其他语言会增加难度，那么，我就问一些证人回答"是"或者"否"就可以的问题。

交叉询问（由伊藤清辩护律师询问秦德纯证人）（继续）

问：我想请证人注意，不要偏离我问题的要点，回答时要紧扣主题。

韦伯庭长：这些警告无需再提。请直接提问。

中文语言监督官：作为中文翻译监督官，我想指出刚才翻译中的一个错误。在原始的中文里是说"日本军阀"，而不是译员刚才说的"日本入侵者"。

问：证人先生，在你的宣誓书中，你两次提到"松井"这个日本军官。第一次你提到特务机关长松井[1]，在1937年7月7日卢沟桥事变爆发时在北平。在另外一处你提到，一位叫松井[2]的日本退休军官在1935年秋天来到北平。我想请问这两个松井是同一个人还是两个不同的人？

---

[1] 松井太久郎——校者注。
[2] 松井石根——校者注。

答：两个不同的人。

问：当这个退休的松井将军在1935年访问中国华北时，他看到证人你，并且引用孙逸仙先生的话说，如果日本和中国能够联手，那就意味着亚洲有救了。那是"大亚细亚主义"的含义，是这样吗？

答：这事我想不起来。

问：如果你想不起来，我可以提示你一下大亚细亚协会年报，那么阁下，你能想起这事了吗？

韦伯庭长：继续你的问题。

问：你难道想不起来在12月1日，华北地区的领导聚集在天津的西湖饭店，建立了中国大亚细亚协会？

答：我从来没参加过那个会。

问：但是这份记录显示，宋哲元将军、韩复榘和你——秦德纯，以及其他人，都参加了这个聚会。

答：就像我刚才说的，我从没参加过这个所谓"大亚细亚协会在华之友"组织的会。是否有人冒用我的名字，我不好说。我听说过一个叫齐燮元的人，他是一个中国汉奸，参加了那个会。

问：那么华北地区还有没有其他叫"秦德纯"的人？

答：没了。记录里面提到的用我名字的那个人是不是陈觉生？

问：在宣誓证词中你宣称，如果大东亚——大亚细亚主义是建立在互惠精神上的，那么将"令人非常满意"。但是，孙逸仙博士的"大亚细亚主义"——关于孙逸仙博士的"大亚细亚主义"，我认为华北地区的领导们是认同的，所以我也倾向于认为，你也是赞同者之一。你能试着回忆一下你在这件事中所持的立场吗？

答：当松井石根谈到关于在北平建立大亚细亚协会华北支部[1]

---

[1] 英文庭审记录的原文为："the French Office of Greater Asia Society"，疑为"the Branch Office of Greater Asia Society"之误，此处根据日文庭审记录已做修改——校者注。

时,我和宋哲元将军都表示反对意见;但是正如我告诉过你的,这个提议后来得到了陈觉生[1]和齐燮元的同意。我之前曾说过这个会议在天津召开。关于宋哲元和韩复榘都出席了这个会议,事实上,韩复榘一直驻扎在山东,他有时来天津。[2] 所以,我甚至怀疑那是否是真的。

韦伯庭长: 我们将休庭15分钟。

(10:46 至 11:02 休庭)

(再次开庭)

法庭执行官: 远东国际军事法庭现在再次开庭。

交叉询问(由伊藤清辩护律师询问秦德纯证人)(继续)

问:证人先生,我必须说,你刚才说很多华北地区的领导人无法参加在天津召开的大亚细亚协会创始人会议,即便坐飞机也来不了。但我说的不是所有,也不是很多中国华北的领导人出席了这个会议,而是说,这个会议在天津召开,之后,很多华北的领导人认可了这个组织。

答:正如我所说的,我从没有参加过那个会议。如果我去了,我会在签到本上签名,而如果我在签到本上签了名,我自然就能认出自己的笔迹。但如果我没去,也没有在本子上签名,那就有可能是其他人把我的名字写在了上面。

问:我并没有说你出席了在天津召开的那个会,证人先生。在你的陈词中,你提到中国的大亚细亚协会是日本总部的一个分支。但是我所说的这个记录显示,它并不是一个分支,而是一个完全独立的中国组织,是基于大亚细亚主义原则建立的。而我所说的这个会议,在其最后的决议中称,亚洲人民之间相互争吵是个错误,相反的,所有亚洲人应

---

[1] 英文庭审记录的原文为"SUNG Che-yuan"(宋哲元),根据上下文和日文庭审记录,疑为"CHENG Chueh-sheng"(陈觉生)之误,此处已做修改——校者注。
[2] 日文庭审记录中记载"从济南来到天津,这几乎是不可能的",与英文原文有异——校者注。

该在"亚洲是亚洲人的亚洲"这一精神指引下解决争端,成为朋友,特别是中国和日本,更应该像朋友一样携手合作,为亚洲解放打下基础。这个宣言接着进一步阐述到,大亚细亚协会已在日本建立,中国也应该建立一个类似的、独立的机构,与日本的组织并列。你想不起这件事了吗?

答:我恐怕辩方律师已经将所谓"大亚细亚协会"的目标和它实际上所干的事混为一谈了。我之所以不去参加这个会议的原因就是……

问:如果你不承认这个,这些回答就够了。

答:不,我必须说清楚。

问:我喜欢问那些对案件有重大意义的问题,你要说的那些没有必要。在你的宣誓证词里你提到你和土肥原之间有个协议,协议里说国民党必须撤出在察哈尔地区的活动。那是什么意思?

答:并没有规定说中国军队必须撤出察哈尔地区,仅仅是规定了驻扎在张北以北六县〔1〕的中国军队必须撤出,并在那一地区派驻保安队。

问:你提到了这样一个事情,在察哈尔省有某个反日组织,政府也采取管控措施,并用强制力遏制反日组织和反日活动。那么我能不能问一下,在那一地区,究竟存在什么性质的组织,什么性质的反日组织?

答:察哈尔地区从来没有任何的反日联合会或者反日机构存在。那时中央政府的政策是,只要有一线和平的希望,就不能放弃和平谈判。如果没有——除非连一丝和平的希望都没有了,否则他们不会放弃和平的希望。遵照中央政府的政策,那时候当地政府也尽全力实施这个政策,所以根本没有任何的反日活动。那些日本军国主义者为了推行他们的侵略计划,也为了达到推动华北自治运动这一最终目的,他们就简单地给在国民党察北总部和其他政治机构贴上反日组织的

---

〔1〕 此处根据日文庭审记录翻译——校者注。

标签。

问：我希望你回答我的问题。

答：我是说,在中国没有反日运动。

问：换句话说,证人先生,你的意思是说那时候察哈尔没有反日组织?

答：事实上,张家口和张北地区的市场里充斥着日本货,这正是那一地区当时没有反日情绪的一个很好的证明。日本人就是想摆脱中国政治机构和其他官方组织,摆脱在那些地区的这些机构,并且给这些官方的政治机构贴上反日的标签。

莫洛检察官：尊敬的法庭,我要求警告辩方律师,必须允许证人说完他的回答。证人被阻止回答完问题的情况已经出现多次了。

韦伯庭长：警告信号没有有效地使用,律师的发言台那边也应该有一名军警。

问：那么证人先生,你在你的陈词中说,有必要加强措施遏制在察哈尔的反日组织。从这条上看,我必然会假定那里有反日运动。你能澄清一下吗?

答：这一表述是按日方的要求加上去的。在日本接管了一些地区的国民党地方党部后,当地报纸发表社论,反对日本提出的将华北地区划为自治政府的理论,学生也举行了反日游行活动。于是,根据中央政府"确保和平"的命令,当地政府要求在这些地区的所有党部以及部分政治机构从这些地方撤离出来,学生和其他人也被当局告知不允许再举行任何游行。

问：你说的年轻人示威是什么意思?

答：察哈尔地区从来没有学生举行过游行,但是北平有过几次。学生进行游行无非是因为他们觉得日本的侵略无休无止,觉得日本正在不停地向北平逼近。我作为北平市长,那时也建议学生们回到各自的学校,并且告诉他们,如果日本包围北平,我们将齐心协力,尽最大努力抵抗。自从那次我接见了全体学生,并给了他们这个建议后,学生们就回到了各自的学校,并且再也没有举行过游行。

问:进行这次运动的是日本青年[1],如果你追寻有关反日运动的起因,会发现。那么是不是说,反对外国教育,尤其是反对日本教育,在九一八事变之前已经在中国持续了相当长一段时间了?

答:这无非就是一场学生的爱国运动。遭受日本侵略压迫的学生们用这种方式表达自己的情绪。这场爱国运动是在九一八事变之后才有的。在这之前我们仅有一场运动,也是学生发起的,叫"五四运动",而这场运动仅仅是出于文化的目的。

问:证人先生,我这里有本书,书上说,在鸦片战争以后,中国成了英国、法国、德国、日本和美国入侵的受害者,还说,中国必须将那些外国势力驱赶出去。书中还提到,这类教条被写进中国学校所使用的教科书里,地理课本、历史课本、语言课本,足足有500多种不同类型。你是否清楚这事?

答:我不清楚。

伊藤辩护律师:阁下,我的问话完了。

莫洛检察官:尊敬的法庭,我希望能知道那本书名。

沃伦辩护律师:我们有复印本,你稍后可以看到。我是沃伦上校。

交叉询问(由沃伦辩护律师询问秦德纯证人)(继续)

问:在你出庭前所作的这些作为证据用的陈词,你主要谈论的是序言 A-1 部分、政治情况以及说了一下几位中国政府官员各自的职位。你能不能告诉本法庭,所有那些人是由中国中央政府即由南京政府任命的吗?

---

[1] 英文庭审记录的原文为"日本青年",根据上下文语境应改为"中国青年"——校者注。

答：他们都是由中央政府任命的。

问：这些人都是同一个政党的成员吗？

答：他们都是国民党党员。

问：事实上，国民党，或者说是你刚才提到的政党，就是南京国民政府，对不对？

答：是的。

问：那时候，对中国各省份的控制能到什么样的程度——插一句，我这么说吧，在所谓卢沟桥事变发生的那时候，这个政党所组建的政府对中国的控制到什么样的程度？

答：除了东北三省，热河省、河北省东部的22县之外，河北省、山东、山西、察哈尔都在国民党管控范围内。

问：你刚才说的例外的这些省份，都是南京政府和日本政府有争议的地区，是不是？

答：是。

问：现在，你提到的那些处于南京政府管控的省份事实上已经被军队所控制，被属于你所在政党的军队控制，是不是？

答：是。

问：南京政府有自己的侵略意图，并且被日本所熟知，是不是？

答：我不明白你的意思。南京政府从来没有想过任何侵略性的计划或者有这样的意图。

问：你的意思是想告诉本法庭，你所在的政党，也就是那时中国的中央政府，从来没有想过要通过战争或者别的方式来扩大自己的势力范围？

答：是的。

问：那么，在接下来的章节，也就是第二段，在A-1下面，你说："这些日本侵略者毫不费力地入侵了中国的东三省之后，接着又入侵了热河省并发动了长城战役，所以他们觉得也能像这样轻而易举地占领华北地区的这些省市",那么我想知道,这个说法的依据是什么?另外将军阁下,如果你有事实证明的话,我也想知道事实情况。如果你没有具体事实证明这个陈述,那你为何这样说?

译员： 中文复印件在哪里?

沃伦辩护律师： 我没有这个的中文译本。你能念一下英文版的,然后翻译成中文吗?就是第1750号文书。

韦伯庭长： 好,我想现在可以休庭了,但是在休庭之前,我想请辩护律师,是松井石根的吗?请提交读给证人听的那本书,提交上来核实一下。编号是多少?

法庭书记官： 编号为203号。

(上文提到的文档被标记为辩方证据第203号,收为证据)

沃伦辩护律师： 我们对法庭的命令有异议。仅仅是向证人提了一下,问他是否知道,如果我们一会儿决定将此书作为证据——我们很可能会那么做,在我们还没有机会仔细查看证词,也没有向法庭请求无罪裁决之前,就强迫我们提交辩护材料。

韦伯庭长： 辩方觉得不满,因为仅仅只是问了证人是不是知道这本书,但他后来又进一步引用了书里内容。在这种情况下,这本书必须由法庭保管。我们将休庭到13:30。

沃伦辩护律师： 尊敬的庭长,我忘了我引用过书里的内容,那是我的失误,我能否收回抗议?对不起,阁下。

(12:00开始休庭)

(下午再次开庭)

法庭执行官： 远东国际军事法庭现在再次开庭。庭长先生,有一位中-英译员准备宣誓。

韦伯庭长： 让他宣誓。

(钱少校宣誓成为译员,负责英汉互译)

（秦德纯作为检方传唤的证人，再次出庭并作证如下）

韦伯庭长：沃伦上校。

沃伦辩护律师：翻译部门能否用英译日再重复下刚才的问题，然后再翻译成中文告诉证人。

语言部长代理：因为已经换了记录员，所以没办法在这里再向你重复问题。

沃伦辩护律师：我记不清确切的问题了。

韦伯庭长：你最好再重复一遍。

交叉询问（由沃伦辩护律师询问秦德纯证人）（继续）

问：在宣誓书A-1章的第二段，你说："这些日本侵略者毫不费力地入侵中国东三省后，接着又入侵了热河省，发动了长城战役，于是他们觉得华北地区的这些省份都能像这样轻而易举地占领。"现在，我们想知道根据，你说的这话有什么可靠的来源吗？另外，我们也想知道，你是否有事实证据证明，如果没有，也希望请你说明一下。

答：九一八事变之后，日本占领了满洲里，1933年又制造了热河事件，在同一年日本进军至长城沿线，侵占古北口、喜峰口和冷口。上述提到的各个关口都是长城沿线的战略要塞，而长城以南地区地势平坦，是一个平原，防御十分困难。这就是为什么我们能够做出以下这个结论的原因：日本军队从北向南进军，越过我们的战略防御要塞，很明显，他们的目的就是要占领中国的华北地区。

问：将军阁下，我想问的是你是否有事实依据，而不是结论。除了你做出的结论外，还有没有事实依据？

答：自从1933年的5月，日本军队抵达通州，那里距离华北政治中心北平只有40里，并且沿着通州一路到天津。事实很清楚，那就是日本想接管北平和天津。正因为如此，才有了5月31日《塘沽协定》的签订。根据我们被迫签订的《塘沽协定》有关规定，中国军队不得不撤出上述沿线以东地区——也就是通州到天津一线以东所有地区。

问：等一下。你显然没在回答我的问题，或者是误解了我的意思。那么现在，就你所知，1937年7月，有多少日本军队在北方省份，在中国的北方？

译员：这是继续你上一个问题的提问吗？

沃伦辩护律师：不是。

译员：秦将军还没回答完他上一个问题。

沃伦辩护律师：我想说我不希望他继续。他没有在回答我的问题。我继续进行。

答：根据我们所知道的，在卢沟桥事变发生那时，日军在北平和天津有一个师团，大约1.5万人。

问：那么说就是你不知道，不知道当时有多少军队在那里，是吗？

译员：我们刚才说了有1.5万人在北平和天津……

沃伦辩护律师：在你翻译之前，我还没有问证人问题，他回答了我另一个问题，回答让我很满意。[1]

答：我们不知道确切的数字。

沃伦辩护律师：请等一下。我说我想问另一个问题。他回答了我的问题。我不喜欢这位证人随心所欲的发言。我想继续进行我的交叉质证。

莫洛检察官：尊敬的法庭，我认为证人始终可以回答问题，可以做出解释，可以详细陈述。

韦伯庭长：当然，这毫无疑问。

沃伦辩护律师：是的，尊敬的庭长。那么根据他们的想法，证人准备怎么解释或者说详细陈述那里有1.5万人呢？这就是我想问他的全部问题。

---

〔1〕 日文庭审记录中此处为"不满意"，根据上下文，疑此处英文记录有误——校者注。

韦伯庭长：好，那我们来听下证人的详细陈述。

沃伦辩护律师：很好，我不反对。

答（继续）：我们不知道确切的数字，也就是整个华北地区日军的确切人数。但有一点我们肯定，在天津有日本的驻屯军，北平有日军一个旅团，加起来总共约有一个师团，1.5万人的兵力，另外在中国的其他一些地方还有更多的日本军队，但确切数字我们也不清楚。

问：现在，你很明确地表示你知道至少有1.5万人。你能否进一步说明下是否有其他军队非法在那些地区？

答：根据鸦片战争之后签订的协议，日本人，或者说日本，仅仅被授权在北平到秦皇岛铁路沿线驻军，以保护该铁路的安全。任何超过这一军事必要性的驻军都是违法的。

问：为了让证人之后不至于困惑，我现在要特别提到一个时间点，就是7月初，7月7日，也就是所谓卢沟桥事变发生的日期。我想请问证人，你提到的是不是同一时间段？

答：我们所说的是同一时间段，在1937年7月7日以后，也就是事变开始以后，日本从满洲里调集大量军力到华北地区。

问：美国版本的第1750号文书，也就是辩方第198号证据，在第4页上，你提到事件时说，当时日本声称有一名日本士兵在演习时失踪，并且要求进入中国领土进行搜查。在接到情报部门给你的讯息后，你说，"我当即"——我在读你的原话——"回复说，卢沟桥是中国领土，日本军队事前未得我方同意在该地演习，已违背国际公法"。

你仍然坚持他们违反了国际公法吗？

答：我已经在今天上午回答了你的这个问题。

问：要求回答。

答：根据1900年签订的协议，[1]鸦片战争后，尽管日本获得批准，

---

[1] 正式签订《辛丑条约》的日期应为1901年9月7日——校者注。

可以在华北铁路沿线驻军,也可以在铁路沿线进行必要的军事演习——如果这个演习是必须的话——必须事先告知中国政府,以便铁路沿线的居民能够事先知晓,避免误解。

首先,我们不得不先做一个更正:1900年签订的协议是在义和团——所谓的义和团运动之后,而不是鸦片战争之后。另外关于日军获得批准能够演习的地点,可以远离他们的驻扎地,[1]他们不允许在丰台驻军却在南京附近演习。

问:接下来我读给你听的内容来自检方第58号证据,在之前已经很明确地介绍过这份证据了。它里面提到国际联盟大会在1937年10月6日收到一份报告。按我的标记,是在第384页。

"在1937年7月初,华北地区大约有7 000名日本士兵。根据1901年9月7日中国与驻北平列强公使所签订的《辛丑条约》(及其附属条款),这些日本军队被允许驻扎在那里。在这些协议里,中国承认每个列强国在北平的使馆区拥有一支永久性卫队的权利,列强国还可在12个要地驻防,以"保京师至海通道无断绝之处"。在1902年7月15日至18日签订的补充协议的条款中,驻扎在这些要塞的外国军队"有权在不告知中国当局的情况下进行野外演习和军事训练等,战争时期除外"。

(证人开始用中文陈述)

问:我还没提问。

已经读了这些内容给你听了,你仍然赞同之前的陈词?还是不赞同?

答:我们仍然坚持陈词是正确的,因为我们与日本驻屯军有过协议,规定日方在进行任何野外训练前都必须提前告知我方。

问:好,那就是我想得到的核心内容,将军阁下。不顾你们国家的

---

[1] 英文庭审记录此处的语法和表述有误,根据上下文和日文庭审记录,此处应为"不可以远离他们的驻扎地"——校者注。

国际承诺,你觉得,或者你们的驻防部队和各位将领觉得,他们可以在没有政府的同意下,就签订协议,对不对?

答:这不是对协议的纠正。但是,因为日军频繁进行军演和野外训练,所以和其他在授权地区驻军的外国军队不同,我们不得不与日本签订某种协议,以防止暴力冲突和误解的发生。

除了我之外,还有另一位证人,他是七七事变发生地宛平县的县长。他可以告诉你,他与日本驻丰台部队大队长一木清直之间有协议。

问:将军阁下,我对你说的那个协议不感兴趣。我感兴趣的是你以真实记录形式所做的法庭陈词。在陈词中,你说你告诉你的属下日本的行为违反了国际公法。

问题是,你为何告知你的属下说日本违反了国际公法?而实际上当时日本并没有违反。

答:我告诉属下说(日本)违反国际公法的原因是因为他们没有信守诺言。也许我当时手边并没有足够多的关于"国际公法"这个专业术语的参考资料。

问:将军阁下,你认为两个部队长之间的口头协议,或者哪怕他们是团级,如果他们之间有任何——某种君子协定——都能够打破国际法和两国间的国际协定吗?

答:地方首长和日本驻屯军司令官之间的君子协定是要维持那一地区的和平与秩序,这并不违背国际法精神。

为什么我说这个君子协定并不违背国际法?因为日军密集进行野外演习和实弹射击,如果他们事先不知会我方,就会导致那一地区的中国平民和居民受伤,也将会引发暴力冲突和骚乱,这种暴力冲突和骚乱是与国际法精神背道而驰的,也违反1900年签订的,关于维持铁路沿线和平与秩序,"保京师至海通道无断绝之处"的协定。如果日本事先不给我方通知,并在演习中使用轻武器和弹药,那将导致混乱和暴力冲突。

问：好，将军，那么此时此刻中国军队在干什么？他们都干了什么？

答：当我接到事件报告时，我立刻致电驻扎在卢沟桥和宛平县的我军团长，检查我方军队是否都已撤回——当时士兵们都已入睡。

问：将军，你刚才说，根据1901年9月7日签订的《辛丑条约》，日本在华的驻军要比其他任何国家都要多。那么是不是说，在那时，日本也因为中国无纪律的武装人员以及土匪行为而遭受到比其他国家更多的人员生命和财产方面的损失？

答：自从1901年条约签订以后，华北地区没有发生过导致任何一个日本人死亡的骚乱。那是因为日本一直在为侵略做准备，并且用和你一样的理由在华北地区集结兵力。事实上，在七七事变发生那会儿，华北地区，尤其是北平周围的秩序维持得是很好的，这一点，所有居住在北平的外籍居民，尤其是英国和美国人都知道。日本总是试图在华北制造混乱，并利用这些混乱作为其向该地区集结兵力的托词和借口。在张北县就发生过这样一件事情。日本在那个地方雇佣流氓和所谓的浪人制造事端，但是当地政府都进行了很好地处理，秩序得以恢复。

问：将军阁下，你没有在回答我的问题。我对演讲不感兴趣。我问你的是：由于《辛丑条约》的关系，日本因为中国无纪律的武装人员以及土匪行为而遭受到比其他国家更多的人员生命和财产上的损失，对不对？这个问题很容易回答，对还是不对？

答：我说的意思就是不对。

韦伯庭长：沃伦上校，谈到中国的损失，你是不是能告诉我们，刚才你一直试图证明的是什么？当你在读《李顿报告书》时，你的目的是要说明日本的所作所为是根据义和团运动以后的条约而来的，是有正当依据的，但我对此毫无印象。我们现在说到哪儿了？

沃伦辩护律师：我在讲关于日本的损失，阁下。我说的这份报告非常重要。

韦伯庭长：侵略者，或者我们说是入侵者，也损失惨重。

沃伦辩护律师： 阁下，我没在说那个。

韦伯庭长： 它们能执行协议吗？如果日本是侵略者，入侵者，我们会说，它能强迫人们同它签订协议，又说它也遭受了重大损失，这两个事情完全不相干。那些事情和这里提到的问题不着边。

沃伦辩护律师： 尊敬的阁下，我认为您完全误解了我的问题。义和团运动以后，美国、英国以及其他列强在中国同时有侨民，有需要保护的商业利益，日本也一样。所以阁下，我这里要强调的一个事实就是，在检方的证据里提到，日本有比其他国家更多的军队。同样道理，在交叉质证中，面对证人的解释——这是阁下您要求我让他做的解释，我觉得我有权说明，日本也有比其他国家更多的侨民和更多的财产利益，所以需要更多的警察部队来保护他们。这就是我想说明的所有问题。这是我想问这位证人的所有问题，他理解了，很好地理解了问题。

韦伯庭长： 既然你把你的质证放在那些不在讨论中的条约上——那些在义和团运动之后制定的条约——好吧，那是你的权利。

莫洛检察官： 尊敬的法庭，我想应该允许用中文向证人翻译律师的这些话，这样他才能跟得上庭审的进展。

韦伯庭长： 不，我不同意。

现在到了休庭时间。15分钟后再次开庭。

（14:45～15:00 休庭）

（再次开庭）

交叉询问（由沃伦辩护律师询问秦德纯证人）（继续）

问：将军阁下，在1937年7月初，除了日本外，美国、英国和法国在中国北方也有驻军，对不对？

答：是的。

问：那么他们也和日本人——我是说和中国的土匪恶霸以及日本

人有纠纷,是不是?

答:没有。

问:我想我用这种方式提问会让问题变得令人费解。我换个说法。

当时那些驻扎在日本北部的法国人、英国人以及美国人也和土匪恶霸有纠纷?我是说华北地区。

答:我从没听说过。

问:你那时在那儿附近吗?

答:我当时在北平。

问:那你从来没听说过那里的法美英等国侨民与日本——我是说中国的流氓,因为抢劫等土匪行为而发生过纠纷?

答:我从来没听说过,也从来没收到过英美法政府和这些国家的使领馆给我任何有关这方面情况的报告。

问:那么,关于你《七七事变纪实》序言里的 A-1 章节第二部分的陈述,你说事实上,几个不同地区的地方政府规划和他们执行的所有政策都必须与国民政府发布的指示和法律相符,却遭到了日本的干涉。之后你说道:"例如,选举国民大会代表、所有高校学生集中军训等,这些行为都被日本入侵者视为与特殊地区地位不一致。"

当时日本侵略者都是用什么方式干涉的?

答:就选举国民大会代表这个事来说,一个名叫高桥的日本大使馆人员找到萧振瀛先生和我本人,要求停止选举。当时他引诱我们说,如果我们能够制止选举的进行,并且不遵守中央政府发布的命令,日本政府就将给予冀察政务委员会政治和经济方面的帮助。

问:将军,我是说,将军阁下,也许我曲解了你用的"入侵者"一词。你是想表达说,直到那时,他们一直都积极参与侵略你们(国家)的战争,或者是用其他某种方式侵略?

答:是的。

问:日本抗议学校传授那些反对日本和其他外国人的舆论宣传,也强烈反对军训,集中的、大强度的军训,我是说,反对教授学生军事技术并对他们进行舆论宣传,是不是?

答:日本方面以这些高校集中军训灌输反日思想为借口,要求废除军训。但是我们给我们的学生进行军训,纯粹是出于自我防卫的原因。

沃伦辩护律师:尊敬的法庭,我想请求法庭礼貌地要求这位证人,回答我的问题时,不要以这样或者那样的借口给出他的结论。他可以不说这些就回答问题的。我不关心他的这些结论,而一旦回答中有结论,阁下您又不允许我们打断他。我觉得我们至少应该有权利警告证人不要在法庭上说那些没有事实根据的结论。我想法庭能够很好地判断"这是不是个借口"的问题。我希望证人做的,就是仅仅向法庭陈述事实。

韦伯庭长:如果我记得不错,他的全部质证就是由结论构成的,这种证明是我们尤其不允许出现的。我会要求他克制自己,用简单的话回答问题,并且确保自己的回答不超出问题本身。

证人:我从没有出格的答案。

沃伦辩护律师:谢谢,将军。

韦伯庭长:不过如果他觉得合适,总还是可以解释答案的。

问:日本方面有没有告诉过你,他们认为密集的军训和对学生进行那些反对日本和其他外国人的舆论宣传,都跟与中国签订的条约中有关他们在特殊地区的地位是矛盾的,有还是没有?

韦伯庭长:你要么假定事实,要么提出问题,不管你喜欢在哪个询问里用哪种方式。

沃伦辩护律师:阁下,我是想可以得到一个直截了当的回答。抱歉。

韦伯庭长:好吧,让他试着回答。

译员:证人说他没完全听懂问题的意思。

问:那我重新组织一下语言。在你的陈词中,你多次提到日本开启谈判，并且干涉当局的行政管理，但是所有的威胁利诱均告失败。那么，你是不是与日方代表有过非常多次的接触，并就日方认为的那些有悖于他们特殊地位的事项进行过谈判？当然，特殊地位是日方依据条约的权利和义务而获得的。

答：根据《何梅协定》，中国军队——部分中国军队撤出，一些隶属于军队的政工也一同撤走。除此以外，日方不该再有任何觉得不满的地方。政党办公室，根据《何梅协定》也一同撤走了。

沃伦辩护律师：很明显，给证人的翻译有问题。

（最后一个问题由正式的法庭速记员宣读）

译员：这个问题重新翻译。

证人说日本根本没有获得过任何特权或者地位。他们试图强行让华北自治，但都被宋哲元将军拒绝了。

问：七七事变，或者说卢沟桥事变前，中国拒绝与日本谈判，或者说拒绝在日本人来华这一问题上进行配合，是不是？

答：除了重要议题，也就是将华北从中国主体分离出去这个议题外，中国政府从未拒绝与日本谈判。而对于华北的问题，我们是拒绝谈的。

韦伯庭长：沃伦上校，我的意思是，关于你的提问，问题太长，所以产生了很多困难。

沃伦辩护律师：也许你是对的，阁下。但我也觉得证人在回答问题的时候，态度多少有些固执，不过我会尽量把问题处理得更好些。

问：关于在序言的第三段，你提到："在华北地区，第二十九军是主力部队，并且在河北、察哈尔、北平和天津都有驻防。在事变发生时，冯治安将军所率的第三十七师驻扎在北平郊外。"那确切的日期是——稍等一下。

韦伯庭长：我不知道译员会怎么翻译这个问题。

沃伦辩护律师：他们不需要翻译这个，阁下。刚才的那个问题是另一个人准备的,我自己弄混了。他说他自己会提问。

问:那么现在,将军阁下,关于卢沟桥事变,你已经花了很多篇幅来说明日本所谓的侵略,你也提到你们最后以达成协议而告终。双方达成停战协定的日期是哪天?

答:就我记得的,是在7月10日。

问:后来你说7月14日双方战争又起,但是你没有具体说。你为什么不具体说明关于14日战争的起因,或者为什么会再次发生战争?

答:如果我很详细地讲双方再次发生冲突,你又会觉得你对这个不感兴趣。

问:真实的情况是不是,将军阁下,冲突再起是由中国,而不是日本挑起来的,也就是说,7月14日是中国军人首先开的枪?

答:是日本人先开的枪。

问:所以你否认战争的再次发生是由中国而不是日本人挑起的,是不是?

答:是。

问:将军阁下,对于那些边远省份以及那里的驻防部队,尤其是七七事变中与日本发生冲突的那支部队,中国中央政府对他们几乎没法控制,是不是事实?

答:所有这些地方都听命于中央政府。

问:我明白,将军阁下,他们是听命令,但是他们照做吗?

答:听命和照做有什么区别?你能告诉我两者的定义吗?什么是听命?什么是照做?

沃伦辩护律师:能不能请译员们好好尽职?

译员:我们一直在工作。

问:我来解释。将军阁下,就像你给我的回答一样,这让我想起,你仅仅是听命令,但并不意味着一定会遵守命令。我想知道的就是,对于中央政府发布的命令,各部队的指挥官,或者说你所管辖的不管是哪个团部或者部队,都能立即遵照执行吗?

答:你问这个问题,很有可能是因为你不了解军事指挥体系。

语言监督官:指挥通道。

韦伯庭长:休庭时间到。明天9:30再次开庭。

(16:00开始休庭)

1946年7月24日,星期三

日本东京都旧陆军省大楼内远东国际军事法庭

……

(法庭在休庭后于9:30再次开庭)

……

法庭执行官:远东国际军事法庭现在开庭。

韦伯庭长:除大川周明由律师代表出庭外,其余被告均到场。[1]有哪位律师要提问吗?

沃伦上校,昨天我误解了你提出的一个问题,还做了没根据的不利评论,我很抱歉。

(秦德纯,检方传唤的证人,再次被召唤入证人席并作证如下)

交叉询问(由沃伦辩护律师询问秦德纯证人)(继续)

问:我认为证人应该继续回答昨天下午庭审时没有回答完的问题。

答:请你重复一下昨天下午最后那个问题好吗?

沃伦辩护律师:速记员能不能再向证人读一遍问题?

法庭速记员:沃伦先生,恐怕我们没有最后那个问题,我们认为今

---

[1] 日文庭审记录中记载平沼骐一郎也未出席——校者注。

天上午之前应该已经把文字记录给过你了。

问：我现在念的是记录上的问题："我来解释。将军阁下，就像你给我的回答一样，这让我想起，你仅仅是听命令，但并不意味着一定会遵守命令。我想知道的就是，对于中央政府发布的命令，各军队的指挥官，或者说你所管辖的不管是哪个团部或者部队，都能立即遵照执行吗？"你是这么开始回答的："你问这个问题，很有可能是因为你不了解军事指挥体系。"然后翻译监督官说是"指挥通道"，这时候我们就休庭了。

答：地方政府当然并且立即听从、执行中央政府的命令。当我说你不懂——当我说你问这个问题——你问这个问题，很有可能是因为你不了解军事指挥通道的关系。是你当时问我，一个指挥官——一个军队指挥官，或者是我管辖的军队，有可能会服从政府吗？

问：将军阁下，我那时认为你想表达的是：当蒋介石总司令发布一个命令给他任意一个下属后，他们就会服从并且立即执行。

答：是的，是这样的。当然，就程序来说，命令不是由蒋总司令直接发布给当地首长或者是军队指挥官的。

问：抱歉我让你困惑了，将军。我很清楚你们的指挥链，但是在你宣誓证词的第6页，你做了这样的陈述："在这之前，最高司令"，然后括号里"蒋总司令"，"命令冀察政务委员会委员长宋哲元将军移驻保定（在河北南部）坐镇指挥"。

将军阁下，宋是直接接到这些命令的。那为什么在这些命令得到服从之前，蒋介石总司令要一而再地发电报下达命令给他的属下们呢？

答：总司令下达给我们的命令本质上是劝告性的。他要求我们在恰当的时机离开北平到阜平去。这个命令实际上纯粹是出于劝告目的，而不是一个严格的命令。

问：将军阁下，在你所在的军队里，将领们都有某种自主权，而这种自主权是其他文明国家的军事将领和军事通道中所没有的，是不是这样？

答：你的意思是想问，中国军队是不是有自己的特点，和文明国家的其他军队——和其他文明国家的军队——不一样的特点？

韦伯庭长：如果他听懂了这个问题，他应该会回答是或者不是。

答：中国军队——中国军队的本质和特性与其他文明国家的任何军队都是一样的。他们没有任何你所说的自主权。

问：将军阁下，你知道《李顿报告书》吗？

答：不知道。

问：《李顿报告书》是满洲事变发生后，由国际联盟任命的调查委员会所发布的。你已经多次提到了这个报告。

答：我的意思并不是我不知道这个《李顿报告书》。而是说只知道这个报告与满洲事务有关，但并不知道它在我要作证的范围内。

问：将军阁下，我接下来要念的是《李顿报告书》第16页，从这一页的最后一段第二句开始念，它提到了你所在的政党的发端，说："国民党深愿将其政治及经济上之建设计划即予施行。惟目前未能如愿实施者，良以内争尚未完全消灭，各处将领间有率其统属军队，而为叛变之行动。且共产主义之传播，亦属堪虞。其实中央政府，尚须时间奋斗，以保其本身之生存也。"[1]

莫洛检察官：尊敬的法庭，我想请求出示记录，显示他指的是什么日期。

沃伦辩护律师：在介绍《李顿报告书》。

问：将军阁下，那么你还知道有哪个国家的将领是有自己私人军队的？

答：我不知道。

---

[1] 译文参照：中华民国国难救济会编印：《国联调查团报告书及其批评》（扫描版），1932年版，第28页——译者注。

问：那么，将军阁下，从 1927 年起，也就是《李顿报告书》中所提及的日期，一直到当前，在很多情况下，如果下属们不愿服从命令，蒋介石总司令也无法强迫他们执行，对不对？

答：我认为你现在提的问题和我们正在讨论的问题关系不大。

韦伯庭长：证人必须回答。

答（继续）：蒋总司令发布的命令，各部门、各军队以及各指挥官都会必然地，彻底地予以执行。

问：将军阁下，我现在要念的是《李顿报告书》第 19 页，第二段的倒数第二句话开始。我现在加以引述："中央政府不能调动军队长官，已屡见不鲜，盖政府无切实办法，能使其权利迅速而永久及于全国，则内战之危险，势必继续存在。"[1]将军阁下，你是要否认国际联盟李顿调查团的这种说法吗？

答：大体上我是同意李顿调查团的这个说法的。但是这份报告是 1931 年做的，而我作证的七七事变发生在 1937 年，已经是好几年后了。

韦伯庭长：我认为你是在用那份报告测试证人的可信度，沃伦上校。除此之外，没有太多的理由要在交叉质证中用到那份报告。

问：我是另有计划的。但是庭长阁下，我准备再问几个问题就结束我这个阶段的交叉质证。

将军阁下，在你之前作证的七七事变那个时候，也是同样的情况吗？

答：那个，《李顿报告书》所说的或许是对的，是真实的。但我想指出的是，在七七事变发生那时，在冀察政务委员会的管理下，那一地区的和平与秩序维持得很好，军队也很好地服从着中央政府的指挥。

中文语言监督官：也没有受到共产主义的威胁。

---

[1] 译文参照：中华民国国难救济会编印：《国际联盟调查团报告书及其批评》（扫描版），1932 年版，第 30 页——译者注。

问：那么事实仍旧是，将军阁下，在中国，就条约给予日本的保卫本国侨民和财产的权利，日本无法找到一个单独的负责政府来协商处理，是不是？

答：那不是事实。就保护日本人员及其财产这事来说，当地政府在，并且始终在全权负责管理此事。

问：将军阁下，那恰恰是我想要弄清楚的地方。是日本被迫与当地政府协商处理的，还是那时他们能够或者说就能在中国找到一个负责的国民政府与之协商处理呢？

答：那时日本在玩多重外交政策。一方面，他们与地方政府谈判，同时他们也在另一边同南京中央政府谈判。

中文语言督察官：由他们的大使。

问：是不是因为在中国各地都存在着自治政府，所以日本或者是其他国家，为了保护本国侨民，都必须像日本那么做？

答：不是这样的，从来不存在你所说的类似的自治政府，不过日本倒是一直试图制造出几个自治政府，这个情况倒是真的。

你要不要我给你举几个实例，说明英美法这些国家从来没做过和日本一样的事情？

译员：更正：证人用的是简单陈述，不是问句。他说他想举几个实例说明。

问：就我个人来说，我并不想听。本法庭想听这些例子吗？

韦伯庭长：他似乎是要做陈述，而不是问你。他的话让我有点费解，好像是在说，实际上，英法等其他国家并没有做和日本同样的事情。

答（继续）：就那时的地方政府来说，从来没有与法英美任意一个国家有类似的外交谈判。

中文语言监督官：除日本外。

问：我能继续吗？庭长阁下。

韦伯庭长：可以。

沃伦辩护律师：关于地方自治，我想念一段话给你听，将军阁下，是《李顿报告书》第127页，第一段，它提到了你之前说到过的九一八事变冲突。我引述原文："此项争议系发生于国际联盟两会员国间，涉及一领土，其辽阔与法德两国相当，双方均认有权利与利益于其间，而其权益中为国际公法所明白规定者，仅有数端尔。又该领土在法律上虽为中国不可分之一部，其地方政府实具有充分自治性质，足与日本直接谈判构成此次冲突根源之事件。"[1]

沃伦辩护律师：他回答了吗？

韦伯庭长：你还没说完你的问题。

沃伦辩护律师：抱歉，我以为我已经说了。

问（继续）：你是不是同意，关于当地政权已是自治政权，这个说法你同意吗？

答：在广泛的原则上，我认可《李顿报告书》，但是我想提醒你的是，我说过，这个报告编于1931年，我作证的这个事情发生在1937年7月7日。珍珠港事件发生在1940年还是1941年？现在则是1946年。你必须考虑时间因素。

现在轮到我问你个问题。

韦伯庭长：我们不希望证人提问。证人可以把问题变成陈述。

问：将军阁下，我想请问你，从1931年至1946年7月24日，关于中国持续不断的地方自治，它的演变方式是怎样的？

答：从1931年9月18日到1932年冬天，或者说1933年的春天，也就是从日本占领热河省到冀察政务委员会成立，在这段时间内，地方政府始终是听命于中国国民政府的。

译员：更正：从冀察政务委员会成立起，华北政府，或者说华北地

---

[1] 译文参照：中华民国国难救济会编印：《国际联盟调查团报告书及其批评》（扫描版），1932年版，第127页——译者注。

方政府,始终服从、遵照中央政府的命令和指示。华北地区从没有自治政权的存在。

问：即便到现在也是这样吗？

答：现在的情况是,当然,有点复杂。

问：卢沟桥事变发生那会儿的状况也有点复杂,是不是？

韦伯庭长："也有点复杂"这个提法显得你这个问题没实际价值。

沃伦辩护律师：好吧,或许是,尊敬的庭长,但是证人也用了同样的术语,我希望他给个解释。这位证人总是回避我的问题。

韦伯庭长：至少你得明确些,不能跟着他学。

沃伦辩护律师：好的。尊敬的庭长,我现在准备换另一个话题。

问：在昨天交叉质证的过程中,将军阁下,我问你,因为那些违法的事情,日本是否遭受到了比其他国家更多的人员和财产损失。你最后的回答是没有。允许你做更正,需要吗？我说中国,其实意思是日本,是说日本损失了更多。现在这个问题讲得通了吗？我重复一下,阁下。我更正的时候说错了。我当时不知道弄错了。

韦伯庭长：休庭时间到。我们休庭15分钟。

（10:45～11:00 休庭）

（再次开庭）

法庭执行官：现在再次开庭。

韦伯庭长：沃伦上校。

沃伦辩护律师：谢谢阁下。

交叉询问（由沃伦辩护律师询问秦德纯证人）（继续）

问：将军阁下：昨天在回答我一个问题的时候,你说,日本并没有因为中国的土匪强盗而遭受比他国更多的损失。我想念给你听《李顿报告书》,第23页第三段和第四段第一句话。

> 夫日本既为中国之比邻，又为最大之顾客，故因本章所述之扰乱情形而受之损失，自较任何其他国家为大，侨华外人2/3为日本人，而在满洲之朝鲜人约计有80万之数，故日本人数，较任何他国为多。设若在现状之下，须受中国法律、司法及税政之支配，自必感受痛苦。
>
> 日本既不能希望设有满意之安全保障以代替其条约上之权利，故自知无法可以满足中国之愿望。[1]

你想改变之前的回答吗？还是你想说《李顿报告书》在这个问题上的表述是错误的？

答：我既不想修正我昨天说的，因为我昨天讲的都是真的；也不想否认《李顿报告书》，因为这个报告有其时间因素在里面。如果报告不牵涉时间因素，那么你还能坚持说，和那时一样，现在仍有80万朝鲜人居住在满洲吗？

韦伯庭长：你还打算继续提《李顿报告书》，沃伦上校？

沃伦辩护律师：阁下，同样的问题您已经问了很多遍了，但现在才是最重要的地方。您没必要那么做。他昨天说的这个事情，和《李顿报告书》正好相反。就我知道，这个报告可是中国政府官方的译本，但昨天他却否认。我现在就想看看他到底是要否定中国政府的官方译本，还是改变他的回答。

韦伯庭长：你可以套用报告，但不要读那么长的文章。

沃伦辩护律师：哦，对不起阁下。我完全误解了阁下您的意思。这是我从《李顿报告书》中提的最后一个问题。问完这个就结束。

但是我请求法庭要求证人回答这个问题。

---

[1] 译文参照：中华民国国难救济会编印：《国际联盟调查团报告书及其批评》（扫描版），1932年版，第33~34页——译者注。

韦伯庭长：我想证人这么回答已经足够了。

沃伦辩护律师：阁下，他还没回答这个问题。他说："我不否定《李顿报告书》，也不更改我的回答。"

韦伯庭长：那就是他的答复，你知道的。没法再改进了。

问：将军阁下，在你的宣誓书中，最后一页，我说的是检方第198号证据，你说：

"但最早唆使煽动日本侵略中国华北的是唆使发动了九一八事变的土肥原贤二。"

没有支持的事实根据，你就直接把这个当成定论。你能给我们一些事实依据吗？如果没有，那你为什么要这么说？

答：我这么说主要和1937年7月7日那天发生的事变有关。这最后一段也不是全文的重点。

关于土肥原在九一八事变中的责任这点来说，已经有位重要证人做了证词证明了。事实上也是，土肥原是九一八事变始作俑者，这一点在中国尽人皆知。

问：将军阁下，如果你能以那个结论为基础，给出一个事实证明——我的意思是，支持那个结论，你能否给本法庭提供一个事实来证明？

答：前一个辩护律师问我同样问题的时候，我已经给了回答。那时我说，尽管土肥原当时不在奉天，但不能因此就说他在这个事件上是无罪的。

问：将军阁下，那不是事实，而是结论。请你告诉本法庭，如果你有事实根据，它们是什么？如果你没有事实根据，那就告诉本法庭你没有。

答：我有很多事实可以支持我的陈词。你想让我在这法庭上一一列举吗？

问：将军阁下，我已经在法庭上要求过事实根据了。我希望你在本法庭上向法官们陈述那些事实。

答：土肥原长期居住在中国，结交了很多同伙、朋友。在九一八事变发生的前一周，许多朋友，我们共同的朋友——意思就是和将军与土肥原都是朋友的人——告诉将军——告诉我，土肥原要到满洲着手一个大项目。

问：将军阁下，我要的是事实。请直接说出名字，或者是一部分人的名字，谈话发生在何时何地，是在怎样的背景下进行的？

答：有一位张先生和一个叫柴山的日本人，九一八事变发生五天前，我们在北平的中山公园有过一次谈话。

问：能不能详细说说他们都告诉你些什么？

答：他们告诉我张学良将军因为不与日方合作，被日本抛弃了。

问：他们就告诉你这个？

答：当然，他们还说了别的。他们说，日本政府有个全面的计划，土肥原和他的人就在进行着这个计划。我告诉他们，因为张学良现在已经跟随——服从中央政府的命令，我不能很好地做这事情——我不赞成这个计划。

问：这位张先生和柴山两人的全名叫什么？他们的全名是？

答：我想不起他们的全名了。

问：将军，或许我们能把这个简化成这个问题：你个人是否有任何的事实依据，导致你对我的问题做出这样的陈述？

答：现在我可以告诉你，土肥原是七七事变爆发实际上的责任人。我之所以那么说是因为我本人身处事件中，并负责应付和土肥原的谈判。

关于九一八事变的爆发，我可以告诉你，除了我刚才说的，张先生和别人告诉我的之外，我也从其他朋友那里，还有报纸上，知道这事。

问：你已经为七七事变作了证，但接着我问你的是，你有关于九一八事变的个人所知道的情况，是不是？

答：我已经告诉过你，我在这里是为1937年7月7日那天发生的事情作证的，不是来为1931年9月18日那天发生的事情作证的。

沃伦辩护律师：尊敬的法庭，如果法庭能够命令这位证人回答问题，我想这边的进程能大大加快，但他拒绝那么做。

韦伯庭长：按照严格的、专业的规定——如果这里也适用的话——不管这个议题是不是他作证的主要方面，他必须回答所有有关这个议题的问题。但是，当然了，你必须确信他已经告诉你所有他知道的事情。

沃伦辩护律师：阁下，这位证人一直试图回避每一个重要疑点——当他知道那是个疑点的时候就这样。对于国际上有一致声明的事情他就拒绝回答。如果法庭能满意这样的表现，那我也满意。我不希望再这样质证下去了。但我还是认为应该要求这些证人回答问题，不能再像他们之前一直做的那样逃避回答。

我问完了，阁下。非常感谢。

韦伯庭长：如果一会儿法庭认为那位证人还有所隐瞒，我们会强制要求他回答。布雷克尼少校。

交叉询问（由布雷克尼辩护律师询问秦德纯证人）（继续）

问：证人先生，我提醒你注意第199号证据，就是你对察北事件的陈述。在英文版文书的第1页上，你提到张北事件。

在追溯有关这次事件的谈判时，你说这事交由天津日本驻屯军司令部处理。具体是在哪一天交给了司令部？

答：具体日期我记不清了，大约是在事件发生三天后。本来这事应由日本驻张家口领馆处置的，但因为日本一直试图加剧事态，所以他们把这事交给了天津日本驻屯军司令部处理了。

问：是你本人亲自和天津日本驻屯军司令部谈判此事的？

答：不是，我本人没有处理此事。司令部——天津日本驻屯军司令部派土肥原作为日方代表,到北平来和我交涉。

问:那么,你说"这事交由天津日本驻屯军司令部处理"的意思,是说这事交给了由土肥原将军作为代表的日军司令部,对不对?

答:是的。

问:那么,那个由土肥原将军作为代表的司令部就是天津日本驻屯军司令部,对不对?

答:当时土肥原有双重身份:一个是日本关东军驻满洲特务机关长,另一个是天津驻屯军司令官——天津日本驻屯军司令官。"特务机关"的意思就是"情报机关"。

问:你对剩下的其他证词是不是也这样有把握,就像对这个一样?

韦伯庭长:证人可以不回答。

布雷克尼辩护律师:我问完了。

林辩护律师:我是被告桥本欣五郎的辩护律师林逸郎。

交叉询问(由林逸郎辩护律师询问秦德纯证人)(继续)

问:1937年7月7日当天,也就是卢沟桥事变爆发的那天,冯治安将军所率的第三十七师兵力有多少?

答:大约有1.4~1.5万人。

问:第二十九军中的第三十七师、第三十八师、第一四三师和第一三二师这四个师加起来总兵力有多少?

答:大约60万人。

问:你是不是清楚,中国政府在1937年的7月9日发布了一个命令——一个动员令?

答:我没收到过这样的命令。

问:你是不是知道,在7月29日,中国政府——中国向北方派遣了一支由30个师组成的大部队?

答:你说"从南方"是什么意思?你的意思是从哪个方向?保定——

中央政府在保定有一些军队。

问：你是不是知道，在蒋介石总司令的命令里，有一支大部队被派往了卢沟桥？

答：没有这样的命令。

问：虽然你，你本人没收到过类似命令，但你怎么知道蒋总司令没发过这样的命令？

语言监督官：这里我要做个更正：替换"发布命令"，"你知道蒋介石总司令做了什么？"

答：7月29日之前，在中国的部分地区根本没有军队调动。但是7月29日之后，当日军开始调动——向北平方向进军并进入北平——占领了北平的一半地区——中央政府命令中国军队移师保定——在保定北部建立防御工事。

韦伯庭长：休庭时间到，13:30开庭。

（12:00 开始休庭）

（下午庭审，法庭于13:30再次开庭）

法庭执行官：远东国际军事法庭现在再次开庭。

林辩护律师：我继续进行交叉质证。

（秦德纯，检方传唤的证人，再次被传唤入证人席并作证如下）

交叉询问（由林逸郎辩护律师询问秦德纯证人）（继续）

问：中国政府是否在1937年的7月9日发布过一个动员令，你知道吗？

答：我那时从没接到过任何动员令。那时候我就在卢沟桥。

问：我不是在问你接没接到这个命令。我问你知道是否有这样的命令发布过？

答：应该没有，如果有的话，我应该会收到。

问：王冷斋是个可信的人吗——是一个有高尚品格、值得信赖的人吗？

答：他是我的一个下属——他是我的属下之一，我认为他很可靠。

问：卢沟桥事变发生时，王冷斋的职位是什么？

答：那时他是三个地区的督查专员，同时也是宛平县的县长。

问：你说过，1937年的7月19日签订了一个协议——是关于卢沟桥和宛平县驻防的，协议上说"因第二十九军、第三十七师对日本有较大敌视情绪，第二十九军必须调换其他部队来接替其防务"。对不对？

语言监督官：其他单位替换第三十七师。

答：那不是19日的事情，在7月9日的可能性比较大。

问：这份协议是由哪两方签署的？

答：那时谈判的双方是，中国方面是我本人和张自忠将军，日本方面是特务机关长松井和另一个人，名字我不记得了。协议是由张自忠将军和松井签署的。

语言监督官：特务机关就是军事情报机构。

问：土肥原将军有没有以任何方式参与到协议签署中？

答：没有。

问：那么，你承认"第三十七师对日本有较大敌视情绪"这个说法吗？

答：从第二十九军整体上来讲，要不是日本总是试图侵略中国，或者说不入侵中国，第二十九军的态度一直会是友好的。但如果日本——在日本入侵的情况下，对日情绪就会不利。这不单单是第三十七师的感情。

问：在7月9日签订协议后，卢沟桥事变问题就算暂时解决了，是不是？

答：从我们的意图上来说，我们是想通过执行这个协议来结束这件事，那时也认为事情算是解决了，但是从7月11日开始，日本内阁决定增派军队，继续推进他们的计划，于是战事又起。

语言监督官：更正：当时并没有认为事件就算解决了，而是觉得签订协议仅仅是解决事件的第一步，但是之后，日本派遣了更多的部队，于是战争又在各地打响。

问：我们的理解是，随着协议的签署，卢沟桥事变算是解决了。之后发生的事情不在我们目前的考虑范围内。我这样的假设对吗：随着协议的签订，这个事件——这个特殊事件得到解决？

答：战争又起，这是七七事变的延续。那时的中国当局希望事件能够得到和平解决，但因为日本方面的再次推进，战争才又一次爆发的。

问：按照协议条款的规定，中国决定立即撤回第三十七师，是不是？

答：是的。当时中国政府遵照协议，命令第三十七师转移他处。

问：那么在第三十七师根据协议撤退后，卢沟桥事变就算解决了，是不是？

答：那只是协议中的一个条款和条件。协议中还有其他条款，都是双方必须遵照执行的。

语言监督官：还有没解决的。

译员：还有没执行的。

问：你是不是知道，7月22日，军队副参谋长熊斌将军突然到访北平？

答：他那时是到过北平，但是不是22日，我记不清了。

问：尽管中国已经根据上述协议开始撤出第三十七师，那随着熊斌将军的突然到访，中方的态度也突然改变，是不是？

答：没有，我认为没有变化。

问：日本在7月26日要求第三十七师转移的时候，是用一种非常和解的态度，是吗？

答：没有和解的态度，而是用最后通牒的形式。我们被要求必须在24小时内撤走第三十七师。

问：中国在接到这个最后通牒后是不是很愤怒？

答：是的。

问：这时，中国是不是开始在所有战线上发动攻势，并在丰台开始抗日行动？

答：这是此前由日本发动的战争的延续。我们用了三个团——我们派了三个团的士兵去了丰台。

语言监督官：这仅仅是个战争策略。

问：攻击、炮击丰台的部队指挥官是谁？

答：我记不太确切了，但我想是一位姓何的团长。

中文语言监督官：进攻丰台的部队是第三十七师的两个团和第三十八师的一个团，都由何准将指挥。

问：是谁命令进攻，并且是全线进攻丰台的？

答：从 7 月 7 日起，战争一直在进行。这个命令是宋哲元将军下达的。

中文语言监督官：进攻令是宋哲元将军在 7 月 26 日下达的。

问：尽管日方与中国沟通，希望 7 月 9 日的协议条款能得到执行，但中国非但没有执行条款的规定，还违法展开对日攻势，难道你不认为，这才是中日战争爆发的起因吗？

答：我觉得那是因为你不了解事态的全部。日军在 7 月 7 日发动进攻，7 月 9 日是做了某些谈判，也取得了一些结果，但由于日本无视这些协议，更是在 7 月 14 日增派兵力，这才有了 7 月 26 日这场由先前延续下来的战争冲突。

中文语言监督官：战争重新开始是在 7 月 14 日，不是 7 月 26 日。7 月 26 日发布的进攻令仅仅一种作战手段。

问：那么如果那时第三十七师转移能得到执行，会是从几月几号到几月几号呢？

答：7 月 9 日达成的协议，大意是说只有驻防在卢沟桥的这部分第三十七师士兵必须撤防，并不是说所有的第三十七师士兵都要从河北撤走。就驻防在卢沟桥的那部分第三十七师驻军来说，撤防行动在9日协议达成后的第二天，也就是7月10日就执行了。

问：你的意思是说（需要撤防的）不包括驻守在宛平的那部分第三十七师官兵？

答：那部分被迫要撤走的就是驻扎在宛平城的少数人员，都是吉星文团长的部下。

问：如果7月10日那天第三十七师就已经从宛平城和卢沟桥撤了军，如果这是真的话，那么中国军队就没必要因为日本7月26日的那个撤军要求而感到愤怒了。

答：对于撤走驻防在卢沟桥的那一小部分士兵，中国之所以同意是出于确保和平和尽量减少战争威胁的考虑。至于日方要求的整个第三十七师部队都撤到别处，这是侵犯了中国的领土主权，当然不能被容许……

中文语言监督官：不能妥协。

问：我想问你关于另一个重要的问题。7月9日，就在协议签订的时候，你有没有想过七七事变会引发出一场战争？

答：在我们7月9日签订协议的时候，我的希望就是这件事可以到此为止，不希望进一步恶化……

中文语言监督官：变成战争。

问：我的问题是：你有没有想过七七事变就是一场战争，或者不是战争？

答：在卢沟桥事变之前，也发生过类似的两次小的事件。一次是东闸子事件，发生在察哈尔省。还有一次是发生在1936年9月的丰台事件。

中文语言监督官：这两次事件都因妥协而解决了。

答（继续）：一开始，我也认为卢沟桥事变只是地方事务，不幸的是，在1937年的7月11日,日本近卫内阁通过一项决议,大意是要派遣一支人数较多的军队……

中文语言监督官:到中国华北。

问:既然你坚持不回答我的问题,那我撤回这个问题,然后转到下个——下个阶段。7月9日,就在协议签订的时候,中日之间的战争有没有停止?

答:就停战了一会儿,仅仅是白天停战,晚间战火又重燃了。

中文语言监督官:更正:日军在晚上开火了。

问:那你是不是知道,中国军队已经发动了对丰台的猛烈进攻,战争已经全面爆发,日军司令官香月清司将军宣布,所有的努力都白费了,我们不得不采取惩罚措施?

答:战争从7月7日开始,8日那天更加激烈,7月14日战事再一次变得激烈起来。在7月26日那天,我们开始进攻丰台……

中文语言监督官:27日。

答(继续):28日,日军司令官香月清司开始进攻南苑。

问:是先有中国军队大规模进攻丰台,之后才有日军进攻南苑的,是这样吗?

答:是的。确实是先有中国进攻丰台,然后日本才进攻了南苑。但是从7月7日起,日本在河北就已经部署大量兵力,并开始军事演习。

中文语言监督官:并进攻各个地区。

问:那么,这之后不是依靠协议解决了当地的问题,依靠地方协议——我重复一遍这个问题。那么,这之后双方都调集大量兵力,开始了一场国家层面的大规模战争,而不是凭借地方协议解决了当地的问题,而且这场战争首先是由中国,而不是日本挑起来的,这么说对不对?

答:是日本首先从关东地区调集军队的,是日本首先将关东军调至天津,然后到卢沟桥,然后再到丰台。发动全面战争的不是中国。

问:我不是问你军队调动的事情。我想问的是,是不是由中国方面首先使用大量兵力,发动大规模袭击的?

答:七七事变爆发时,双方都投入了超过一个旅的兵力。

中文语言监督官: 更正:在中国进攻丰台之前,双方均已投入了超过一个旅的兵力。

问:是不是该由中国军队为这场大规模战争的最终爆发而负责?即便那个时候,双方还仅仅只是投入约一个旅的兵力,即便那个时候,还存在依靠地方协议,尤其是外交谈判来解决这些地方问题的可能。

语言监督官: 稍微做下更正:是不是中国军队挑起的这种公开敌对的状况?尽管事实上,如果那时的参战兵力的数量仅仅是一个旅的话,还是有可能通过当地的外交谈判来解决问题的。

答:首先发动战争的是日本,当然应该由日本负责。我认为谁开了第一枪,谁就该对此负责,而不是谁动用了大部队谁负责。国际上没有这样的区分——定义,大部队和小部队,这两个要怎么区分?比如说超过1000人或者少于1000人?

问:那不是我问题的答案,我再重复一遍我的问题。

答:如果你不想听我说陈词或者回答,那么你不必让我作证。

问:我的问题是,在这个事件还有可能可以通过外交谈判就地解决的时候——在这个问题还是很容易通过外交途径,还是很容易就能够解决的时候,你是不是想过,中国军队——中国方面该对首先使用大规模兵力负责?

答:这个责任在日本。

问:你只是给我讲那些没用的陈词,根本不直接回答我的问题,我要结束询问。

答:你说中国应该负责,我说日本应该负责。这就是我的回答。

问:我要问你另一个完全不同方面的问题了。你提到你曾见过《田中奏折》。这本所谓的奏折是用哪国文字写的?

答:我看到的是中文译本。

问：你能不能确定这份所谓的奏折有日文原文？

答：我没见过这个奏折的日文原版。

问：下一个问题会比较长。在《田中奏折》的内容里，有这么些表述，例如"福岛安正的女儿，出生高贵，是一位蒙古王子的顾问"；1920年就已过世的山县有朋将军，参加了一个关于应对《九国公约》的会议，而《九国公约》是1922年才签订的。还有田中义一将军在上海码头受到炸弹暗杀的危险。所有这些连日本人都想不到的所谓的事件，你都没有注意吗？

语言监督官：稍微更正一下：关于田中将军，在他从欧洲返回的途中，他遭到了暗杀的危险。

答：我不知道。他们知道的比我多得多，这点确实令人惊讶。

语言监督官：更正：我佩服你懂得那么多常识。

韦伯庭长：我们休庭15分钟。

（14:45～15:00 休庭）

（之后再次开庭如下）

法庭执行官：本法庭现在再次开庭。

韦伯庭长：你的问题都很简洁，也很清楚。不过很多问题之前已经提过，也回答过了。

交叉询问（由林逸郎辩护律师询问秦德纯证人）（继续）

问：事实上《田中奏折》根本就不存在，这一点，海军大将冈田启介已经在这场庭审前说得很清楚了。你不觉得这份所谓的《奏折》，其实就是为了激起人们的反日情绪而捏造的吗？

韦伯庭长：这是这个问题第一次被提及，上校。

莫洛检察官：对不起，能不能再说一遍？

韦伯庭长：我以为你会反对。

莫洛检察官：我要对它的重要性提出异议。我们已经在《田中奏折》这个问题上花了很多精力了。任何有关《田中奏折》的进一步追问，我都会对这类问题的重要性提出质疑。这是我的问题。

韦伯庭长：他在暗示《田中奏折》是为了某种目的而伪造的。我想我们会接受这个回答，我们也知道那会是什么。请更好地重复一下问题。

证人：这个问题不清楚。

问：事实就是，《田中奏折》根本就不存在，关于这一点，海军大将冈田启介已经在这场庭审前表示得非常清楚了。你不觉得这本书就是为了激起人们的反日情绪而故意编造的吗？

答：《田中奏折》是不是存在过，这点不怎么重要，即使它可能被毁，或者根本不存在。但是，日本侵占满洲，接着又侵占了华北和更多的中国领土，在接着是珍珠港事件，这些事实都仍然存在。

问：你的回答离题太远。我的问题是，你不觉得这本书是为了在中国激起人们的反日情绪而故意编造的吗？

答：我认为，中国人民或许不知道一些既存的事实，但绝不可能无中生有。

韦伯庭长：你还有其他方面的问题要问吗？

林辩护律师：有。

问：你是不是知道在1927年7月召开的"东方会议"上，田中义一大将在一个演讲中很明确地提到了他的方针政策，他说："中国的政治稳定和秩序重建必须依靠中国人民自己，东三省的政治稳定也应依靠这三个省份自身的努力。"

答：我很赞同这个说法。遗憾的是日方并有没按照这个方针来做。

问：我要问另一个方面的问题。华北地区的学生军训是从什么时候开始的？

答：接到中央政府的命令，学生军训是在1936年的春天开始的。

但在那之前，一些学校已经自行开设了这些课程。1937年已经有很多学校进行集训了。

问：你说那时的日军参谋长，也就是卢沟桥事变发生时华北地区的日军参谋长是一个叫桥本的大佐。你还记得他的全名吗？

答：全名叫桥本群。

问：你还说日本驻张家口领事的名字也叫桥本。你还记得他的全名吗？

答：抱歉我忘了。我只记得叫桥本〔1〕。

问：你跟桥本领事很熟吗？

答：是的，很熟。

问：那么这位桥本领事是不是这被告席上的25位被告之一呢？

答：我不知道。

问：你认为不是。

林：我问完了。

韦伯庭长：克莱曼上尉。

交叉询问（由克莱曼辩护律师询问秦德纯证人）（继续）

问：将军，中国政府和苏联政府在1924年签订过一个协定，是不是？

答：那时我在部队，不记得了。

语言监督官：那时我还在部队任职，不记得这事了。

问：那好，那你是不是记得，在那个时期，中苏之间签订过一个协定，同意中东铁路由中国和苏联政府所派之理事来共同管理；不对对方国内公共秩序和社会组织有相反的宣传。是这样吗？

韦伯庭长：你能告诉本法庭你想说的重点是什么吗，上尉？

---

〔1〕日本驻张家口领事为"桥本正康"——校者注。

克莱曼辩护律师：好的，阁下。我想表明的是，当所谓的"田中计划"首次被发现时，正是中日之间存在摩擦的时候，也就是1924年至1929年间。尊敬的阁下，我希望通过三个问题来过渡到这个问题上，那样能加快审理进度。所以我们或许不得不传唤中方证人，正如我之前说过，如果现在可以问这些问题，将有助于我们加快审理进程。

莫洛检察官：尊敬的法庭，我想应该要有一个基本规则，交叉质证必须限于重要问题。比如他提的问题，我想不起来有哪一个是重要的。

韦伯庭长：要接受这个规则或许很方便，但我没法说这个规则已经被接受了。我会征求我同事们意见。

（法庭成员开始内部商议）

莫洛上校，因为每个国家的规则不同，澳大利亚、英国有同样的规则，新西兰也是。我想我们，当然了，允许在庭审的任何阶段，都能提出关于任何议题的任何问题。但是我知道，在加拿大和美国，情况不一样。我们还没在这点上达成一致。

不管怎样，克莱曼上尉，你都没能说服我们一定要允许让你问这些——就我目前理解的——跟任何议题都无关的问题。中苏关系似乎与我们现在所讨论的任何问题都没关系。所以我们不允许你问这些问题。

克莱曼辩护律师：尊敬的法庭，"田中计划"绝对是证人的宣誓证词里提到的，在第199号证据第3页上。那我们是不是没机会说出实情了？发现这所谓的"田中计划"，其实这个"田中计划"是伪造的。

韦伯庭长：这方面的问题不允许再在这个阶段再提。你有了更多证据支持这个观点之后，你可以重提这个问题。

问：将军，在1927年，蒋介石是不是将中国共产党党员清理出国民党？

莫洛检察官：请问重要问题。

克莱曼辩护律师：关于"田中计划"，这是中国共产党凭空捏造出来的，目的就是要把人们的注意力从他们在中国的宣传活动转移到所谓的日本侵略中国和满洲上。

韦伯庭长：我想我们会在小范围内确定证人已经告诉我们他知道的所有有关"田中计划"的情况。这是我对他证词的理解。这个问题不许再提。

问：将军，1929年，中国警方突击搜查了苏联驻哈尔滨总领馆，发现了共产党宣传组织受到领事馆庇护的确凿证据，是不是？

韦伯庭长：那个离题太远了。问题本身和我能看到的任何议题都没关系。甚至不是离题太远的问题，我认为是完全的无关紧要。

克莱曼辩护律师：尊敬的法庭，我们的目的就是要展示出那时在中国的共产党进行的宣传活动，要显示这个"田中计划"本身其实就是中国共产党在其他共产党的帮助下，为了舆论宣传而蓄意捏造的。

韦伯庭长：还是没有联系。你或许可以在有了证据以后再提。

克莱曼辩护律师：我还可以再问一个问题吗？我想说这个问题性质是一样的……

韦伯庭长：一样的话就不许提问。

克莱曼辩护律师：好吧，阁下。我问完了，尊敬的法庭。

冈本敏男辩护律师：我是辩护律师冈本。我想问几个简单的问题。

交叉询问（由冈本敏男辩护律师询问秦德纯证人）（继续）

问：首先，关于所谓的《辛丑条约》，这个条约有没有限制每个盟国在华北地区的驻军人数？

莫洛检察官：尊敬的法庭，我认为这个问题的最好证据——这个条约本身是最基本的文书之一。在本案所有的事件里，文书本身就是最好的证据。他提到的条约，是1901年9月7日夜间签订的。

冈本敏男辩护律师：我只是想测试下证人对《辛丑条约》的了解程度。

韦伯庭长：你可以测试他的可靠性，而不是他的了解程度。

冈本敏男辩护律师：那我问另一个问题。

韦伯庭长：当然，你可以测试证人在本法庭所假定的那些事实。

问：在回答沃伦上校的问题时，你说在七七事变发生的那时候，日本在中国——在华北——有1.5万名驻军，对不对？

答：那仅仅——那是我从收集到的报告中所做的预估，那时日军部队频繁地在中国和满洲调动，来来往往很频繁。

问：除了来来往往调动频繁这一点，你是否承认日本在华的实际军力和《辛丑条约》中所规定的是一样的？

莫洛检察官：尊敬的法庭，他又把问题带到了《辛丑条约》上了。如果我没记错，条约中除了规定军队的用途外，并没有关于具体人数的规定。

韦伯庭长：当然，部队可能需要调整人数。

为什么发言台上有两位辩护律师？

问：关于检方所做的评论，就在华驻军人数这个问题，我想听听证人自己的说法。

语言监督官：因为我认为这个回答应该由证人来做，而不是检方。

答：证人对辩护律师问题所做的回答是：我恐怕那时日本驻华北部队的人数超过了规定的限制。

中文语言监督官：超过了实际需要。

问：由谁来决定军队所需要的人数？

答：划分的界限取决于保护铁路线需要多少驻军。

中文语言监督官：从北平到港口——维持条约中所提到的通道沿线的和平与秩序。

问：但是，正如检方自己所说的，《辛丑条约》中并没有条款限制驻扎在那一地区的军队数量。那么应该由谁来决定最少需要多少人呢？

答：我认为是指挥官们——我的意思是，英美法日驻那一地区的部队指挥官,由他们根据实际需要来决定。

问:那么你是不是想说,决定权在各盟国部队的指挥官手上,是不是?

答:我认为那些指挥官可能是遵照本国政府的命令,来决定驻防在那一地区的军队数量。但我想指出的是,没有哪一个列强国驻扎了那么庞大、几倍于实际需要的军队。

中文语言监督官:除了日本。

答(继续):除了日本。

问:你将日本除外,但你是不是承认,日本在华北地区的复杂利益关系也要比其他国家多得多呢?

答:我承认。

问:事实是,如果我们查阅记录,这些事实是可以得到确认的:只有7 000名——那时只有7 000名日本士兵驻扎在中国。你同意这个观点吗?

答:我认为,驻扎在华北的日军官兵是1.5万还是7 000,这些都不重要。我也不记得中国政府说过那里的1.5万名日军士兵是超限了。

中文语言监督官:更正:中国政府在那时从未向日本投诉说你们的军队人数太多了。

问:那么我想问你另一方面的问题:你有说在1937年,华北没有共产党军队,是不是这样?

答:那时候只有在一些学校,学生稍微有点左倾,但绝没有任何的共产党部队。

问:你知道一个叫石友三的将军吗?

答:知道。

问:这位将军和共产党军队有任何联系吗?还是说没有联系?

答:在1937年,我确信他和共产党没有任何联系。但那之后有没有,我就不知道了。

问:在华北五省中有个叫山西的省份,那个省份在当时是由共产党部队占据的,对吗?

答：山西省从来没有被共产党军队占领过。

问：你说的是从什么时候到什么时候？

答：我说的时间大约是在1937年7月7日。

问：在那之前山西有没有被共产党占领过？

答：没有。但有一次他们试图进攻山西，被中国国民政府的部队和当地武装击退了。

问：共产党部队侵略山西——进攻山西是什么时候？

答：确切时间记不得了，大概是在1934年左右。但有件事我可以向你保证，在七七事变爆发那时，山西省没有共产党。

问：在1934年试图进攻山西之后，共产党在华北的影响开始扩大，并且成为导致中日战争爆发的原因之一，是不是？

答：这仅仅是日本军方的一个借口。事实上，那时候这些省份根本没有共产党活动。

问：那么你认为，现在在华北有如此大影响力的中国共产党——你认为中国共产党是什么时候开始有这些影响力——势力的？

答：这个，我必须说，是七七事变爆发以后，是日本助长了这个运动。

韦伯庭长：休庭，明天上午9：30开庭。

1946年7月25日，星期四

日本东京都旧陆军省大楼内远东国际军事法庭

……

（法庭于9：30再次开庭）

……

韦伯庭长：还有进一步的交叉质证吗？

冈本敏男辩护律师：能否允许我继续昨天的交叉质证？

（秦德纯，检方传唤的证人，再次被召唤入证人席并做证词如下）

交叉询问（由冈本敏男辩护律师询问秦德纯证人）（继续）

问：昨天最后一个问题你回答得不清楚，我希望你再重复一遍。

答：昨天我的回答是，因为日本占领了天津和北平，导致很多中国学生成为共产党员，或者被迫加入了共产党。所以可以说，正是日本直接助长了共产主义的发展。

问：你现在的解释似乎没有任何因果联系。你能进一步解释一下吗？

答：我告诉你的是千真万确的事实。学生因为天津、北平和周边地区的沦陷，被迫加入了中国共产党。这是千真万确的事实。

问：那是什么时候的事？

答：七七事变后的一段时间。

问：你的意思是，这是卢沟桥事变爆发以后的事情，还是说，你是在试图解释这个事变发生之前的情形？

答：关于七七事变爆发之后——七七事变爆发以前，是有一些学生可能有左倾倾向，但绝对没有任何共产党部队。

问：那么你是不是知道，在1935年的6月10日，蒋介石总司令发布过一个行政命令，是关于两个邻国——也就是中国和日本友好关系的行政命令？

答：知道。

问：你知不知道发布这样一个命令的原因是什么？

答：目的是为了维持中国的和平，最终是为了维持亚洲，乃至世界的和平。

问：发布这个命令是不是为了制止在中国，尤其是在华北地区的全面的反日运动，以及阻止在华北地区由共产党所领导的抗日运动？

答：那时候华北地区没有反日运动。命令的目的在于告诫所有人，以及中国的军队，要尊重邻国，要与之友好相处。

问：那么证人先生，你认不认识？他1935年左右在华北。

语言监督官：更正：是河北省政府主席。

答：认识。

问：你是不是知道商震将军发布过一个命令，要求控制反日的恐怖分子？

答：不知道，从没听说过。

问：那么证人先生，你是不是知道你的上司——宋哲元将军，在1935年的11月发布过一个命令，宣布必须采取积极行动，控制住那些反日的秘密社团？

答：这个命令是宋将军根据从蒋总司令那里接到的命令才发布的。这是一个预防性的命令——命令的实质是预防性的。

问：宋哲元将军现在在哪儿？

答：他已经过世了。

问：那么你是不是知道1936年11月发生的西安事变？

答：知道。

问：这个事变是不是张学良将军联合中国共产党，绑架并拘禁蒋介石总司令？

答：那个我不知道。

莫洛检察官：尊敬的法庭，我对这个问题的重要性，以及它与目前核心问题的关联性有异议。

冈本敏男辩护律师：这个事件和目前的要点联系紧密。

韦伯庭长：我认为它是有关联的。他的主要目的就在于发掘出中国的状况——表明中国混乱的形势，还表明了——我认为——日本为了保护他们在那儿的利益而采取了恰当的行动，并且进一步表明了这些行为都是在条约规定内的。这个正好说明这个国家是如此的混乱，连最高领导人都被监禁了。

你可以继续。

问：证人知不知道因为西安事变，国民党和中国共产党的关系发生了何种变化？

答：我不知道。

问：你在哪里，证人先生，在那个时候？

答：我那时在北平。

问：你那时的职务是什么？

答：那时我是北平市市长。我知道的就是，西安事变后，事件负责人张学良十分懊悔，后来他送总司令回到南京。当时全国人民都欣喜无比，并且表现出他们对蒋总司令的坚决拥护，表现出国家是团结统一的；而日本，那时候却对此非常嫉妒。

问：当你说那时的中国是前所未有的团结的时候，你的意思是不是说，国民党和中国共产党建立了和平、合作的联系？

答：是的，那时两党之间的关系很好。

问：那是不是意味着，那时的国民党和中国共产党一起执行抗日政策？

答：不，情况不是你说的这样的。两党联合起来是为了准备防范日本的进一步攻击。

问：我把你现在的这个回答作为一个认可了的声明包括在我的问题里，加上商震将军和宋哲元将军连续发布命令要求控制反日的恐怖分子和其他组织这个事情一起，整件事就能和你的回答对上了。

语言监督官：更正：我把你的回答作为确认了的证词包括在我的问题里。现在我想问另一个不同方面的问题，那就是我之前说的，在1935年，蒋介石总司令发布过一个命令，要求维持和邻国的友好关系，那之后商震将军和宋哲元将军也发布了命令，要镇压、监视恐怖分子以及反日秘密社团。那么，这些事实要怎么样才能和你现在的回答对得上呢？

韦伯庭长：辩护律师不许对证人表态，这实际上很大程度上是在和证人谈话。辩护律师只能提问，问题也必须适度的简洁明了。我认为证人不必回答刚才那个问题。你最好问点别的。

问：那我能不能问一下，证人先生，蒋总司令为两个邻国间——也就是中国和日本——友好关系而发布的行政命令，在西安事变后是否依然有效？

答：它当然是有前提条件的，那就是日本必须停止侵略。

问：那么证人先生，西安事变后你有没有从国民党中央总部收到过任何有关抗日政策的命令？

答：没有。

问：在七七卢沟桥事变发生时，石友三将军在哪里？

答：石友三将军开始在北平，抗日战争爆发后他和宋哲元将军一起去了保定。

问：那你是不是知道，石友三将军在7月7日深夜向日中两军都开了火？

答：你说的是什么时候？是七七战争爆发前还是后？

问：那么我想问你，是不是因为石友三将军向日中两军都开了火，所以才导致了卢沟桥事变的爆发？

答：不，事实不是这样的。我再进一步解释一下。被认为是反日的第三十七师从卢沟桥撤走以后，由被认为是亲日的石友三将军所率领的部队接替。

问：你什么时候成为国民党员的，证人先生？

答：我在党的初始阶段就加入了国民党。

韦伯庭长：布鲁克斯上尉。

布鲁克斯辩护律师：我是大川周明的辩护律师布鲁克斯。

交叉询问（由布鲁克斯辩护律师询问秦德纯证人）（继续）

问：七七事变是由中国还是日本宣战的？是事变时还是事变前宣战的？

韦伯庭长：这个事情法庭已经裁定过了。

布鲁克斯辩护律师：尊敬的法庭，第198号证据第5页上，也就是检方第1750号文书，证人说这就是中日战争的开始。我想知道他那时有什么根据。

韦伯庭长：很遗憾，没有宣战就开战是可以的。

布鲁克斯辩护律师：那么证人能不能再回答一下，作为我另一个问题的基础？

韦伯庭长：这个问题没有价值，不过证人可以回答一下。

答：就中国方面来说，从来没有那种命令，但日本政府方面，我不知道有没有任何我们所说的对中国进行惩罚性战争的命令。

问：那么，在第199号证据，也就是检方第2340号文书上，你说在你与松井[1]交谈时，你宣称——他宣称亚洲应该是亚洲人的亚洲，必须把欧洲和美国人的影响排除出去。你能不能进一步说一下你们所谈论的这个"影响"，被认为"必须排除出去"的影响。我想知道更多有关你们在谈话中谈到的"必须排除"的影响的信息。

答：简单地说，他想的就是将英美利益排除出亚洲，后来发生的珍珠港事件以及日本进攻马尼拉和其他地区就足以证明。

韦伯庭长：我们之前回答过这个问题。

问：我想进一步详述这个问题。有没有某些国家在中国培植巨大的商业利益？

莫洛检察官：尊敬的法庭，松井的辩护律师调查这件事，我有异议，这是重复的。

---

[1] 松井石根——校者注。

韦伯庭长：我认为这个问题从另一个方面来说是令人非常反感的，整个事情没有关联，除非它能表明日本的行为是迫于他国的行动。

布鲁克斯辩护律师：这正是我想表明的，尊敬的法庭。

莫洛检察官：我对问题的关联性有异议，尊敬的法庭。

韦伯庭长：我已经和布鲁克斯上尉说过了。

布鲁克斯辩护律师：尊敬的法庭，我想指出的是，我念了"欧洲和美国的某些影响必须排除出去"这句话，并且以此为基础。关于我要证明的事情，我想对我的陈述做个更正。我并不是想说一些国家导致了这些引发战争的情形，我认为，不同国家的某些巨大的商业利益才是导致这些引发战争的情形的原因。我想请法庭方面再多点耐心，我能将把这个情况呈现出来。我也希望得到与这位证人有关的信息，这样的话，之后我就可以继续对我自己的证人进行交叉质证了。

韦伯庭长：如果你不仅仅是为了拐弯抹角地打听消息，而是确有证据，那么你的问题就必须非常具体。问题必须基于证据，但你的问题都很不具体，非常含糊，因为现在你说你有证据，所以我提议，在你能将问题具体化以前不允许你再提问。你必须在问题中加入你的证据。

布鲁克斯辩护律师：尊敬的法庭，我现在正在进行交叉质证，而不是展示证据，但我有权知道我应该怎样提出我的证据，也有权知道，在交叉质证证人证词过程中，对于有关欧美影响的谈论有什么限制。这不是说欧美国家，是说影响，我认为它对本案非常重要。了解全中国在这一时期所拥有的军队、军事物资、装备，以及技术援助，和日本一直在抗议的、中国为了延长冲突而训练人员的情况，因为日本就是这场持续了相当长时间的冲突的接受方。了解这些情况是至关重要的。

韦伯庭长：你能说一下这个证据的性质吗？你可以拒绝回答，如果你喜欢的话，但是目前，就你已经说的来讲，显然离题太远。

布鲁克斯辩护律师：尊敬的法庭，我想通过证词、宣誓书和一定的记录来说明，但我想我们可能会要求法庭接受关于某些特定事实的法律知识，但是我不希望现在就引入这个问题的证据，或者把我们收集到的证据暴露给检方。但是我想特别提到一家美国公司——柯帝斯-莱特公司，在那个时候，他们在中国建造了一家价值 3 000 万美元的飞机制造厂，那正是非常关键的时期，我想我会在之后的证词中说明。如果是这样的话，我想继续。

韦伯庭长：你已经因为自己的理由又退回到了这个所谓的证据上，我们会记住。现在你已经很明确，你打算依靠的证据太偏，还不能起到任何的辅助作用。所以我代表法庭，不允许你继续那方面问题的交叉质证。

布鲁克斯辩护律师：为了阐述清楚我的观点，我不得不披露更多证据。我主张甚至在这背后，当时存在一股愈演愈烈的忧虑情绪——世界上的很多国家远在战争爆发很久以前就经年累月地搞经济侵略——追踵它们的故技让这种忧虑情绪在日本和亚洲的民众的眼里显得很正当。他们或许感到：对于那些援助、指导战场上的中国军队的国家的交往和行为，采取某些他们今天宣称属于防御的措施，采取的确属于或者在今天被证明属于防御性的措施，都是正当的。那么，战争究竟开始于珍珠港，还是在 1931 前就已开始了呢？

韦伯庭长：别国单纯的经济发展并不能证明日本诉诸战争就是合理的。

布鲁克斯辩护律师：确实是，尊敬的法庭，除非很仔细地去研究过去 60 年的外交史，历史表明，接着不但是经济发展——各国不但进行经济发展，而且政治入侵也紧随其后，某些强大的商业利益用不同的、各种各样的方式鼓励保护性措施，而这已经成为过去绝大多数战争的起因。

韦伯庭长：好吧，很明显，你是想追究一个 60 年来无休无止的问题，而我们都知道，或许要追溯到 80 年前日本第一次与外部世界接触的时候。如果我们让你追溯得太久远，本法庭就永远没法结束工作，完成任务。那个离题太远。如果我们要回顾首要原因，我们或许要追溯到几个世纪前。我们不得不采纳一个合理的观点，所以拒绝允许你继续那个方面问题的交叉质证。

布鲁克斯辩护律师：尊敬的法庭，在起诉书的第三部分，有关在中国和大东亚进行经济入侵的控告。正像迄今为止在检方证据中已经显示的那样，并没有关于那段时间的限定。

韦伯庭长：你把那个和它的背景分开了。经济入侵不是犯罪，这个我们已经给出了判决。

布鲁克斯辩护律师：尊敬的法庭，在这个事例里面，如果经济入侵……

韦伯庭长：我们拒绝听你再说这事，我们已经给了你判决和理由。你现在就是在浪费时间。

布鲁克斯辩护律师：如果可以，我想质证关于另一个要点的问题。

韦伯庭长：拒绝质证那些要点的请求。

布鲁克斯辩护律师：阁下，我说是另一个要点。

韦伯庭长：什么要点？

布鲁克斯辩护律师：我能问这个问题吗？然后让阁下您判断是否合适。

交叉询问（由布鲁克斯辩护律师询问秦德纯证人）（继续）

问：关于你证词中提到的那些事，在长时间的动乱时期，你们的政府有没有向国际联盟或是日本政府，或是其他任何政府提出过正式申诉？

答：我那时只是某个地方的地方官。更进一步地说，关于中央政府外事部门是否曾向其他国家的政府或是国际联盟提出过任何官方的申诉，这个我没法确切地告诉你。但是九一八事变后，曾向国际联盟提出过正式的抗议。

问：你有没有以那个地方的地方官身份，为这些申诉发过任何基础材料或是报告？

答：我向中央政府汇报过几次关于日本方面挑衅和侵略的行动。但是中央政府向国际联盟报告的是不是同样的内容，我就不知道了。

韦伯庭长：休庭 15 分钟。

（10:45～11:00 休庭）

（再次开庭如下）

法庭执行官：远东国际军事法庭现在再次开庭。

韦伯庭长：布鲁克斯上尉。

问：你所说的这些汇报都是什么时候做的？

答：具体的日期想不起来了。无论什么时候发生突发事件，我都会立即汇报。

问：你能想起来是哪一年吗？

答：比如说，这个察北事件——关于察北事件，1935 年 6 月份有个谈判，每次谈判之后，我都会向上汇报。然后我就会根据中央政府给我的指示再去谈。每次谈判我都会向中央政府报告。

问：你说的这个 1935 年发生的事情，和蒋介石被劫持有什么关联吗？

答：没有关联。

问：我想起来那是在 1925 年，是不是？

答：你说的是哪个事情？

问：劫持蒋介石。

答：我想你是弄错了蒋总司令被劫持的年份了。

问：在 1935 年汇报的时候，你的官方职务是什么？

答：那时我是第二十九军副军长，同时也是察哈尔省政府民政厅厅长。那时我在察哈尔。

问：你是向谁，向中央政府哪个部门汇报的？

答：我必须分别向不同部门汇报。作为第二十九军副军长，我必须向国防部报告；作为察哈尔省政府民政厅厅长，我要向行政院长报告。

问：你1935年做的这个报告都包括哪些内容？你能记得报告的要点吗？

答：我想你最好参考一下我已经写的关于这次谈判结果的陈词。

问：你在报告中的内容和陈词中的是一样的吗？

语言监督官：书记官能否再念一遍？

（法庭书记官念了一遍最后那个问题）

答：我可以这样理解你的问题吗，你想让我完整地报告我和中央政府之间往来的电报，就是叠起来大概有两英寸高的那些电报，是吗？

问：我想要的是1935年那个报告的要点概括，就是你作证说那个事件之后你发送的报告。

答：我1935年做这个报告的第一个要点就是：有两个日本士兵和两个日本军官乘坐卡车进入多伦。这些日本人试图强行进入张北区的北门，在门口，卫兵拦住他们，要求出示护照。他们拒绝，接着就吵了起来。

韦伯庭长：你真的认为这样就能帮我们再现当时的场景？你知道你首先必须说服我们。

布鲁克斯辩护律师：我问这些报告是为了弄清楚他们做这些报告的日期，也许能用来做辩护的素材；也可以看看是不是有任何矛盾或者其他能够说明这些的事情，也为了知道中国政府对这些情况采取了什么行动，这些行动在那时是否被认为重要。我相信在这个案子里它们有关联。

韦伯庭长：布鲁克斯上尉，我认为这根本没用，我不知道我的同事们怎么想，我觉得他们是同意我的看法的。

请记住，我们真正想听到的是那些能够帮助我们了解辩方观点的事，但不是这些小事情，特别不是这些之前已经听到过，而且不止听到一遍的事情。

布鲁克斯辩护律师：尊敬的法庭，我一直在试图表明辩方在这件事上的观点，但是被法庭拒绝在交叉质证中提问。我认为，证人在这里做陈述，尽管"他在报告中说了什么"这个问题是重复了，但是我们知道，1935 年 6 月的这个报告是证人以第二十九军副军长身份作出的，是向中央政府和某些部门做的报告，审问这些或许能得到更进一步的信息；我们想把真相呈现在法庭上。

不论对任何一方的影响如何，这些事情的真相都应该被披露出来，这样法庭才能知道。寻找真相经常难以实现，也常常很难让人相信，并且很难获得某个团体或个人的观点。

语言监督官：书记官能否再念一遍最后那个陈述。

（于是法庭书记官读了最后一段）

布鲁克斯辩护律师：对某方意图的误解经常会减轻责罚——要是仅仅是为了减轻责罚的话，就应该允许在法庭上出示表明从轻处罚的情节，以作为某些行为的依据。我认为检方在这个案件中将此案的开始时间定为 1928 年，也就是枪击开始的那时候，但在任何刑事案件中……

语言监督官：请书记官再念一遍最后的陈述。

（法庭书记官又读了一遍最后的陈述）

韦伯庭长：我觉得我们最好停止这件事，要是报告中提到这件事真的对你很重要的话，你知道法庭会全力帮助你取得那份报告——如果中国政府发布的话；或者，如果需要的话就在中国成立一个委员会。但是现在，我想你最好是停止关于那个报告的交叉质证。

布鲁克斯辩护律师：我会停止关于那个报告的交叉质证。我很高兴我们查明了有这样一份报告，这样我们就能去找。在此之前，我们对这个报告一无所知，也不知道它在哪儿。

问：那么现在，1937年，在卢沟桥事变发生时，你的官方职位是什么？

韦伯庭长辩护律师：布鲁克斯上尉，我要求你配合法庭。你问的这些事早就已经有了答案。

布鲁克斯辩护律师：我想查明，你做的报告是不是算你职务范围内的？

韦伯庭长：辩护人对法庭负有义务。美国的辩护人和英国的辩护人都一样，他们都是法庭工作人员，都必须帮助而不是妨碍法庭。

问：那么证人先生，你知不知道中国对外蒙古的领土主权有过什么主张？一直到1945年，那里的官员是否遵守中央政府的命令？

韦伯庭长：那个问题已经问过，也回答过了。又是个重复的问题。

布鲁克斯辩护律师：我是根据合作辩护人的要求问这个问题的。我本人没有听到过回答，阁下。我想你想到的是满洲里，而我们正在谈论的是外蒙古。

韦伯庭长：这个问题之前问过，就是在问关于中央政府对驻扎在外区域军队控制的问题的时候。

问：将军，你是在哪里接受军队参谋人员训练的？

韦伯庭长：这个问题对我们没有帮助。

布鲁克斯辩护律师：尊敬的法庭，我不再做进一步的交叉质证了。作为事件的信息，我想知道我们在做辩护的时候，只能表明枪击发生前的情况，包括关于谁提供了武器这个问题；在这场战争中，各种各样的叛军和土匪们用这些武器、军火以及军需品，杀害日本平民并且侵犯他们的财产权。我相信这是非常重要的。

韦伯庭长：我们希望充分地了解辩护内容，但是这方面问题的交叉质证无助于我们理解这些内容。

布鲁克斯辩护律师：尊敬的法庭，在一桩刑事案件中，法庭会允许你追溯到动机这个问题，关于谁提供了武器，提供武器是否一个阴谋，以及在实际开枪发生前说了什么。这是一桩刑事案件，有一点非常的重要，就是知道是哪个庞大的商业利益集团和其他利益集团，通过黑市或者卧底，或者用别的方式提供了武器，而这也正是日本多次向不仅是中国，还向世界其他国家所控诉的。也许现在还不是在质证中问这类问题合适的时候。我知道我已经被拒绝质证这类问题。但是，就信息要点来说，有个问题是：辩方是否适合展开这条信息，并将此作为这个问题的辩护证据来准备，从而表明日中关系和导致日本受到损害的这些情况，具体就是在各种各样的武器和供给，比如石油和战争物资交易中那些占据优势、实力强大的商业利益听凭战争持续如此长的时间——到1931年为止已经十五年了。

韦伯庭长：那好，你把你的问题提出来，然后我会告诉你是允许还是不允许。提出你的问题，我会告诉你这个问题是否被允许。

问：证人先生，自1900年起，日中之间的紧张关系和反感情绪是不是与日俱增？国民政府，或者说是中央政府，希望削减在这之前失去的某些领地？

韦伯庭长：我认为"削减"在这里的意思是"重新获得"。

布鲁克斯辩护律师：是"重新获得"。

韦伯庭长：我认为这问题有点偏，但我不阻止证人回答。

答：从中日战争起，很明显，中国人民作为一个整体，尽全力依照现代世界的准则行事。这样做不是因为中国人民——中国政府想要重新夺回失去的领土，而是想要加强国力，为近代化国家打下基础。我说过，中国政府知道自己的国力微弱，并没有准备重新夺回失去国土的计划。这可以用事实来证明。尽管全体中国人对日本强加给国人的"二十一条"感到愤怒，中国政府还是极不情愿地接受了。因为日本无止境的侵略，也因为那时的中国政府非常懦弱，中国人民起来并赶走了日本军队，并迫使政府拒绝签订"二十一条"。

问：但是中国政府的懦弱并不是外国觉得它们需要在中国驻军的

唯一理由,对不对?

答:只有日本以此为理由在中国驻军,别的国家没有那么做。

问:证人先生,因为《辛丑条约》,别的国家在那里也都有军队。除了这个原因,以及在很长一段时间里,中国的土匪、叛贼活动猖獗,除了这些之外,外国在中国驻军还有没有其他的原因?如果你知道,我想让你说明一下。

韦伯庭长:如果你知道原因,你应该给证人一些启示,而不是让他猜。这个质证几乎没有启发作用。

布鲁克斯辩护律师:如果他知道,他可以回答那个问题吗?

韦伯庭长:我不希望他回答。你可以表明原因,他或者接受,或者不接受。这才是正确的方法。

问:证人先生,因为发生了太多的事件,日本居民会觉得另一场义和团暴动或许就近在咫尺,这样的忧虑合不合情理?

韦伯庭长:中国1900年起的状况和这个不相关,也离题太远。我们想了解的是日本采取行动的时候,也就是日本军队采取军事行动时候的中国情况。那时的情况才是我们想知道的,你不用回到40年前。

布鲁克斯辩护律师:在这个案件中,射杀从1931年大规模开始,但因为这是一起刑事案件,我想——辩方考虑——说明当时的情形:各个国家的国民压力骤增,他们有忧虑和恐惧,彼此之间有商业利益冲突,我还要显示当时的敌对状态,尽管没有公开宣布,但是在这之前很长的一段时间,就已经发生了不计其数的事件——几百起这样的事件在这里得到了检方证人的证实。

韦伯庭长:我想建议你,恕我直言,我不想说任何可能冒犯到辩护人的话,尤其是我不熟悉的美国辩护人。你要谨慎地提出你的问题,要着眼于协助法庭,始终记住,协助法庭工作是你的义务。

我们开始休庭,到13:30开庭。

(12:00~13:30休庭)

（下午庭审，法庭于 13:38 再次开庭）

法庭执行官：远东国际军事法庭现在再次开庭。

（秦德纯作为检方传唤的证人，再次被召唤入证人席并作证词如下。）

交叉询问（由布鲁克斯辩护律师询问秦德纯证人）（继续）

问：证人先生，在 1937 年以前，你有没有以中国在那一地区代表的身份曾经要求日本援助，甚至为了维护你所负责地区的治安，维持当地的和平与秩序而去请求其他地区的中国军队协助，有没有？

答：我不是太清楚你的问题。

韦伯庭长：证人，你有没有曾经寻求日本或者其他中国人来协助你维持你所在地区的秩序？

证人：没有。

问：证人先生，你知不知道在 1937 年以前，蒋介石总司令或者是其他的中国官员，是不是有为了恢复中国和你所在的华北地区的和平与秩序而请求财政或者其他形式的援助？

答：你什么意思？我不大明白你的问题。你是说蒋委员长或者其他将军要求我协助还是向日本方面请求协助？

问：后者。你们是不是有向日本寻求过协助？是不是有给日本军队发去请求，让他们派警察部队到你所在的地区？你所在的地区和其他各地的官员有没有为了恢复全中国的和平与秩序，就报告方面的事情去请教过别的国家？

答：（译员）：他在回答你的第一个问题。他说：没有请求过军队支援，但是在经济合作方面有过分歧。更确切地说，经济合作是由日本方面提出来的。

问：你说的经济合作有没有涉及到任何关于战争物资、武器、军火方面的交易？有没有支持任何在中国的反对派，支持他们对付日本商人联合会或者是日本公司和集团？如果有，请说出名字。

答：没有。

韦伯庭长：布鲁克斯上尉，很明显，你的问题都太长了，译员们翻译很困难，请你用最少的语言来表达。

布鲁克斯辩护律师：我会尽量问短一些的问题，阁下。我已经尽量地让问题保持适当长度，这样才能表达完整的意思，而不是问一连串可能对法庭毫无意义的短问题。

问：在中国遭遇麻烦期间，在1937年以前的国内战争时期，中国有没有从外部获得过战争物资、武器以及装备这类资源？你知道都有哪些吗？

答：我一点不知道。

问：你和你的军队用的武器和军火，和1937年前同你作战的反对派所使用的，都是中国人自己生产制造的吗？

韦伯庭长：中国战争物资的来源同这个议题有什么关系？

布鲁克斯辩护律师：阁下，我听说过，我明白，我们会在证据中表明日本人的观点，对战争爆发前的情况以及涉及的各种各样的商议利益的观点。

韦伯庭长：你没有回答我的问题。我想知道中国战争物资的来源同这个议题有什么关系？

布鲁克斯辩护律师：这种来自译员的不断干扰让人很为难，但我还是想进一步补充。我想从中国方面，从敌对方，从本案中明显带有敌意的证人身上找到辩护依据，他们说的利益中是否有日本财团的成员，而财团成员并不代表就是这些被控该为商业利益冲突负责的人，这个对本案是有影响的。在第199号证据，也就是检方第2340号文书里，在谈到那时亚洲人之间有一个流行的话题，就是欧洲和美国的影响是不是应该被排除出亚洲，并且讨论会发生什么，他们是否会被日本或是其他国家取代。最近有证据显示，中国的内战因为有物资供给而延长了。

我想也将会有证据表明,因为有物资供应给了日本,使得战争成为可能,这些存在于各种利益间的矛盾冲突导致了日本居民的生命和财产损失,关于这一点,日本已经在超过300件事例中进行了各种各样的谈判,用外交方式,甚至上诉至国际联盟,但最终都被退回,原因就是日本没有得到任何支持,故而被迫采取行动。

辩方认为,我方有责任把这些同控告有关的情况和事实提出来,有责任提出这些可能影响被告做某个决定的情况和行为,还有那些也许能够解释和描述不同方面采取不同行动的理由,并为过去发生的事作证、减轻罪行,甚至是转嫁责任。

韦伯庭长:我们不许你任凭自己沉溺于这些共性。你的问题必须直接针对具体的事情。从来没有哪个辩护人像你这样做的。不管是我要求你提供具体的信息,还是问你的问题针对什么,你有什么支持证据等等,你都只是给个泛泛的回答,这是不允许的。

布鲁克斯辩护律师:尊敬的法庭,我所问的问题与任何具体的事情无关。这些问题只和当时的普遍情况有关。关于我一直试图表明的这些,一般情况下,只需要按照法庭的指令给出一个大致的回答。

韦伯庭长:你的态度完全不合理,用一般的方法很难来控制。很少有辩护人会把法庭置于这样的境地。

布鲁克斯辩护律师:如果我冒犯到了本法庭,我道歉,也许在展示案件方面有不同的习惯。在美国法庭,允许辩护人不受干扰地在辩护中进行交叉质证,只要他认为是重要的,之后再把这些都联系起来;如果不重要或者联系不上,那时候法庭就会判定无效或者认定联系失败。我希望道歉。

问:证人先生,在1937年,是不是有其他国家的军官在中国的军队部门里担任观察员、顾问或者负责人,并且积极参加那时以及之前的军事行动?

莫洛检察官:尊敬的法庭,因为问题的关联性和非重要性,我们反对这个问题。

布鲁克斯辩护律师：尊敬的法庭，我认为，表明哪些军官、多少人，以及他们在那之前的行动跟这个案件是很有关系的。我在问1937年前后，也包括1941年前的事。在各种报道以及外交演讲中也多次谈到关于迫使日本作出冒犯行为，就像检方已经陈述过的，这些行为在某些情况下是自1941年起，而在另外场合则是1931年起。我认为这一系列的问题能显示出某些其他情况——那就是非常有可能，这些被当认为是日本侵略行为的缘由其实最终是日本被迫采取的防御性行动的原因。

韦伯庭长：不允许问这个问题。

问：在你同松井[1]先生的谈话中，就是在第199号证据的第4页上陈述的，当你们谈到欧洲和美国的影响应该被排除出亚洲，以及日本对此的态度时，有没有探讨过关于把握亚洲市场以及任何有关日本的态度，还有关于"亚洲是亚洲人的亚洲"这一表述的来源问题？

我重新组织下问题，尊敬的法庭。我简化一下。

韦伯庭长：为了从各方面考虑他们的状况，法庭现在休庭。

（14：10～14：30休庭）

（再次开庭如下）

法庭副执行官：远东国际军事法庭现在再次开庭。

韦伯庭长：法庭决议，以后所有的交叉质证都必须限定在审问主要事件上面。

布鲁克斯辩护律师：尊敬的法庭，我只想请法庭注意，就是在第199号证据上，提到了松井有一个关于"亚洲应该是亚洲人的亚洲，欧洲

---

[1] 松井石根——校者注。

和美国的影响应该被排除出去"的谈话。我的问题一直是和证人本人的宣誓书内容一致的。证人的宣誓书里包含了那些日本已经抗议过的重要因素所构成的论述,有关于世界浩劫的根据和特征这些内容都应该由本法庭指出来并且宣布它们不适用。

韦伯庭长： 交叉质证结束了吗？

布鲁克斯辩护律师： 对这位证人的问题问完了。

莫洛检察官： 尊敬的法庭,我们没有需要本方询问的。

韦伯庭长： 我只有一个问题要问证人。你有没有什么理由怀疑《田中奏折》的真实性？

弗内斯辩护律师： 那个……

韦伯庭长： 现在让证人回答。

证人： 我不能证明它是真的,但同时我也无法否定它。但就如我们已经在日本侵略的稍后阶段中见证的事态的发展那样,在我看来,作者田中给自己谋得了非常丰厚的利益。

语言监督官： 英文补充：即使《田中奏折》是假的,是伪造的,但它里面预测的每一件事都已经得到了贯彻。

韦伯庭长： 弗内斯少校。

弗内斯辩护律师： 阁下,我反对庭长提出的问题。问题预设了有证据能够证明有这样一个备忘录的存在。但是到目前为止,我认为还没有这样的证据。

韦伯庭长： 这个问题是为了辩护人的利益提出来的。

弗内斯辩护律师： 谢谢,阁下。

克莱曼辩护律师： 尊敬的法庭,为了辩方的利益,我能不能问这位证人关于《田中奏折》的问题,就一个问题？

韦伯庭长： 不行。我们已经被告知没有进一步的交叉质证了。

克莱曼辩护律师： 好吧,阁下。

韦伯庭长： 我们继续。现在有另一个问题,是哪两个桥本,有没有哪一个是被告？证人在对他的质证当中提到了两个。

证人：都不是。我在书面陈述当中提到的桥本只是本案中被起诉的桥本。

布鲁克斯辩护律师：阁下，我想指出，证人之前作证说两个都不是这个人。

韦伯庭长：还有要重质证的吗？史密斯先生。

史密斯辩护律师：阁下，很明显，法庭突然再次开庭，在你定规则的时候大多数日本辩护律师都在庭外。为了确保他们的利益，我们可不可以让书记官再向他们念一遍规定？

韦伯庭长：当时已经在法庭内的辩护人完全有能力通知不在的人。

莫洛检察官：我认为这位证人可以退出了，是不是阁下？

韦伯庭长：证人可以走了。

二、证人鲍威尔证词：日本侵占中国东北与九一八事变

……

（约翰·鲍威尔，作为检方传唤的证人，先正式宣誓，然后作证如下）

直接询问（由麦肯锡检察官询问约翰·鲍威尔证人）

问：请说一下你的全名。

答：我的名字叫约翰·鲍威尔，鲍-威-尔，鲍威尔。

问：你住哪里？

答：我是土生土长的密苏里州人，但我现在住在纽约。

问：你曾经在中国居住过？

答：我从1917年开始住在中国的上海，基本上一直住着，一直住到1942年5月珍珠港事件之后。

问：你在那儿做什么工作？

答：我一直从事报纸编辑工作，为美国和英国的报社服务。

问：你在满洲待过吗？

答：待过。在报社工作期间，我去过满洲好几次。我第一次去那里是和议会代表团——我想是在1923年的时候。

问：你在1931年的时候去过满洲吗？

答：去过，1929年和1931年都去过。

问：1931年是为了什么事情去那里的？

答：是为《中国每周评论》[1]采访所谓的"满洲事变"，同时也为另外两家报社做采访。

问：哪两家报社？

答：一家美国报纸，《芝加哥论坛报》和一家英国报纸，《曼彻斯特卫报》。

问：你是在1931年的什么时候启程去满洲的？

答：那时我坐的是我能搭上的第一趟船，我想那是在事变发生后的第二天。

问：你一个人去的？

答：不是。船上有很多记者——英国的，美国的，我记得，有两三个欧洲记者，和一些中国记者——有一批人。

问：你先去了哪里？

答：嗯，我们的船在大连停靠，然后立即乘坐当晚的火车去了奉天，那里正是事变发生的地方。

问：你还记得你到达奉天是在什么时候？

答：我们上午到的奉天，应该是在23日。

问：几月？

答：1931年9月，也就是所谓的事变发生后不久。

问：你到达奉天的时候，那里是怎样一种情况？

答：日本军队已经完全占领了当地。

问：你知不知道任何关于民政府的事？

答：嗯，日本在那里设置了一些临时性的行政机构。我记得担任该市市长的是土肥原先生，那时他还是大佐，或者是少将。

问：到达奉天后你做的第一件事是什么？

答：我认为大多数——也包括我——大多数记者都去了大和旅馆，

---

[1] 即《密勒氏评论报》——译者注。

那是一家在所谓的铁路地带的日本人社区中开设的日本旅馆,我们在那里拿到了房间。我想大概是在第二天的上午,我去了美国领事馆,那就是个很平常的程序,这样的话,如果遇到你家乡的政府部门来调查,或者接到电报,领事馆就能知道你在哪儿。就我的情况,我就是去的美国领事馆。

问:你去过任何人的军事指挥部吗?如果去过,是谁的指挥部?

答:日军本部在日租界的中心,正对着我们的旅馆。我们在它的办公室进行了短暂的拜访,并且建立了联系,尤其建立了和日方发言人的联系,土肥原少将——我们中的大多数人都知道他,他事先也知道我们会去拜访。

问:请详细讲述下你们在本庄将军本部的拜访情况。

答:好的。我想,第一次拜访将军本部的时候,最引人注意的就是一堆残骸——它们明显源自铁路,就在将军办公室外的大厅里。有一段轨道,一端破碎不堪;有一些厚钢板——他们叫它接合板,就是用在铁道连接处的;还有一些弯了的钉子和一些碎裂的横木,枕木,所有这些就被堆放在办公室外的走廊上。

问:在那里还发生了其他什么事吗?

答:嗯,我想到,我们被告知9月18日的晚上在铁路上发生了一起爆炸事件,而这些就是爆炸后的残骸。

问:你那时有没有获得其他消息或是别的什么吗?

答:他们向我们出示了这些东西的照片,还有事件发生地铁轨的照片,就在满洲奉天城外几英里的拐弯处。

问:你那时拿到过任何一张照片吗?

答:我不记得他们有没有给我们——我想我们本来是可以问他们要到这些照片的,但为了让我们记住事件的地点和关于那时候那里发生了什么——我猜想——他们给每个人都看了照片。

问:你说的这些东西都被收集在本庄将军办公室外的走廊上?

答：是的。

问：你有没有去看过所谓的爆炸事件的现场？

答：有，这之后很快，我们——我必须说是所有的记者——都被带到外面，去看事件发生的那个地方。我们被带上一辆车，到达了最近的地点，然后走着穿过田野——就是高粱地，然后到了所谓爆炸发生的那个地点。

问：请你详细地描述一下你在那里看到的东西。

答：嗯，我们——所有的残片都被收拾干净了，弯道外有一段新的铁轨，我想是放上了两个新的轮胎，那个我们很容易就能看出来。

问：你有没有勘察过路基？

答：有，我们很仔细地检查了路基。我们沿着铁路的右侧来来回回地走，当然，爆炸所造成的破坏都修好了，因为已经看不出来了。一切都井然有序。妨碍铁路运行的碎石也都已经被拨开到了别处。

问：你在那里还看到了什么？

答：轨道旁边的路上躺着三具中国士兵的遗体，就在离爆炸现场50到100码的地方。

问：如果还没说完，请你继续说。

答：这些遗体躺在轨道边上的路上，我们注意到，他们的头部的方向与事件发生地是背离的，就好像他们之前一直在跑。这些遗体周围都是一小堆的枕木，还有一块很重的波纹铁皮放在上面，明显是用来保护他们的，而他们——遗体就躺在那里。我记得有一组记者——其中的一个记者查看了其中的一具（遗体），告诉我们他看不到任何血迹，但是这些遗体放在那里有相当长的时间。之后我又和另一个后来的记者去了别的地方，等我们回来，遗体还在那里，已经放在那里很长时间了。

问：你认识本·多夫曼吗？

答：认识。他是加州大学毕业的研究生，在满洲待了几个星期，在为他的博士论文做一些经济问题方面的调查。多夫曼现在受雇于位于华盛顿特区的美国海关，而当时他受雇于李顿调查团，并且花了几周的时间调查满洲事变，也就是铁轨上发生的真正的爆炸事件。

问：对于所谓的爆炸事件，你有没有独立地做过调查？

答：我没有很彻底的深入这件事，只能从我当时能看到的角度来判断。我和多夫曼先生保持着联系，他竟然去采访了一个在某列火车上的列车员和维修工，那列火车说是在事件发生后的 20 分钟经过事发地点——根据铁路时刻表判断是 20 分钟。

问：当你到了那里以后，你是不是发现有出售关于满洲事变照片的情况？

答：是的。我在照相店里搜索，就是展示、陈列照片的那类店，我发现了大量的照片，照片上的日本男人们身穿平民服装，携带武器，还带着臂章。我收集了其中的一些照片，并刊登在了我任职的上海的那份报纸上，也刊登在了《芝加哥论坛报》上面，我记得是这样。

问：你是不是做了关于这些照片的调查？

答：是的。我拿到这些照片，我记得我到美领馆去找了那里的翻译，翻译臂章上刻着的字，并且找到了解释。我也许要说，那时美国驻奉天领事是约翰·卡特·文森特先生，现在他是位于华盛顿特区的远东部门的主席，就是现在。

问：你发现那些刻字是什么含义？

答：刻字表明这些人都是预备役军人。领馆的人，也有那时住在满洲的外国人告诉我们，就在所谓的"满洲事变"发生的前几天，在奉天的大街上有很多游客——男性游客，就在事变发生的两三天前。

问：你是不是以这些信息为根据，把这些描述发送给了你所在的报纸？

答：是的。就在这些内容出现在上海报纸上几个小时后，它们就从奉天的街上消失了，也从奉天的商店里消失了，在奉天再也看不到它们了。

问：什么消失了，鲍威尔先生？

答：我说的是那些照片。

问：那你知不知道肯德尔·雷格厄姆这个人？

答：事变发生那时候，他是美孚石油公司驻满洲的副经理。他在事变发生前已经在那里有一段时间了，之前常驻上海。

问：你跟他都做了些什么，如果有的话？

答：雷格厄姆带着我，坐着他的车经过日本在奉天的军营，一个很大的地方，大概有两个街区那么大，用波纹铁皮围着。

问：那你还看到了什么？

答：雷格厄姆在可以停下的地方停了车，站在围栏边，仔细检查了这些围栏。他让我注意军营里的两栋大楼，它们看起来像谷仓，完全被波形铁皮所覆盖。有个东西引起我们的——我的注意，雷格厄姆说他之前就见过，他一直经过那个地方。这些谷仓或者说是大楼的一头已经被打开，但是门上山墙部分是粉碎的，长条状的波纹铁皮爆裂了，包围着大楼的顶部，就好像里面有发生过严重的爆炸。

雷格厄姆告诉我，那些大楼里藏有重型火炮或是榴弹炮——这是奉天百姓在奉天被占领那天晚上听到的声音，但是第二天人们在街上没能看到这些。根据他听到的内情，他说那些房间里藏着的重型火炮是之前被当做采矿设备运进来的。

问：在日本领土上，你必须遵守哪些新闻规则？

答：嗯，我们必须遵照通常的程序，把我们的记者证存放在和邮局相连的电报局。至少在一开始，对记者的工作干涉得还是很少的。但到后来，我们在那儿稍微受到了点限制，要由宪兵跟着——他们会坐车跟着我们，通常是我们走到哪儿他们就跟到哪儿。这样变得非常让人讨厌。有一次我向日领馆投诉。我想，前两天还在那里的森岛先生，那时他是总领事。森岛先生——我记得——那时候让我放心，不用害怕那个人，他说事实上那个人是在保护我，以免我受到严重的伤害。

问：你的记者证在电报局放了多久？

答：嗯，按照惯例是一直把记者证放在电报局，直到你要去别的地方。然后你打电话给他们，取走你的证件，再带到你要去的地方，再进行寄存。你有权给你的报社发送任何讯息。这是人尽皆知的惯例。

问：那时，在你拿走记者证的时候，是不是发生了什么不寻常的事？

答：是的。有一次我们去北满洲的哈尔滨，我和另一个人一起去拿我们的记者证，在我们离开大楼时，一位工作人员跟着我们到了外面，他告诉我他已经对我所有的信息进行了处理，并且基本同意我发布的内容。但是他说："你要小心，有人可能要杀你。"——他就是这么跟我说的。

问：你是不是听说过日本对满洲的居民采取了什么苛刻的、不人道的策略？

答：因为要报复当地人庇护所谓的"游击队员"和"土匪"，所以在中国人中间流传着灭村的说法，这些说法不断地流传着。我自己没有亲眼见过，但是听到过。

问：你是不是报道过其中任何的传闻，或者把它们登在你所在的《中国每周评论》报上？

答：有一个类似的传闻，是说在一些包庇游击队员或者当地武装的满洲村庄杀死 3 000 个村民的事。这个传闻刊载甚广，大意是那些村庄的村民被带到沟缘边上，然后被机关枪扫射，遗体被推入沟里。我记得报道过那个传闻，当然根据来自中国人。

问：那个传说是不是被登在……

韦伯庭长：只有经过证实的才有价值，你知道。

我们休庭 15 分钟。

（14：45～15：00 休庭）

（再次开庭如下）

法庭执行官：远东国际军事法庭现在再次开庭。

麦肯锡检察官： 关于庭长在休庭前说的，我想接下来的两到三个问题就能把这件事解释清楚。

韦伯庭长： 除了引述那些暴行，证人还给出了很多用处不大的细节。

直接询问（由麦肯锡检察官询问约翰·鲍威尔证人）

问：如果可以，你能不能试着研究一下或者证明一下那个传闻？

答：这个特别事件发生的地点在距离奉天很远的地方，也是一个被占领的地方，那时候任何外国人都不可能去那里，但是这件特别事件，也和其他事情一样有共性，不但中国人报道，传教士们也报道了此事。

问：这件事关 3 000 受害者的传闻是不是在报纸上报道过，如果是，是哪一家报纸？

答：有的。这个事件被新闻机构所报道，并且在美国广为流传。在《芝加哥论坛报》刊登了这个传闻后，事情有了一个有趣的发展。日本总领事——他的办公室就在我们大楼里——在第二天打电话给编辑，抗议报社刊登这个传闻。

布鲁克斯辩护律师： 尊敬的法庭，我要提出异议。我认为，在报纸上刊登并不能增加他所证传闻的可信度。现在是离题越来越远了。

韦伯庭长： 相反地，这事登在报纸上，还给了日本一个否认的机会。

麦肯锡检察官： 我相信完整的回答会显示出它的证明价值，尊敬的法庭。

韦伯庭长： 我再重复一遍，我们要的是有根据的描述。

麦肯锡检察官： 请允许证人回答完这个问题。

韦伯庭长： 我们在某种程度上相信你。

证人： 在这种情况下，编辑就请总领事查明在这件声称"日本士兵杀死了 3 000 个村民"的特殊事件里到底发生了什么。几天后，《芝加哥论坛报》在头版上刊登了对日本总领事的访谈报道,报道的标题是"没有大屠杀,只有3 000人被杀——只有300人被杀"。

韦伯庭长:你知道,全世界都听得到这些指控。我们在这里想得到是能支持这些控告的证据,而你却总是一而再地向我们控诉。

麦肯锡检察官:我认为日本总领事的解释是个有价值的原创性声明,它至少告诉了我们被杀的是300人,而不是3 000人。

韦伯庭长:你有没有花工夫拿到这份报纸?

麦肯锡检察官:那是下一个问题,尊敬的法庭。

问:你是不是收到了这些报纸,鲍威尔先生?

答:我们对所有的报纸都做了完整的归档,都在上海。

问:你是不是收到了你刚才提到的那份特别的报纸?

答:是的。

问:后来这些报纸的下落是什么?

答:我们所有的文档都在珍珠港事件爆发那天凌晨被抢走了,就在上海被抢的。

问:所以从那以后,你就再也没见到过你的那些报纸和文书了,是不是这样?

答:从珍珠港事件发生那天凌晨以后,我在我办公室就没再见过,时间大约是在事件发生的凌晨4点。

问:回到之前你提过的在奉天街上的游客,你知道他们是哪国人吗?

答:嗯,所谓的游客是……

沃伦辩护律师:尊敬的法庭,很显然,他意图要放弃之前那一连串的提问。我们想知道村庄的名称和事件发生的地点,以及在《芝加哥论坛报》上刊登的所谓传闻的大概日期,这样辩方才能追查它的真实性。

韦伯庭长:我想你应该拿出报纸,麦肯锡检察官。除了证人拥有的和被损毁的,应该还有其他的复印件。

麦肯锡检察官：我想说，尊敬的法庭，在我们准备这个案子的时候，很晚才提到这件事，所以我们没时间去芝加哥找了，但我很愿意尽力去找。

韦伯庭长：我们想要最好的证据，而不仅仅是控诉。

问：继续前面的问题，我想再问一次：关于在奉天街上出现的男性游客，你知道他们的国籍吗？如果知道，是哪国人？

洛根辩护律师：我反对，阁下。从证人之前的作证可以很清楚地知道，在这些游客出现的那个时间，证人并不在奉天。

韦伯庭长：我很抱歉，你提问的时候我在和别人说话，你能否为我再重复一遍？

麦肯锡检察官：我的提问是：关于你作证说，在奉天街上出现了男性游客，你能告诉我们这些人的国籍吗？

韦伯庭长：嗯，他只是听说他们在那里，对于他们是哪国人，我想他也只是听说而已，但我们会采纳小道消息里面有价值的部分。

麦肯锡检察官：请你回答。

答：那些游客是日本人。证据——我没有看到他们，但是我肯定收集了至少有一打他们的照片，并且从很多人——说起来至少有200个美国和英国的国际居民，包括领事们——那里收集到证据，这些人当时就住在奉天，很多人都与我们所调查的事情有关。

问：你认识袁金铠先生吗？

答：他是那时在奉天的中国居民中很有名的一个人，在满洲事变发生后，日本试图建立一个临时政府，袁被迫在临时政府中担任职务。我见过袁金铠先生两三次，一次是前西班牙驻横滨总领事法勒先生受国际联盟委派，到奉天对满洲事变做初步调查的时候；另一次看到这位中国绅士陪同罗厄尔先生一起。切斯特·罗厄尔来自旧金山，是太平洋国际学会美国分会的代表，他也是被派到奉天做调查的。

问：你知道那时候袁金铠先生担任的是什么职务吗？

答：我想他是奉天临时政府的成员。

在这两次见面中,我们要采访他的时候,都必须去一个秘密地点去见他。我们采访的完整报告都通过那时的西班牙领事馆寄到了国际联盟。

问：你是不是和他讨论了他同日本人的关系?

答：采访内容包括描述九一八事变发生当晚奉天发生的事情,他被迫接受在日本设立的临时政府中任职的压力等。

问：关于满洲从中国独立出去,有没有提到过什么?

答：他的目的就是向我们强调,不仅是强调发生了什么事,还有他为了满洲人民以及中国人民的利益而采取了哪些措施。当时的中国人民和"满洲国"人民因为之前发生的事而处在水深火热中。

问：关于袁金铠在政府中是很成功的这个消息,你是从谁那里了解到的?

答：我记不起那人的名字了,我们参加了那人的就职典礼,他从袁先生那里接管了工作。我想不起他的名字了。

问：在那场就职典礼上是不是发生了什么不寻常的事?或者你能不能告诉我们关于那个接管工作的人的事情?

答：这人之前被监禁过,在所谓的就职典礼上,他很紧张,也很虚弱。我记得他被一个身穿军装的日本人带进房间,靠着沙发站着,手放在沙发靠背上,似乎是要让自己不再摇晃,因为他非常虚弱。在接受采访的过程中,一位日本摄影师用闪光灯拍了一张照片,当时那人就近乎要昏倒,他真的是非常虚弱。他已经被监禁了很长一段时间了。

问：你认识马占山将军吗?

答：他是中国驻北满军队的司令。在张学良少帅直接指挥下的中国驻南满部队没有抵抗,一直以来,对这事的解释都是这样的:英国和美国政府都建议张学良和中国在满洲的政府不要抵抗,满洲事变会被提交到国际联盟,中国会在日内瓦得到公正的对待。

问：你是不是采访过马占山将军?

答：是的。

问：在哪里？

答：有两次，一次是在满洲最北的省份——黑龙江省省会齐齐哈尔市北部的一个镇上。

问：你知不知道他的部队在嫩江桥战役挫败后怎么样了？

答：这次采访就在嫩河战役之后进行的。在这场战役中，中国军队击退了日本，并且烧毁了一座桥，使得日军的前进延迟。那时候这座桥在整修，马将军成功地让他的大部分军队撤离，并且穿过在北"满洲国"境内由苏联管控的中东铁路，一直到黑龙江省的省会齐齐哈尔市。就在那里，我们采访了他。

问：他离开齐齐哈尔后去了哪里，如果你知道的话？

答：他让他的部队向北面撤离，进入兴安岭山脉的森林——那里是个铁路和公路都到不了的隔离区——然后又往瑷珲的边疆城市方向深入，那个城市就在阿穆尔河边上，正对着苏联城镇布拉戈维申斯克。

问：之后又发生了什么，如果有的话？

答：就在这时候，多年来一直在满洲和中国其他地方政治事务上都很活跃的土肥原将军进入了北满地区——那里就是我之前说的苏联的管控地区。

沃伦辩护律师：尊敬的法庭，我们想对这一连串的盘问，或者说是对进一步询问这位证人提出异议。需要明确这些证词是来源于证人以记者身份获得的流言还是他听到的传闻。换句话说，我们并不反对传闻。

韦伯庭长：你有权知道提供消息者的姓名。反对有效。

问：有关土肥原将军的这条消息，你是从哪里得到的？

答：有关土肥原将军随后的发展情况都被满洲所有的报纸广泛转载，日本的报纸也刊登了这些消息。这些消息在上海的报纸也有转载，也因为马将军和土肥原谈判后，接受了担任由日本人设立的长春政府军政部长,所以这些消息也成了官方报道的主题。

问：你的回答结束了吗?

答：导致这种发展状况的谈判是由设立在哈尔滨的土肥原将军办公室一手操控的。

问：你是不是在那里采访了土肥原将军?

沃伦辩护律师：尊敬的法庭,很明显,证人要证明的事情来自传闻。我们听说过太多报纸上转载的源自传闻的故事,那些故事里没有真相,而您今天已经听到了关于这类故事的证词。

麦肯锡检察官：我认为最后那个问题不能以它是基于传闻为理由反对它。

韦伯庭长：当然,反对过于严重了,反对无效。我们必须接受小道消息,但是我们也会考虑这个消息的来源是报纸。反对无效。

麦肯锡检察官：请你再念一下最后那个问题。

(法庭书记官又念了一遍问题)

答：关于这些事态的发展,我没有采访土肥原将军,但我可以告诉你这个插曲的最后一段,那是发生在我回到上海之后。

问：很好。

答：在我回到上海后,由于战争在上海爆发,一天晚上,我在办公室收到一封很长的通电,那是中国驻北满司令马占山将军发送给蒋介石总司令的。

问：这份电报在哪儿?

答：这封电报被发送给了上海所有的报纸,是从苏联城镇布拉戈维申斯克发出的。

问：不是,我的问题是……

答：那么是什么?

问：我的问题是,你收到的这封电报现在在哪儿?

答：嗯,那封电报和那些报纸一起,被人从我们的办公室抢走了,就在珍珠港事件发生当天上午，在上海一起被抢的。

问：请你说一下那封电报的内容。

答：这份电报宣称——描述说，马将军接受了——可能接受了在傀儡政府中担任外交部长一职，他得到了一大笔钱——据称是价值百万美金的金条，但马将军利用这次拖延以及同土肥原谈判的机会，把他的部队转移到了爱辉的边境城镇，并且成功地让部队趟过河流进入苏联境内，又从那里他们向西，最后回到中国领土。

问：他有没有说过关于他从谁那里拿到钱的事情？

答：钱是日本军队给的。

问：他有没有提到名字？

答：除了一直同具体负责的土肥原将军进行谈判外，我不记得他提到过其他特别的人名。

问：是不是提到过他与中国的关系？

答：你是说在这特殊时期里？

问：在电报里。

答：当然，马宣称他是一个忠诚的中国公民。事实上，他仍然和国民政府一起，他长期驻扎在位于北平西北方向的重要城市包头，他现在就在那个地区的某个地方。

韦伯庭长：休庭时间到。我们休庭，明天上午 9:30 开庭。

（16:00 休庭）

1946 年 8 月 6 日，星期二
日本东京都旧陆军省大楼内远东国际军事法庭

……

（9:30 再次开庭。）

……

法庭执行官：远东国际军事法庭现在再次开庭。

韦伯庭长：还有辩护人想提问吗？麦肯锡检察官。

（约翰·鲍威尔，作为检方传唤的证人，重新入证人席并做证词如下）

直接询问（由麦肯锡检察官询问约翰·鲍威尔证人）（继续）

问：鲍威尔先生，你是否知道你昨天作证时提到的土肥原先生的名字？

答：知道，叫贤二，土肥原贤二。

问：他是不是现在法庭上的被告之一？

答：是的。

问：你回答了吗？

答：答了。

问：关于你在本庄将军办公室外看到的证据，你能够回想起摆放在那里的钢轨——每一根钢轨的尺寸大约是多少吗？

韦伯庭长：你想把这个问题问到什么样的程度？我们对钢轨的尺寸没兴趣，除非你能明确表明它是假的。我们能给满洲事变的时间有限，请给我们有用的信息。

麦肯锡检察官：尊敬的法庭，这确实不是个新鲜问题，但我只是想澄清一下昨天的几件事。

问：你是不是能想起你所见到的那个奉天省长的名字？

答：可以，臧式毅。臧-式-毅。

麦肯锡检察官：辩护律师可以询问。

洛根辩护律师：没有要问的，阁下。

莫洛检察官：尊敬的法庭，现在我想做关于进攻中国阶段的开场陈述。

韦伯庭长： 做开场陈述时证人不能留在这里，请他出去。

（证人被请了出去）

韦伯庭长： 关于满洲的证据，你算是结束了吗？

莫洛检察官： 我想是这样的，是的，阁下。

韦伯庭长： 我们已经听到了关于满洲事变的最后定论？

麦肯锡检察官： 如果没有询问，那么就是了，阁下。

三、检方开场陈述：日本全面侵华

韦伯庭长：那好，那就没有了。现在你可以开始做"中国事变"[1]的开场陈述了。

莫洛检察官：（宣读）尊敬的法庭。

我和我的同僚要提出的主题是关于在全中国（除满洲以外地区）的军事侵略，包括经过计划的战争袭击以及使用现代化的海陆空部队进行征服和掠夺性的入侵。

我们要出示的证据如下：

日本军队在中国的领土上发动了四次主要攻势，还有一次在中国的沿海地区强行实施海上封锁。

军事侵略一直持续进行，并一直持续到中日战争的后期。在此期间，日本取得了整个中国沿海的控制权，并且控制了中国东部的大部分地区。

满洲冲突——达西先生和他的同僚已经展示了有关的证据——蔓延到上海。1932年1月29日和30日，日本军队入侵中国的上海，这是日本侵略满洲的延续。

日军侵略部队出乎意料地遭遇到来自第十九路军令人绝望和无穷无尽的抵抗。第十九路军坚决抵御日本海军的登陆部队以及

---

[1] 指"卢沟桥事变"——校者注。

之后赶来的陆军部队,一直坚持到新登陆的日军从侧翼展开更大规模的行动为止,日军迫使中国人从打响战斗的公共租界附近撤离。

1932年5月5日双方停火,同月31日,日军撤出上海。

日军所遭遇到的是中国军队前所未有的抵抗,正是这种激烈的抵抗迫使日本改变计划,暂时停止了在中国中部地区的大规模军事行动。

韦伯庭长:这是开场陈述还是演讲?你说的很多东西都不可能成为证据的主题。这些都是问题的评论,是推理。

莫洛检察官:嗯,尊敬的法庭,这就是我们想要证明的。我可以继续吗?

韦伯庭长:可以。你说了你打算证明所有这些,那我当然不能打断你。但是我要看看你后面是不是能做到。

莫洛检察官:(宣读)好的,阁下。

尊敬的法庭。

第二次军事入侵中国开始于第一次进攻上海的5年后,那次入侵上海最终以双方停战结束。

和第一次侵略一样,我们会表明,这次战争始于深夜,日军趁着夜色,进逼到刚好由中国军队控制的地方。还有,也和第一次入侵时一样,日本的一个策略就是在多年前就开始强迫无能的"满洲"政府在领土方面作出让步。

在北平西南方几十公里处被称为卢沟桥的地方,1937年7月7日发生冲突,且事态发展迅速,上千名日本士兵从朝鲜和满洲涌向北平附近。北平受到日军的攻击并被日军占领,中国军队向西撤退。

日本外务省情报局局局长随后宣布,卢沟桥事变是日本同蒋介石军队为争夺中国华北五省而打响的第一枪。

卢沟桥事变冲突发生在 7 月。同年的 8 月 13 日,第二次入侵上海战役开始。虽然在上海的郊区双方有过停战,但这次日本军队的入侵并没有停止,在南京和上海之间肥沃的中国中部地区,同时也是世界上人口最稠密的平原之一,在那里,国际法和所有古老的战争规则都被无视,一场没有经过宣战的入侵战争充斥着烧杀抢掠。

战役以日军占领中国的首都南京而告终。我们将会展示,南京这座古城的居民遭受了劫掠、虐待、强奸和杀戮;残忍的日军士兵手持火把、刺刀和机枪,上演了自匈奴大帝阿提拉以来前所未有的恐怖故事。

韦伯庭长:谁会提供那方面的证据?

莫洛检察官:尊敬的法庭,我认为已经有了一些证据了,我们传唤证人时没有按顺序来。我可以继续吗?

韦伯庭长:可以,但是你没有理由不完全公开证据,却只给我们证据的陈述。如果可以的话,请在展示那些证据时不要带任何评论。你可以在你最后做演讲的时候说所有这些事,那时候说这些才是最有效的。

麦克马纳斯辩护律师:阁下,我代表被告荒木[1]提出反对,这无疑是一个概括,而不是开场陈述。

韦伯庭长:我想你也准备要说这个了,IBM 公司的机器正在检查这段翻译。但我希望我说的这些能让他们修改之后的开场陈述,如果

---

[1] 即荒木贞夫——译者注。

有必要的话。

莫洛检察官：我可以继续吗，阁下？

韦伯庭长：可以。

莫洛检察官：（宣读）

在战争中被俘的中国士兵们被绑成一串，成批地被屠杀。

在松井、畑两大将以及其他人的指挥下，战役在铁路沿线，在河岸边，在被日本海军封锁的中国沿海地区持续地进行着。为支援陆军的军事行动，日本军舰占据了长江和其他河流，空军战机则对日军没有占领的那些中国城市进行猛烈轰炸。

在这场未经宣战的侵略达到巅峰时，在中国东部地区，日本陆军和海军的控制之下的中国人达二亿五千万，中国首都也被迫迁往西部的城市重庆——一个离海很远的地方。

截止至1940年3月3日日本在中国建立傀儡政府，对于中国战俘的拘禁和待遇都没有任何官方的规定，你会在那些展示在你面前的证据中看到，对于那些被俘获的中国士兵，以及那些被怀疑在中国军队中服役的人，日军都会根据他们长官的指示，用一种极其残忍的方式将这些人就地处死。

关于卢沟桥事变后四年内的中国伤亡人数，经过对中日两国统计数据的比较后我们发现，中国人"失踪"那一栏人数为近百万人，这些人被卷入战争，之后又被日军杀死，另有41.1万人下落不明。只有做这样的假定，两国伤亡人数的统计数据才能对得上。

这么做是与日本已经签订的战争法相违背的，入侵本身就已经违反了《九国公约》和《凯洛格-白里安公约》，也违反了日本签署的其他公约和保证。

尽管这次军事入侵被日本发言人刻意地定名为"事变"，但能够证明的是，有144.9133万中国士兵和海员在战争中或被杀害，或失踪，总伤亡人数达320.7948万人（中方数字）；而据日本官方估计，在中国本土进行的这场抗击日本侵略的战争中，中方的伤亡人数远远超过这个数字。另外，日本不顾中立国的权益，在中国水域轰炸并炮击了美国和英国军舰，还在英国大使坐车行进的途中将其炸伤。

1941年12月8日，日本发动了第三次侵略上海的战役，但这一次他们的目标是公共租界，住在那儿的美国人和英国人被抓捕、扣押了。

在上海公共租界对面河里的英国炮艇"海燕"号被日军的炮火和军舰击沉。这件事稍后将由我们的英国同事向大家陈述。

关于这个主题，向哲濬检察官和大卫·萨顿先生将会向大家陈述日军在侵略中国的战争中所犯下的C类罪行，主要是关于对中国平民犯下的罪行以及非法使用鸦片和其他毒品等。

鉴于所有这些被告都在侵略中国领土的历届日本政府中任职，他们在任上的所作所为，加上他们个人的行为——参与或是默许侵略中国——所有这些被告都必须对上述有关战争罪行负责，并面临如下罪名的指控：第一类第6,19,28项罪名；第二类为第45,46,47,48,49,50项罪名；第三类为第54项罪名。另外，所有证据都与起诉书中的以下附录部分有关：附录A，第2部分；附录B，第1,2,3,4,5,6,7,8,9,10,21,22,23,24,25,26,27,28,29,30,31,32,33,34和35小节；附录C，第4,5,6,7和8小节；附录D，第1和2小节；第4部分a段，第10,11,12部分；附录E，尤其是第2段（未编号）。

支持这些指控的证据将通过口头作证的方式提供，同时也会借助文书证据，这其中很大一部分是日本人自己的官方表述。

韦伯庭长：洛根律师。

洛根辩护律师：尊敬的法庭，请问，检方在他的开场陈述中提到，这些被告都要为他们在某些行动中的默认行为负责，并因此构成犯罪，我没听说过在起诉书中有这样的罪名，我提议把这些内容从他的开场陈述中删除。

列文辩护律师：庭长。

韦伯庭长：列文律师。

列文辩护律师：我提议将莫洛上校开场陈述中的那部分删除，这不是在陈述所要证明的证据，而是在对法庭做演讲，现在说这些不合适。

韦伯庭长：嗯，法庭已经说明会将这事从记录中删除，但现在还没到时候。不过我们欢迎反对意见。我们能够理解，这些由莫洛上校随意加进来的煽动性言论当然不仅会引起本法庭的反感，我们被整个儿看成了一个陪审团，而不是一个严肃的法官。开场陈述的目的是要让法庭了解提出的证据，但是这个开场陈述远远超出了这个界限，它包含了太多的评论，而且这些评论还不是为了显示证据，也不是为了给我们启示。就举两个例子：什么样的证人能够告诉我们，中国是以前所未有的抵抗来对抗日本，并且告诉我们日本的表现比匈奴大帝阿提拉更加残忍？那些或许是事实，但是检方却没有打算在本案的这个阶段用证据去证明它们。

我再重复一下。我们不希望被看成是一个陪审团，我们是法官，我们希望被人这样看待。

四、证人鲍威尔证词：日本侵占上海

莫洛检察官：尊敬的法庭，我将传唤鲍威尔先生来作证。

（约翰·鲍威尔，作为检方传唤的证人，重新入证人席并做证词如下）

韦伯庭长：你之前的宣誓仍然有效。

直接询问（由莫洛检察官询问约翰·鲍威尔证人）（继续）

问：鲍威尔先生，1932年2月1日前后，你是不是在中国的上海？

答：是的。我从满洲匆匆回到上海，因为之前我接到消息说上海的情况变得很危急。

问：你怎么回到上海的？

答：我坐船，从大连经停青岛后，于第二天回到上海港。

问：在你回到上海后，你都看到了什么？

答：黄浦江入海口处有很多日本驱逐舰，每个浮标都沿着黄浦江固定住，每两到六个为一组，大约固定了十到十二英里。虹口那一边的黄浦江码头上在不停地装卸物资。当我们快到上海时，我们可以看到战机飞越所谓的闸北机场，轰炸当时的商务印书馆工厂，那是最大的印刷厂，有千余名雇员，并且在那一地区有一套大型装备——日机轰炸的就是那一部分。在虹口北部、上海北部的杨树浦地区以及闸北区，战斗已经发展到相当激烈。那场战役一直持续到5月份，并对那块大约一英里宽，两英里长的区域造成了灾难性的破坏——这让人联想到今天东京的场景。

问：那你估计大约有多少日本海陆军士兵参与了这次行动？

答：这是一场由日本海军率先发动的——嗯，这个真的很难说，有数千人参与其中。陆军最终还是在军队进行调整前加入了战斗。

问：这些日本海陆军士兵都配备了什么样的武器和装备？

答：嗯，根据我们接近后所能看到的，那里有大型的海军装备，数量庞大的战舰，以驱逐舰为主，另外一开始还使用了战斗机。当然，他们还用了卡车，我想在最开始的时候他们还使用了装甲车，就在最开始的时候，那时日本军队试图占领上海火车北站，但是被击退了。之后陆军加入战斗，是全副武装的部队，装备坦克和大炮，之后又有重型战舰和巡洋舰，整个城市都被炮弹所淹没。

问：这场军事行动持续了多久？

答：我想是一直持续到了 5 月底。各国都为此做出了巨大的努力，每个人都致力于解决争端——顺便提一句，我看到了坐在被告席上的重光先生[1]，他是那里的总领事，那时候也为了平息事态全力以赴地工作着——各国都为平息上海事态做了非常大的努力，最后也成功做到了。

问：在这场行动中，日本占领了中国多少土地？

韦伯庭长：大多数证词都可以由高级别的日本海军和陆军将领提供，如果他们到庭的话。

莫洛检察官：那好，尊敬的法庭，因为这是一位证人，基于这个理由，我们假定他所说的和他所看到的都对本法庭有益，作为检方的职责，我们认为当庭呈现证人的证词是我们的职责。

韦伯庭长：让他说吧，但是你知道关于这些事我们想要什么。你必须说服我们，而不是说服你们自己。

莫洛检察官：法庭是不是裁定这条证据同主题无关？

---

[1] 即重光葵——译者注。

韦伯庭长：不，我想说我们不做那样的裁定。我重复一下：这条证据由高级别的中国海陆军将领来作证更加合适。

莫洛检察官：如果没有反对，那我继续了，阁下。

韦伯庭长：继续，但是我告诉你，你要说服我们，而不是你们自己。

问：日本发动的第二次入侵上海战役是在什么时候？

答：在1937年，就在入侵华北和卢沟桥事变之后。

问：有多少军队，他们的装备都有哪些？

答：这是一场更大规模的行动，完全是陆军的行动，并且涉及更大规模的登陆部队，从吴淞开始沿河深入，最后占领了包括上海、南京和杭州在内的长三角地区——我必须说，这是中国长江以南最富饶的地区。

问：在这场行动中，日本海军扮演了的是什么角色？他们出动了多少战舰，如果你知道这方面信息的话？

答：我不知道战舰的数量，但我知道包括登陆装备在内，海军兵力规模很大。顺便提一句，成千上万条渔船也被拿来用于登陆行动。

问：这场军事行动的结果怎样？

答：嗯，结果就是中国军队被赶出了这个地区，日本占领了全部，包括长江到南京，再到杭州。这是一个三角形地带，大约有150英里乘250英里面积那么大，还包含了中国大部分的丝绸产业——这其中的有很多在那时被毁，之后被日军占有。

问：你是不是看到了日军在上海和南京之间的行军路径？

答：是的，在战斗进行的过程中，我们跟在日军队伍后面开车到了南京，看到了遭到大规模轰炸后的这个城市。距离上海之外40到50英里的苏州城也损毁严重——很多地方被完全破坏，无数的村庄，那些或许只有10万人口的更小的地方——我们统称为那个地区的村庄，被彻底毁灭。据估算，大约有300万难民从这一地区涌入上海的公共租界。

问：第三次入侵上海是什么时候？

答：第三次侵略上海几乎与日本轰炸珍珠港同时发生。

问：这一次受到侵略的是上海的哪个地区？

答：这次是公共租界，就是在苏州河以南的公共租界部分，那里是严格意义上的租界。不过，虹口和杨树浦地区仅有一部分是租界，而且在那之前已被日军占领，连同周围的乡村一起被日本用作军事基地。但是珍珠港事件后，几乎和珍珠港事件同时，日军入侵了在上海本该不可侵犯的公共租界。

问：这些登陆部队都拥有哪些海陆军物资？

答：嗯，他们将轻型火炮运进了租界，整个租界被炮声惊醒，停泊在港口的英国炮艇"海燕"号也被炸毁。美舰"威克"号被日军缴获，日军占有了它；"海燕"号炮艇遭到炮击后沉没，炮艇上的小艇漂浮在港口周围，并燃起熊熊大火——这些小艇也遭到了炮击。由于轻型火炮的使用让上海意识到，战争已经开始了。

问：你能估算出日军在这次行动中投入了多少兵力吗？

答：估算不出来，这个非常难知道。他们——那天白天——他们完全占领了全部公共租界——租界完全没有抵抗。

问：这最后一次军事行动的结果是什么？

答：嗯，它终结了一个世纪以来外国控制上海租界的情况。

列文辩护律师：庭长阁下，我反对这个问题，因为这个问题需要的是一个结论，而且，因为证人已经给了回答，我也请求驳回这个回复，因为它不算是一个应答。

韦伯庭长：反对无效。这个问题可以问，根据《远东国际军事法庭宪章》可以接受这个证据，但幸运的是，《远东国际军事法庭宪章》并没有说应该给予它多少权重。

莫洛检察官：辩护律师可以进行交叉质证，尊敬的法庭。

韦伯庭长：弗内斯上校。

弗内斯辩护律师：阁下，我要为被告重光葵就第一次上海事变做交叉质证。

交叉询问（由弗内斯辩护律师询问约翰·鲍威尔证人）（继续）

问：鲍威尔先生，你说你在到达上海港后，看见日本驱逐舰上下来很多士兵。那么在那之前，日本在上海就只有这一支人数小于1 000人的海军陆战队吗？

答：嗯，我一开始并不在上海。我那时在满洲，在奉天，用了3天时间才到了那里。我得到的消息是，一开始并不是很大规模的行动，并且全部是由海军方面执行——就在虹口地区组织进行，事实上也就是在虹口地区的日本会所里。一开始它就是一个小规模的行动——他们认为他们可以用几个小时的时间就占领北站。

问：在所有冲突发生前，掌管上海租界的领事方都会宣布紧急状态，是不是？

答：是的。

问：那么上海的义勇团就会出动来保护外国租界，是不是？

答：是。

问：这支义勇团的性质是国际性的，由各利益国的国民组建，包括美国、英国、意大利、法国和日本，是不是？

答：是的。

问：这支部队是不是由一位英国将军指挥？

答：是，我想是由戈登将军指挥。

问：这支部队是不是分派各个国家的不同国民到国防部的不同部门去？

答：是的。

问：管理机构是由于外国人的抗日情绪，为了中国人的感情才宣布紧急状态的，是不是？

答：因为满洲事态的发展导致了整个中国越来越动荡不安，上海的情况尤其如此,宣布紧急状态是对这种状况作出的反应。

问:宣布进入紧急状态的原因之一是因为中国的第十九路军到了上海市郊,是不是这样?

答:由蔡廷锴将军指挥的第十九路军是一支调动到上海的广东军队。因为满洲的形势,愤怒的情绪在广东人中间尤甚。

问:好,在日军最终成功战胜中国军队后,他们仍然按照某个既定路线行军,并没有在中国扩张,是不是?

答:是的,这点相当正确。他们仍然在原地,在上海的郊区。

问:那好,你作证说早在5月份的时候,行动就以双方达成停战协定〔1〕而结束。那么,那是一份书面协议么?

答:是的,我听说那是一份在列强调停下达成的停战协定。

问:日本政府声称他们早在3月就愿意进行停火谈判,是不是这样?

答:我不记得具体日期,但我知道有过这样的表示。

问:你知不知道这份停战协定都对什么做出了规定?

答:概括地讲,它对上海的中立区做了规定。

问:是不是也规定了日本军队必须撤离?

答:是的。

问:那么日军撤离了,是不是?

答:是的,很对。

问:好,在进行停战谈判时,重光和英国、美国公使们——米勒斯·兰普森爵士与纳尔逊·约翰逊合作紧密,是不是?

答:是的。弗兰克·麦考益将军也在那里,是作为我们这边的军方代表。我忘了英国代表是谁了。

问:重光先生和他们一起,在这些停战谈判中通力合作,是不是?

---

〔1〕即《上海停战协定》——译者注。

答：日军在上海郊区的军事行动在破坏财产方面，尤其是破坏整个地区的——我认为特别是外国财产方面捅了马蜂窝。而且，在关于这件事的新闻报道里，很有必要看到日军指挥官和其他政府首脑。在日本领事馆这边，我们经常联系重光先生并与之商谈——特别是关于日本的主张。

问：那你在这些商谈中都观察到了些什么？

答：我们得到的印象是，重光先生作为平民领事，一直尽他所能为调停那边的局势而努力工作。换句话说，在类似这种军事行动中，没有人——我认为没人会把他归类为一个侵略性人物。

问：你是不是也看到了，重光先生一直竭力去阻止冲突对外国租界中的生命和财产造成影响，无论是对西方国民还是对日本国民？

答：我认为那么说很正确。一种普遍的印象是，他为了调停这个冲突，一直在做他所能做到的一切。

问：你是不是也看到，他为了避免更多中国平民卷入战争，努力地制订计划，允许中国平民离开那座城市，是不是？

答：细节我太不清楚，但是最终的解决方案让外国列强普遍都很满意，想必中国人也一样。我想，每个人都签署了停战协定。

韦伯庭长：我们休庭15分钟。

（10:45～11:00休庭）

（之后再次开庭如下）

法庭执行官：现在法庭再次开庭。

交叉询问（由弗内斯辩护律师询问约翰·鲍威尔证人）（继续）

问：鲍威尔先生，你是否了解在谈判进行过程中发生的爆炸事件的情况？

答：我不记得了。你能不能给我一点细节提示……

问：你是否了解在"天长节"那天发生的爆炸事件，也就是19××的4月29日……〔1〕

答：哦，是的，我明白你的意思了，是虹口公园事件。

问：你能描述下当时发生了什么吗？

答：虹口公园事件发生在日军入侵上海的事件之后，军方进行庆功的时候，所有在上海有关各国都获得邀请，派他们的军事代表参加庆功会。庆功会有两个阅兵台，一个日本官员——大部分是军人占据，这个阅兵台高约6英尺，非常拥挤，上面挤满了人。外国军人所在的阅兵台距离（这个阅兵台）约5英尺远，就在水平地面上。日本当局采取了极严密的防备措施，在进门前对每一个人——尤其是对日本国民进行搜身。在我们进入公园观礼时，每一个人都会被仔细搜查。日本阅兵台周围有两道警戒线。但是在演讲中，一个大家都以为是摄影师的男子挤过那些警卫，直接走到观礼台前，带着看上去像是相机的东西。他举起"相机"，——大家都以为他要拍照——然后就把"相机"滚上了观礼台。这个"相机"后来被证明是颗炸弹。它从看台边上滚了大约有2英尺，然后爆炸，爆炸声巨大，在观礼台上和下面的地上各炸出一个大洞，造成了观礼台上人员的惨重伤亡。

问：你亲眼目睹了这件事，你那时是以记者身份在公园的吗？

答：是的，我和别的报社的记者一起在公园。

问：重光先生也在观礼台上，并且受了重伤，是不是？

答：是的，重光先生在观礼台上。他被炸断了一条腿。

问：这件事发生在29日，而重光先生在医院签署停战协定是在5月5日，是不是？

答：是的，我想是这样。

问：那么，在冲突爆发前，在有暴力抗日风潮的时候，那时有大约3

---

〔1〕 1932年4月29日发生的"虹口事件"——校者注。

万名日本侨民居住在上海,还有大量的资产和商业利益,是不是?

答:我认为那么说基本上是对的。那时日本人的数量大概在3万到5万之间。

问:在对你的询问中你说到,当你进入上海时,你看到日军战机飞越闸北区,并轰炸一个印刷厂。你知不知道在那个地区以及在印刷厂里是否有中国军队?

答:从我个人视察来看我不知道有没有,但是日本方面宣称有中国军队。

弗内斯辩护律师:我的问题问完了。

韦伯庭长:麦克马纳斯律师。

交叉询问(由麦克马纳斯辩护律师询问约翰·鲍威尔证人)(继续)

问:鲍威尔先生,因为这个事件,国际联盟有没有派过一个观察团来调查真相?

答:你指的是上海还是满洲?

问:第一次上海事变。

答:我不记得国际联盟有特别介入到上海事变。国际联盟在满洲事变上介入得比较深,但是没有明显地介入上海事变。上海事变更多的是由各国直接来处理的。

问:如果我告诉你,由于国际联盟的介入,在上海事变后,日本获准在当地拥有一支驻防军,以在今后保护它的侨民的安全。现在你能不能在重新回忆一下这件事?

答:我没法说明其中的法律要素,但我可以说,一直到那之前,上海也没有被当成是一个驻防要塞。在之前我住在上海的那段时间里,日本的海空部队不时地——多次因为特定事件而登陆,每次都会撤走。但在这一次事件之后,上海成了日军的驻防城市。

问:那好,除了这个,鲍威尔先生,日本不仅完全撤走了军队,还在同年的5月撤走了它的驻防军,是不是?

答:日本撤走了海军。但是日本在四川北路——现在所称的虹口公园入口处设置了兵营,重兵把守该地区,并在那里建造了一个防御工事——包括一个非常复杂的神社。所有列强国——我们派了海军到上海,英国在中国也有军队,但都总是驻扎在廉价的临时性木质建筑内。

问:你是否知道这支驻防军的撤军行动是在什么时候完成的?

答:嗯,在这些永久性军营里的特别驻防军从来没有撤走,是海军……

问:我了解了,鲍威尔先生,你没法说这支部队是不是有国际联盟的许可,是不是?

答:我没法说。我认为很明显,《上海停战协定》是在国际联盟那边备了案的,这个是显而易见的。

列文辩护律师:庭长,我没有其他要问的了。

五、证人鲍威尔证词：大桥、江湾监狱虐待平民暴行

韦伯庭长：莫洛上校。

莫洛检察官：尊敬的法庭，为了就另一个阁下您允许提到的方面询问鲍威尔先生——我认为您是允许在此时此刻提出的，我希望请出国际检察局英国检查团的戴维斯检察官。

韦伯庭长：戴维斯检察官。你想开始开场陈述吗，戴维斯检察官？

戴维斯检察官：不，阁下。

韦伯庭长：这只是一桩单独的暴行？这是同那些暴行有关的，不是吗？

戴维斯检察官：是这样的，阁下。

韦伯庭长：那你是要给出这单独一桩暴行的证据来？

戴维斯检察官：是的，阁下。

韦伯庭长：那就没必要采用开场陈述形式了。

戴维斯检察官：我只是希望问这位证人一些问题，是关于那件案子中被拘留的平民的待遇问题。

直接询问（由戴维斯检察官询问约翰·鲍威尔证人）

问：鲍威尔先生，在1941年12月20日那天，你怎么了？

答：嗯，1941年的12月20日，对于上海的新闻记者来说是个很糟糕的日子。事实上，所有的新闻记者都在那天被逮捕了，也包括我自己。

问：你被逮捕后发生了什么？

答：在搜查了我的房间后，我被带到了位于大桥监狱的宪兵队指挥部，那个地方在虹口区内，离邮政总局只有大约一个半街区的距离。

问："大桥监狱"是什么？

答："大桥监狱"以前是一座公共住宅。我被带到那里后，可能因为要审问，我所有的东西都立即被夺走，然后被两个狱吏带到这幢楼的地下室，或者说是类似于半地下室的地方，对面有两条街，街上以前都是商店。前面的这些商店都用板围住，在这幢楼主要部分的地下室，整个内部都被转变成——我不打算把它们夸张成"牢房"——它们就是关动物的笼子。我——我们了解到，这个地方从 1937 年开始就被日本宪兵队用来关押中国囚犯，从 20 日起他们开始关押外国人。这些小牢房或者说是笼子三面被厚重的木板围住，在大桥监狱的这个部分，我想大约是有 15 个这样的牢房，总面积大约是 12×18 英尺。当开始关押外国人的时候，里面早已经塞满了中国人。地下室太黑了，除了看到一长排牢房外，我看不见任何东西，但是我能听到声音——窃窃私语的声音。走了相当长的一段路，我被带到了五号牢房，牢房的门上有两把厚重的门锁。门只有大约 4 英尺高，中间有条缝，门没有被锁住，然后我就被推进这个漆黑的笼子里。我感觉到有人躺在门的边上，最后我站了起来，听到角落里的声音说："过来，这里还有点空隙。"所以我跌跌撞撞地走过去，到了那里，才辨认出那个人。然后我说："你怎么会有这块空着的地方？"他说："那是因为昨晚有个朝鲜人因为败血症死了。"他的腿被刺刀刺穿了——看守用刺刀刺穿了他的腿。于是，我在角落里找了个地方坐了下来。在这一天之中，更多的外国人被带了进来，一直到这个 12×18 英尺的牢房挤了超过 40 人。

问：这 40 个人都是哪些国家的？

答：我想在这个牢房里，有 15 个不是中国人，其他牢房的情况也相同。我们有——我记得——大约 3~4 个美国人，还有一些英国人，1 名西班牙妇女，1名苏联妇女——她被带进来后，在里面失忆了。三个是——我们牢房有3名中国妇女。有1名英国妇女是上海证券交易所主席哈益茂先生的太太。其他人大多数是商人，有汽车公司的主管，还有其他各个公司的。在这些牢房里，我们能够待着的唯一方式就是紧挨着坐成一排，下巴抵着膝盖，紧贴着坐在前面的人的背部。

问：在这些牢房里，还有牢房的走廊上是不是都有寄生虫？

答：是的。我觉得这些牢房从1937年开始就没打扫过。牢房里有所有可能出现的害虫，每一个人都遭受到了这些虫害的侵扰。晚上，因为看守们的视而不见，老鼠完全自由自在地在囚犯中间上蹿下跳。

问：你能告诉本法庭牢房里卫生设施的情况吗？

答：和其他牢房的一样，这间牢房里的卫生设施包括一个简陋的盒子，盒子开着放在角落里，每个人都用，经常溢出来流到地上。

问：牢房里的妇女们怎么办？

答：我要说的就是，早晨，当女性使用卫生设施时，男人们背对她们站着。我必须要说，后来，由于囚犯们的严重抗议，他们最终允许女性上楼使用楼上的卫生设施，但是之前的那种情况还是持续了好几天。

问：你得到的食物都有些什么？

答：我们的食物包括每天三小碗米饭，其中只有一碗是能吃的。早上给我们的那一碗还凑合着能吃，其他的就填满饭碗——明显的，那个饭已经好几个小时甚至是好几天的了。在很多情况下，我们都没办法把米饭从碗上撬下来，因为它们都在碗里干的结成块了。

问：除了米饭，还给你别的什么吗？

答：每天我们都会得到一碗茶——他们把它叫做茶，其实就是一种液体溶液。另外，在很少的情况下，我们还能拿到少量的红糖和盐。

问：你有没有拿到过从外面送进来的罐头食品？

答：在大桥监狱的这段时间里，我们从没收到过一个红十字会的包裹，而实际上应该有数以千计的包裹被送到这里，送到囚犯这里。他们规定，罐头食物不允许被带入牢房，但是外面那些试图给我们送物资的人并不知道这条规定，所以这些东西到了监狱之后就不见了。

我想是在圣诞节的时候，一些朋友送了我一只烤火鸡。他们不允许火鸡被带进牢房，因为他们说囚犯们可能会用鸡骨头来杀死彼此。

问：给你的铺盖都有些什么？

答：什么？

问：铺盖。

答：在这些拥挤不堪的牢房里，大家从来没有哪一次是同时躺下的，但是到了晚上大约9：00的时候，看守会打开门，然后扔进来一捆毯子——很劣质的，很薄的棉花毯子——这总是导致混战，他们就看谁能得到毯子。

问：有足够的毯子让每个囚犯都拿到一条吗？

答：没有，从来没有过足够的毯子。我们不得不——在这个地方我们能够生存的唯一方式就是紧紧地挤在一起躺着。每个人的脚都冰冷，因为他们不许我们在牢房里穿鞋。鞋子被堆放在外面的过道上。

问：医疗服务包括哪些？

答：在楼里有一间医务室——在楼上的其中一层。大约每两天，1名日本护士和1名士兵助理就会过来，但是除了那些最严重的病例，从来没有给我们任何时间或是机会。

问：有没有中国囚犯得性病的？

答：有一次他们当着所有囚犯——包括女性囚犯的面，在一间打开着的牢房里为两个中国囚犯治疗性病。

问：既然你们吃的都是这样的食物，那么这些囚犯都怎么样了？

答：每个人都在迅速地消瘦。就拿我来说，在我刚被带进监狱的时候，我的体重大约是145磅，当他们用担架把我抬出监狱的时候，我就只剩下70磅了，体重整整减了一半，并且……

问：大多数囚犯的遭遇是什么样的？

答：当然，大多数人会营养不良。我觉得，因为每个人都睡在地上，所以很快都会生疖子，或者是身上有令人难以忍受的疼痛，抑或者是脚肿。

问：你是不是也出现过脚痛的问题？

答：我两只脚都有过坏疽感染，很快肿起来并且变黑，后来就无法穿上鞋。之后我就得到过仅有的一次治疗，用的是一种红色的类似红药水的东西。当然，它一点用处也没有

问：你是不是曾经亲眼见过有囚犯被看守殴打的？

答：我本人就被打过一次。一个叫且斯诺克夫的苏联囚犯——他是乘坐苏联客轮到上海来的苏联平民，就在我隔壁那间牢房，有一天被日本人毒打。

韦伯庭长：现在休庭，13∶30 开庭。

（12∶00～13∶30 休庭）

（法庭于 13∶30 再次开庭）

法庭执行官：远东国际军事法庭现在再次开庭。

（约翰·鲍威尔，作为检方传唤的证人，先正式宣誓，然后做证如下。）

直接询问（由戴维斯检察官询问约翰·B. 鲍威尔证人）（继续）

问：鲍威尔先生，你在大桥监狱期间，你有没有看到过中国囚犯挨打？

答：看到过。这几乎是一件持续不断的事情，大多数中国囚犯都在我们牢房前的过道里，或是我们能听得到他们的地方挨过打。

问：他们是被谁打的？

答：被日本看守。看守们保留了一大堆的木棍，还有很多装货箱的木板，都被有目的地堆放在过道里。

问：你是不是曾经，在某个特定的时候，默数了某个囚犯挨打的次数？

答：是的。一天晚上，看守们把一个中国囚犯从一间牢房中带出来，正好经过我们的牢房。刚过拐弯处，他们就开始用这些棍棒击打这名男子的头部，另一个躺在一边的男子说："我们来数数要打多少下才能让那人不再出声。"我想是在挨了 85 下击打之后，那个男人失去了知觉。

问：你知不知道在挨打了以后，那个囚犯怎么样了？

答：我想一整个晚上，他就一直这样被遗弃地躺在那里。

问：看守们是怎么对待中国的妇女囚犯的？

答：你是说女性？

问：是的。

答：我们牢房有 3 名中国的女性囚犯。她们都是大学教授的妻子，但是她们的丈夫都在上海被占领时逃离了上海。看守们试图从这些妇女那里查明她们丈夫的去向。她们被带到楼上审讯，受到了严重的掌掴，被带回牢房后就完全的失明。她们的脸庞浮肿，躺在地上，痛哭了好几个小时。

问：你在大桥监狱的时候被审讯过吗？

答：我听不懂这个问题。

问：你受到过审问吗？

答：哦，是的，连续不断地，审问贯穿了我在监狱的整个时期。有时很早的时候，他们会在凌晨两三点的时候把我们带出去，通常是在审判人员出去参加聚会回来的时候。

问：牢房的囚犯是不是曾经受到过惩罚？

答：是的。监狱有一条规定，不允许谈论或是朗读任何东西，有时违反了这些规定，尤其是当看守转过身去的时候，他会转过身来，如果他无法找到是谁干的，他就会惩罚整个——牢房里的所有人，让他们跪坐在自己的脚上，坐在地上，看守把这种方式称为日本样式——坐在你自己的脚上，低下头，我们被要求向着东京的方向低头，以示我们对天皇的臣服。

问：日本式的跪坐方式对你的脚是不是有什么影响？

答：是的。它会阻碍脚和腿的血液循环，如果持续时间很长——那次我认为有6到8个小时——在受到那样的惩罚后，很多人很久都无法走路——你是无法理解的。

问：在用日式跪坐罚坐的时候，你们允不允许穿鞋？

答：不能，除了极少数的时候——当我们被带上楼审问，或者是在外面的大院里，我们才可以穿鞋。

问：牢房的地板是什么材质的？

答：这间牢房的地面是混凝土做的。另一间我被关禁闭的牢房，地板是硬木材质的，是木质的。

问：天气怎么样？

答：我们于12月20日被投入这个监狱，被囚禁了整整一个冬季。这栋楼没有暖气，没有任何的取暖设备。有些管道从天花板穿过并通到楼上，但我们待的地方根本没有一点暖气。

问：你是不是被告知需要写一些信？

答：是的。有好几次，看守过来命令我写信，让我说自己身体很好。我会写这样的信，但是总在信里暗示一些自己的实际情况。有一次，我一封信重写了六遍，直到看守变得很凶，所以我简单地说了句："我很好。"然后就让他拿着信走了。

问：你是不是认识瑞士驻上海的总领事？

答：我是后来认识他的。在我被送进医院后，他见到我，然后告诉我，因为家人和美国政府的多次请求，他去了监狱并要求见我。有消息流传说我和另一名记者已经被枪决了，所以我的家人以及我所在的报社要求查明真相。领事告诉我，他多次来到监狱要求见我，但总被拒绝。很显然，每次发生这种情况，我的那些写着"我很好"的信就会被转交给他。

问：你是几月份离开大桥监狱的？

答：应该是2月底或3月初的时候。我和另外几个囚犯一起，我们被带到了在江湾的另一家监狱。这是一个很大的，像谷仓一样的建筑，显然之前用于关押日本人或是朝鲜人。那里也没有供暖，但在这个地方我们都是被单独监禁的。我们有了更大的空间，有了更好的食物，但我们中的大多数人都对食物不再感兴趣了。位于江湾的监狱由陆军直接控制，大桥监狱则纯粹是宪兵队的事。

问：在我最后结束有关大桥监狱的问题之前，我想问你：在你待在大桥监狱的这段时间里，你知不知道有死人的情况发生？

问：我们牢房就有一个死了的。一个和我得同样病的中国人，也是脚上生坏疽，此外他还得了糙皮病，非常的痛苦。在晚上，他的呻吟声整个监狱都能听见。早上，看守在下班前来到我们的牢房，给那个男人打了一针，30分钟后那个男人就死了。

问：你大概在江湾待了多久？

答：大概一个月。

问：这之后你去了哪里？

答：在江湾，我的情况变得很糟糕，以至于我想我大概只能活一个星期或是10天了，所以最后他们过来告诉我要带我去医院。我被带到了那时还在军队控制之下的上海公济医院[1]，那里的工作人员则由方济会的修女担任。我在那里被允许接受外国医护人员的看护。外科医生给我的两个脚都动了手术，切除了大部分坏死的地方。嗯，这个时期正好是交换囚犯活动发生的时候，也正巧我所在的那一组报社记者都要被遣返——也就是用来交换在美国被捕的日本记者，之后我就乘坐

---

[1] "Shanghai General Hospital"，现上海市第一人民医院的前身——校者注。

"维迪"号客轮被带出了中国。

问：那是几月份的事？

答：5月底。

问：1942年？

答：是的，1942年。

问：从"维迪"号上你被转移到了"格瑞普尚"号客轮，然后被带到了纽约？

答：被带到了纽约，是的。

问：在纽约你被送进了哥伦比亚长老教会医学中心？

答：是的。

问：作为病人，你在那儿待了多久？

答：待了两年半。

问：他们都给了你什么治疗？

答：我多次接受手术——医生，外科医生说那是整形，用组织把裸露的骨头覆盖住。事实上，和我同一艘船上的半数人都被送进了纽约的这家医院进行治疗，时间有长有短。一些人已经死了，一些我认识的人，包括国民城市银行[1]的经理，也死了。

问：你是不是输过血？

答：是的，输了很多。在上海输了四五次，在纽约输了很多次。

列文辩护律师：庭长，在我看来，深究鲍威尔先生在医院所接受的治疗方法对本法庭没有帮助，尤其是他说他接受过治疗，关于他在日本人手里接受治疗，他已经做过证了。我对这一系列的证词提出异议。

韦伯庭长：我推测它的要点是，尽管得到了最好的治疗，但还是留下了后遗症。反对无效。

问：他们让你在哥伦比亚长老教会医学中心待多久？

---

[1] "National City Bank"，花旗银行的前身——译者注。

答：我就是一年前，去年5月出院的。

问：那就是1945年的5月？

答：是的。

问：从那以后你有没有接受过治疗？

答：有，几乎没停过。

问：你的脚现在怎么样了？

答：嗯，部分是因为我回来和在外面的时候进行了太多的走动，我必须回到这里的医院进行进一步的治疗。

问：在你进入大桥监狱之前，你的脚有任何问题吗？

答：没有。

戴维斯检察官：对这位证人，我的问题问完了。

韦伯庭长：列文律师。

列文辩护律师：庭长，辩方没有问题了。

韦伯庭长：好，这位证人为一切目的而做的所有阶段的证词全部结束。证人可以走了。

（证人被准许离开）

六、检方提交证据：国际联盟相关报告书及《辛丑条约》

韦伯庭长：莫洛上校。

莫洛检察官：尊敬的法庭，我想从已经收入法庭证据第59号书证中念一段话，标题为《国际联盟特别大会关于中日争议报告书》（1933年2月24日通过），我只想念这个证据中的摘要，辩方已经被告知过文书的大意了。请问我是等各位拿到文书再开始，还是现在就开始？

韦伯庭长：等我们拿到复印件，上校。

莫洛检察官：好的，阁下。

韦伯庭长：法官们想着跟你一起看文书。请继续，上校，念下去。

莫洛检察官：我念了，尊敬的法庭，从这个文书的第7页开始，标题为"（七）在上海之敌对行为——敌对行为之起源"。（宣读）[1]

就满洲以外观察，则自1932年1月以后，上海方面之形势亦日趋险恶。

关于上海事变，国际联盟从2月初间在上海当地组织成立之领事调查团，前后共收报告四件，叙述事变之经过，自开始日起，至3月5日为止。其后时间，均载在调查团报告书内。按该调查团之

---

[1] 以下宣读内容译文引自韦罗贝：《中日纠纷与国联》，商务印书馆，1937年版，第671—675页，稍作更改——译者注。

组织，已于上文解释，系成立于 1932 年 1 月，于 3 月 14 日到达上海。

先是在朝鲜会发生严重之排华暴动，一如调查团报告书所述，是项暴动，引起 1931 年 6 月以后在上海及中国其他各埠之抵制日货。日本军队之占领满洲，使抵货益见紧张，中国政府及官方组织间且有积极之协助。日本商务受重大之损失。两国人民间之紧张情绪，益趋锐化，严重之不幸事件，因以发生。上海日侨遂请本国政府派遣军队战舰，制止排日运动，日本总领事即向中国上海市市长提出五项要求。

上海市长于 1 月 21 日生命，对于其中两项要求，碍难照办（即充分制止排日运动，解散一切挑拨恶感煽动排日暴动风潮之排日团体）。

同日，日本海军司令公然宣称：倘中国市长答复不能满意，为保护日人利权起见，决采取必要步骤。1 月 24 日，日本海军增援军队，达到上海。谣传华界闸北区，中国驻军，亦在增兵。1 月 27 日，日本总领事要求中国方面，在次日早晨 6 时以前，对于所提要求，给予满意答复。上海市长曾向各国代表，表示意旨，将尽量让步，以求避免冲突，1 月 27 日至 28 日之夜间，遂将抗日会停闭，其他抗日机关，亦经中国警察分别封闭。1 月 28 日晨日本海军司令通知各国驻军司令，倘中国方面无满意之答复，决于次晨采取行动。公共租界工部局开会决定当日下午 4 时起，宣布戒严。至下午 4 时，日本总领事通知领团谓：业经收到中国答复，接受日本一切要求，该项答复，可谓完全满意，暂时不采任何行动。

同时，公共租界防务委员会，为适应当时之紧急情形，将租界划分区域，指定各国驻军，分别担任防务。防务委员会所指定日之日本防区，不仅租界之一部分，并连带突出界外之地段，西至淞沪铁路。日本海军司令部，位在该突出地段之极北端。属工部局之两路，北四川路及狄思威路，平时向有日本海军陆战队驻所。午后11:00，日本海军司令宣称：鉴于目前之紧急状态，帝国海军，对于有多数日本侨民居住之闸北一带情形，极为关怀，已决派遣军队前往该处，希望中国驻闸北之军队，迅速向铁路以西撤退。

一小时以后，日本陆战队及武装平民，向铁路进发。其最后一队，企图由出租界及防守地段之河南路栅门，侵入车站，经驻守该段之上海义勇队加以阻止。该义勇队，奉有严格命令，其原则为防守军队之职责，限于防卫，不能进攻。

遵照防卫计划派至闸北一段之日本军队，与中国军队相接触。据领事调查团第一次报告书所称，该项中国军队，即使情愿撤退。亦为时间所不许。

接下来我要读第八部分：

在上海至敌对行为——理事会之讨论——盟约第十条之援用——大会依照第十五条之第一次讨论——上海敌对行为之终止。

此即上海战事之开始，此项战事，当时正在日内瓦开会之理事会及在上海有特殊利益之各国，曾屡次致力制止。中国于1月29日要求将争议依据第10条及第15条处理，即在上述严重事变发生之后。

2月16日，理事会各会员国，除中国及日本外，向日本政府提出紧急申请书，请其注意盟约第10条。以为按照该条，"凡蔑视该条规定，侵害联盟会员国领土之完整及变更其政治之独立者，联盟各会员国，均不应认为合法有效"。

2月19日，理事会因中国之请求，将此项争议，提交大会。大会于3月3日，召集开会。

理事会在大会开会之前,曾于2月29日,作最后一度之努力,以图停止战争。即提议在上海组织圆桌会议,惟其举行,须待就地已订有停止敌对行为之办法。

理事会之提议,未曾实行。因战事仍然继续,大会于3月3日,听取双方代表陈述之后,当于3月4日,通过议决案如下:

大会兹追忆行政院2月29日所为之提议,并声明不妨害该提议中所包含之其他方法:

(1)请中日两国政府,立即采取必要之方法,使两方军事当局所发停战之命令,克以有效。

(2)请在上海有特别利益关系之列强,以前项办法实行状态,报告大会。

(3)建议由中日双方代表:以上述列强陆军海军及文职各当局之协助,开始谈判,订立办法;此项办法,须确定战事之停止,并规定日军之撤退。大会希望上述列强,随时将谈判情形,向大会报告。

3月5日,美国政府暗示已经训令上海该国军事当局,通力合作。

此项提议之谈判,于3月14日在上海开始进行。大会所设立之十九国委员会,因中国之请求,曾两次从中斡旋,设法排除困难,卒于5月5日,在上海签订停战协定。同月6日,日本军队开始撤退,至5月31日,由日本派至上海各师团,均已再行登船。惟其中之第十四师团,则经改派前往满洲。7月1日,大会接到报告,称尚有极少数之日本陆战队,依照5月5日协定,暂时留住于租界及越界所驻各路线相邻近之少数处所,嗣后各该队伍,亦均撤退。中国方面认日本在上海之干涉,致中国兵士人民死亡损伤及失踪者达2.4万人,物质上之损失,估计约值15万元。

韦伯庭长:洛根律师。

洛根辩护律师：尊敬的法庭，莫洛上校念的第 7 页摘要开始部分提到，调查团曾交给国际联盟 4 份报告。我请求检方，询问他们是否有这些报告，如果他们有的话，请提供给辩方。

韦伯庭长：很显然，国际联盟有依照报告行动，我们有国际联盟的报告。我想你不是在质疑国际联盟的调查结果，是不是？

洛根辩护律师：这不是质疑国际联盟调查结果的问题。我们想看一下那些报告包括了哪些内容。

韦伯庭长：好吧，如果检方有的话，他们会通过正常渠道提交给秘书长。但反过来说，法庭不会要求检方必须拥有这些报告。

洛根辩护律师：好的。

韦伯庭长：你有那些报告吗，莫洛上校？

莫洛检察官：我没有，尊敬的阁下，我们没法马上在法庭上提供这些报告。但毫无疑问，我会拿到的。

韦伯庭长：好。你还有摘要要念是不是？

莫洛检察官：是的，阁下。尊敬的法庭，我想念第 57 号书证当中的一段，标题是："'满洲国'——国际联盟调查团报告书"。但我要声明，我从中念的这段摘要是关于上海事变的一段简短的陈述。

韦伯庭长：你最好继续，上校。

莫洛检察官：尊敬的法庭，我要读的是标记为第 57 号证物的文书，以下摘自文书第 86 页下面，在左边的总结上写着："上海中国军队之抵抗对于满洲情势之影响"。现在我开始念了：[1]

　　上海事变自大有影响于满洲之情势。日军能不费力而占据满洲之大部分与中国军队之毫不抵抗，不特使日本海陆军界相信中

---

[1] 以下宣读内容译文引自：中华民国国难救济会编印：《国联调查团报告书及其批评》，1932 年版，第 89 页——译者注。

国军队战斗力之极为薄弱,且使全中国人民亦大为沮丧,自十九路军在上海开始奋勇抵抗,继以警卫军第八十七师与第八十八师之助战,一旦战情披露,举国狂热。原有之3 000日本海军加以三师团与一混成旅团之补充,血战六星期后,始将中国军队击退,此足以予中国民气以一种深切之印象。于是全国均觉中国非自救不可。中日冲突之事,传布全国,各处舆论紧张,抵抗精神增加,以前所抱之悲观主义忽而变为同等过甚至乐观主义。上海消息传入满洲,使其仍在抵抗中之散漫军队增加勇气。马占山亦因是而再起抵抗。并激起寰球华人爱国之心,义勇军之抵抗力亦由此而增加。日方遣军远征,亦无胜利可言。在数处,日军每反取守势,且在时受攻击之各铁路不得不加意布防。

自上海战事发生后,他处事件继之以起,如南京受短时间炮击即其一端,此事造成非常恐慌,即国外亦受其影响。此事发生于2月1日午夜,幸不到一小时即停止。该事之发生,或为误会所致,结果使中国政府由南京暂迁洛阳。

我念完了,尊敬的法庭,以上内容摘自上述文书。

另外,尊敬的法庭,我这里还有一份登记为第58号证据的基本文献,它提到的事件是所谓的卢沟桥事变,这是国际联盟于1937年10月6日通过的报告,在标题为"日本,1931—1941"的卷宗中有详细的陈述。

尊敬的法庭,我希望能够宣读这个报告中关于所谓卢沟桥事变的摘录。法庭是不是希望我等到法官们都拿到文书后再开始?

韦伯庭长:不用。

莫洛检察官:我可以理解为我可以继续了,是吗,阁下?

韦伯庭长:嗯,我想是的。

莫洛检察官:(宣读)

1937年7月初,在华北地区大约有7 000名日本士兵。这些军队驻扎在那里,依据的是中国同各列强国驻北平公使所达成的《辛丑条约》(及其附属条约)的协议内容。在这些条约中,中国承认每一个列强国在北平使馆界保有一支永久驻军的权利,也承认各列强国为"保京师至海通道无断绝之处"而在十二处指定地点驻防的权利。在一份1902年7月15至18日签订的补充条约的条款中规定,驻扎在这些地点的外国军队"操练打靶及野外大操,无须预先照会中国政府,但当两军合操的情况除外"。[1]

除了日本,其他在北京及《辛丑条约》指定地点驻军的列强国,都只派遣了很少的人员在那些地方。当年[2]7月初驻扎在华北地区的英军部队人数是1 007人,这个数字还包括了252名使馆的保卫人员;同样,驻扎在河北地区的法国兵员人数在1 700到1 900之间,其中的大部分是在天津,剩下的则被分派到驻防山海关、秦皇岛、塘沽和北平,其中在北京的小分队负责使馆的保卫。当时,所有的兵力就是1 600名士兵和60名军官,使馆保卫人员有120人。

除了在满洲和热河地区制造事件、发展自身势力外,日本在华北地区的政治活动,以及当时人数大大超过其他列强国的驻扎军队,还有这些军队频繁的演习和军演,都搅得中国人民不得安宁。就是在这样一种紧张的气氛中,7月7日又发生了一次事件,而且这次与以往(那些事件)有本质的不同,那是日军向华北发起的军事行动。

事件最初发生在北平西南方13公里处的卢沟桥,交战双方是中国守军和在那一地区进行夜间军演的日本军队。

---

[1] 参考王铁崖编:《中外旧约章汇编》(第二册),三联书店,1957年版,第62页——译者注。
[2] 即1937年——译者注。

中国和日本对事件的说法迥然。

现在从那一页继续到第 386 页的第三和第四节：

在中日双方对事件的不同说法中有一个很明显的差异。我们也许可以看到，在当地政府讨论就地解决该事件的过程中，中日两国政府间的沟通也在进行着。在这个过程中，日本执意要求当地政府不经南京政府授意，自行做出一个能在华北确认影响的决断；更大范围的军事行动会让局势更糟。由于日军从满洲急速派出的增援部队抵达了天津和北平郊区，根据中国的报告，日军在 7 月 12 日的兵力超过 2 万人，空军拥有 100 架战机，同时日军还宣布驻扎在华中的部队北上。

和之前警告南京政府不要干涉七七事件的处理一样，日本政府向中国政府就有关日军北上行动发出了警告。借用 1933 年 5 月 31 日达成的《塘沽协定》和 1935 年 6 月 10 日达成的《何梅协定》（中国一直对这个协定存疑），日本警告南京政府，如果南京政府跟踪日军北上的部队进入河北，后果严重。

到了 7 月末，冲突在华北地区开始了，那时当地的谈判仍在进行中。日方占领了北平和天津，并夺取了南边连接这两个城市和华中地区的铁路线。一个新的亲日政府在河北建立。

日军接着沿平绥铁路，经过张家口和塘沽向西挺进；还沿着河北和察哈尔省边界一路前进。日军夺取了北平城西北方 80 公里处的南口关隘后，有助于其满洲分队渗透进入内蒙地区。

日军在华北的行动在中国激起了强烈的反应。根据日方发言人发出的声明——大意是中国必须撤退，以及东京采取紧急的财政措施，还有居住在中国的日本侨民撤离等，中国政府和人民由此得出结论：日本已经决意通过使用武力打破他们的抵抗。

在8月的第二个星期后期,上海地区成了战争的第二个战场之后,他们[1]对这个结论更为确信——即便中国尽力地让冲突远离这个城市,因为在上海,中国和其他国家的利益是如此的紧密相关。

要记得的是,在1932年,当时在上海的冲突以双方在5月5日签订停战协定[2]而告终。停战协定的第二条规定,"中国军队在本协定所涉及区域内之常态恢复,未经决定办法以前,留驻其现在地位"。参加上海会议的中方代表在接受了协定之后做了一个特别说明,"要明白的是,'这个协定中没有暗含任何永久限制中国军队在中国领土上行动的内容'"。

日本外相在1937年9月5日召开的国会会议上发言,对8月9日上海事件最初的情况以及在接下来的几天里所发生的的困难情况做了如下描述:

"8月9日,在上海,登陆部队的大山中尉[3]和斋藤水兵被中国的保安队员杀害。

即使这样,日本还是坚持和平大业,争取通过让保安队撤出以及让中国移走所有违反1932年停战协定规定而建立起来的军事工事,希望通过这种方式来解决此事;但中方用这样、那样的借口拒绝遵照我方的要求执行,相反地,还继续增加兵力,在禁区大肆建立其军事工事,并最终向日本发起了无端的进攻。

因此,我国政府有责任派遣少量的海军增援部队前往上海以作为一种紧急措施,确保我国在上海的侨民能得到保护。

---

[1] 指中国政府和人民——译者注。
[2] 即《淞沪停战协定》——译者注。
[3] 即大山勇夫——译者注。

在叙述了各国努力让上海避免成为战区之后,广田外相[1]说:"8月13日的下午,先前涌入上海地区的中国军队采取了攻势。"

这个和包含在中国政府声明中的内容有着巨大差异的说法,在8月30日被提交给了国际联盟。

对8月9日事件的描述如下:

"这是一场由于日本海军人员无视中方警告,试图进入中国在上海附近的军用机场而引发的冲突;一名日军海军军官,一名日本水兵,以及中国保安队的一名成员在这场冲突中死亡。

回想一下,除此以外,在达成停战协定、中方做出上述声明之时,在提到中国政府已多次要求上海当地政府采取特别的预防措施,以防止出现任何意料之外的麻烦事的时候,中国代表团坚持认为,中国军队在中国领土上的行动不能被视作违反该协定。"

在中国的记录中是这样描述上海冲突的开端的:

在不到48小时的时间里,日本在上海地区集结了大约三十艘战舰,还将它在当地的军事力量增加到数千人;与此同时,日方却要求中国当局撤走或拆除自己的防卫工事。预料之中的进攻在事件发生的四天后,也就是8月13日打响。

自那之后,猛烈的战斗在上海周围持续进行着。在7月初,日本军队在公共租界和租界之外的道路上驻扎人数为4 000人;而到了9月底,在集结于吴淞的38艘日本战舰的保护下,增援部队在上海登陆,人数——据中国当局估计——超过10万人。

在之后的几个星期,日本扩大了其军事行动,不仅是在长江流域——特别是,日本的战机已多次轰炸中国的首都,而且在中国沿海地区和内陆,日方也实施了很多次的空袭。

---

[1] 即广田弘毅——译者注。

六、检方提交证据：国际联盟相关报告书及《辛丑条约》 | 141

目前，除了在华北和华中地区有日本陆军的行动外，在内陆地区的口岸和城市也有日本的战机实施突袭；在继续配合陆军行动的同时，特别是在上海地区，日军舰艇一直在沿海地区巡航，以阻止中国船只向该地区运送补给物资，而这些中国船只中的一些都被击沉了。

自7月7日起，面对持续增加的抵抗，日本并没有停止加强其行动，而是投入了越来越多的军事力量，使用了越来越强大的军事武器。根据中方估算，除了10万名在上海地区的武装人员，日本军队在中国行动的人数超过25万人。

有关日本战机的活动，顾问委员会在其9月27日的决议中谴责了日方对中国开放性城镇的空袭行为。议会也认可了这一决议。

要调查当前形势的真实情况，似乎没必要讨论那些规定着商业事务的条约，也没必要商讨诸如日本在华侨民治外法权的情况。与我们当前目标有关的主要条约只有三个，也就是《辛丑条约》、1922年在华盛顿签订的《九国公约》，以及1928年签署的《巴黎非战公约》——也许还应该加上1907年10月18日签订的《海牙公约》——但是这个公约的性质有点不同。除了这些条约，还有数量不定的双边协议，这些协议都仅有中日当局参与，在不同的时期通过谈判达成。具体的条款、范围以及对这些协议的有效性的解读都有争议。它们不能影响或推翻任何一方在上述三个多边协议中所规定的义务。

根据《辛丑条约》及其附属条约之规定，为"保京师至海通道无断绝之处"，日本同某些其他的列强国一样，都有沿京奉铁路线、在河北省特定地点驻军的权利。这些军队"操练打靶及野外大操，无须预先照会中国政府，但当两军合操的情况除外"。

根据1922年签署的《九国公约》中《关于中国事件应使用各原

则及政策之条约》：

除中国外，缔约各国协定：尊重中国之主权与独立暨领土与行政之完整；给予中国完全无碍之机会以发展并维持一有力巩固之政府。

缔约各国（包括中国在内）进一步协定，无论何时，遇有某种情形发生，缔约国中之任何一国认为牵涉本条约规定之适用问题，而该项适用宜付诸讨论者，有关系之缔约各国应完全坦白互相通知。[1]

在1928年签署的《巴黎非战公约》中："缔约各国郑重声明：谴责用战争解决国际争端，并在它们的相互关系中废弃以战争作为实行国家政策的工具。"它们进一步同意，"缔约国之间的一切争端，不论性质和起因如何，只能用和平方法加以处理或解决"。[2]

初步看来，这份报告第一部分所叙述的事件构成了日本违反它对中国和其他缔约国家所承诺的义务。日本在整个中国所进行的海陆空战争行为，初步来看，与其"尊重中国之主权与独立暨领土之完整"的义务相矛盾，也和"与中国的一切争端，不论性质和起因如何，只能用和平方法加以处理或解决"的义务相矛盾。除非日方能表明，这些行动是必要的自卫措施（包括在中国领土上合法地保护日本军队和侨民），只有这样，在华日军的情况才符合日本的条约义务。

我还要念第393页，第四部分——"结论"：[3]

---

[1] 译文引自王铁崖编：《中外旧约章汇编》（第三册），三联书店1957年版，第218页——译者注。

[2] 译文参考：《国际条约集（1924—1933）》，世界知识出版社1961年版，第373~374页——译者注。

[3] 以下宣读内容译文引自：张玮瑛、张友云、杜继东译：《美国外交文书：日本1931—1941年选译》，中国社会科学出版社1998年版——译者注。

很明显,中日两国对纷争的背景和对导致爆发敌对行为的时间过程,是有完全不同的看法的。

但下列情况是不容置疑的。强大的日本军队已经侵入中国境地,其武装部队已经控制包括北平城在内的广大地区;日本政府已经使日本海军封锁中国沿海的轮船运输;日本空军正在中国各地进行滥炸。

在核查双方陈述的事实后,委员会只能持下列的观点,就是日本目前对付中国的军事行动,包括海陆空军的作战是完全与最初引发纠纷的事件不相称的;这些行动不可能推进或促进中日友好合作,而这个目标正是日本政治家们所反复强调的;这些行为不论从现有的法律文书或者从自卫权利原则上来看,都不能证明它是合理的,而它又是与日本在1922年2月6日签署的《九国公约》和1928年8月27日签署的《巴黎公约》所承担的责任相违背的。

1. 分委会在其呈交给顾问委员会之报告中已详细分析中国目前的情况和日本对其已签署条约应承担之责任,该报告表明日本所采取之行动是违反了日本对条约应承担的责任的,因而也是不合理的。

2. 在各国政府间树立了对以国际法为实际行动准则及在各有组织人民建立的交往中应尊重承诺的条约责任的共识,这是对各国权益至关重要的。

尊敬的法庭,我已经陈述了从《辛丑条约》中摘录出来的第1726号文书,同时它也是我认为能给法庭提供信息的《辛丑条约》之第九部分。

韦伯庭长:是证据吗?

莫洛检察官:是的,阁下。

韦伯庭长：编号多少？

莫洛检察官：请您再说一遍。这不是证据，是我想提交作为证据的一份文书，阁下。

韦伯庭长：好吧，你已经正式提交了，是不是？

莫洛检察官：是的，阁下。

韦伯庭长：按例允许。

法庭书记官：检方第1726号文书收为书证第247号。

（检方第247号书证被收入证据中）

莫洛检察官：我可以继续吗？

韦伯庭长：可以。

莫洛检察官：（宣读）：摘自……

列文辩护律师：庭长阁下，我们想提醒法庭注意，并没有任何关于提交这份摘要作为证据的申请。我认为，检方提交的原因可能是基于条约本身——法庭会从司法角度关注这个条约，但我们没有申请过修改规则，也没有任何关于提交那份摘录的示意。我们辩方发现，我们对这份摘要一无所知。

韦伯庭长：这份文书只有六行字。

莫洛检察官：尊敬的法庭，是我误解了。我知道，这份文书已经被包括在了帕金森检察官提交的、我们请求法庭允许采用的文书列表中，但法庭还没有签署书面授权令。

列文辩护律师：关于文书被缩短，阁下，我们撤回异议，因为显然之前已经有了事先声明。

韦伯庭长：我想说的是，那是明智的态度。

莫洛检察官：（宣读）

节选自《美国与其他国家的条约、协定、国际条例、议定书和协议 1776—1909》：

各国全权公使均同意,最终协议写入 1900 年发生的所谓"义和团运动"的结论中。

第九款　按照西历 1901 年 1 月 16 日即中历上年十一月二十六日文内后附之条款,中国国家应允,由诸国分应主办,会同酌定数处留兵驻守,以保京师至海通道无断绝之虞。今诸国驻防之处系黄村、郎坊、杨村、天津、军粮城、塘沽、芦台、唐山、滦州、昌黎、秦皇岛、山海关。[1]

韦伯庭长：休庭时间到,我们 15 分钟后再次开庭。
(14:45～15:00 休庭)

---

[1] 译文选自：王铁崖编：《中外旧约章汇编》(第一册),三联书店 1957 年版,第 1006～1007 页——译者注。

七、证人王冷斋、巴雷特证词：卢沟桥事变爆发

（15：00再次开庭如下）

法庭执行官：远东国际军事法庭现在再次开庭。

韦伯庭长：莫洛上校。

莫洛检察官：尊敬的法庭，我希望请出证人王冷斋。

（王冷斋，检方传唤的证人，首先正式宣誓，之后做证如下）

直接询问（由莫洛检察官询问王冷斋证人）

问：告诉我们你的名字和居住地。

答：我叫王冷斋，居住地是：中国，重庆，林森路26号。

问：我要给你看一份用日文写的东西，请你识别并且告诉我们它是什么。

韦伯庭长：你是说用中文写的？

莫洛检察官：是的。

答：是的，这是份文书是我亲自签的，也是我亲自写的。

问：可不可以将这份文书视为你在此所做证词的一部分？

答：可以。

莫洛检察官：尊敬的法庭，我想出示一份证书，证明这份文书被翻译成了日文和英文，另外……

韦伯庭长：允许。

莫洛检察官：把这份文书收入证据里。

韦伯庭长：允许。

法庭书记官：检方第1790号文书收为书证第248号。

（检方第248号书证被收为证据）

莫洛检察官：我可以继续吗，尊敬的阁下？

韦伯庭长：可以。

莫洛检察官：（宣读）

（第1790号文书）：

卢沟桥事变纪实

王冷斋记述

  关于日本入侵华北及卢沟桥事变经过，前北平市长秦德纯已经写了一份实况报告。秦先生是当时华北地区的高官之一。在战争初期，冀察政务委员会委员长宋哲元正在他老家，于是秦先生代表宋主席处理外交和军事方面的一切事务，他亲自参与并主导了所有的谈判以及军事防御战。因此，他的记录是真实的，确凿的。那时候我是河北省第三行政区督察专员，同时兼任宛平县县长。日本最初发动进攻的卢沟桥就在我的管辖范围内，我也亲自参与了所有的谈判并指挥了军事防卫战。接下来我要说的是关于那时的形势：

  1936年的秋天，也就是日本加剧其侵略行为的时候，我在上述地区担任长官。双方进行了无数次的谈判，形势变得相当紧迫。宛平城是北平郊外的要塞，也是华北地区的交通枢纽。宛平县的管辖权包括平汉铁路上的卢沟桥，北宁线上的丰台以及平绥线上的清河。丰台被日军占领后，日本控制了平汉铁路[1]，切断了华北同华中地区的联系，由此将华北纳入它所称的"特殊势力范围"，

---

[1] 日文庭审记录记载为"平津交通"——校者注。

这是日本已经渴望了很多年的事。一再强调它已经在东三省成功进行的试验，日本希望不费一兵一弹就占领华北，为此，他们开始了"和平入侵"。在日本占领丰台并在那儿驻军之后，他们试图一并占领卢沟桥；如果成功，只需一个钳形攻势，北平就能落入他们的控制中，第二十九军也就能在日军的监视之下了。更早之前，日本与时任北宁铁路局局长陈觉生合作，以铁路局的名义，对丰台和卢沟桥之间大约 6 000 亩地区进行了调查。调查结束后，他们来到我们的县政府，要求我们将这块土地或租借，或出售给日本军队用来建造兵营和机场；他们还去了几次北平，但都被我们直截了当地拒绝了。看到这些方法不奏效，他们就将目标转向了当地居民，试图用金钱来购买土地。他们强迫那里的居民向县政府递交请愿书，宣称他们自愿将这些土地出售给日本，以此获得一些钱，一方面为了维持生计，另一方面也为了避免日本的武力压迫。这是日本玩的把戏——因为他们通过在北平的特务机关和在天津的司令部，通过与中国政府打交道，无法获得他们想要的；而我们也意识到不能放弃一寸土地给入侵者，这是我的职责所在，于是我召集那里的所有居民，并且勉励大家。充满了爱国主义，大家发誓不会出卖土地，也不会不流血就离开这个地方。为了表明自己的决心，大家还在誓词上摁了指印。后来，日本再来游说居民出售土地给他们，我们就把誓词拿出来给他们看。意识到想要"和平入侵"没了可能，他们自然而然地选择了军事侵略，于 1937 年 7 月 7 日在卢沟桥发动了战争。

卢沟桥之战的起因是日本肆意在中国领土上进行军事演习——没有任何的条约授权，也没有提前告知中国的当地政府。从我担任当地长官到卢沟桥事变发生，日本进行的军演至少有六次。考虑到与日本保持和平关系，我们不强行阻止他们。但对于我方对日本一再进行军演所表示的抗议，日本却置若罔闻。有一次在军演后,我提出抗议并要求日方注意,这样做也许会引起当地居民的误会,日本方面则回复说,因为军演的范围很小,也不会使用枪支,所以不会引发骚动,并且保证说,如果他们决定在军演中使用真枪实弹,他们会事先通知我们。后来,他们确实在演习中使用了真枪实弹,但是,他们却派了他们的翻译去通知居民,而不是告知中国政府。这些事实都表明,他们的入侵计划一定是经过缜密研究的,在发动战争的时机成熟之前,事情发展的节奏是一点一点逐渐地加快。

1937年7月7日深夜大约11:00,宛平城外出现几声枪响。调查报告显示,那时日本军队正在进行演习。我对此相当的在意。不久,秦德纯市长来电告诉我,日本特务机关长松井向我方提出抗议,声称在我宛平驻防军向日本演习部队开枪后,他们发现一名日本士兵不见了,松井要求必须允许日军进城搜寻。我接到指示后立即就此事进行调查,并提交了调查报告。我派几名属下前往宛平城内外进行调查,但是没有发现失踪的士兵,于是我立即赶往北平向秦市长汇报这个情况。在松井要求解决此事的压力下,我奉命与日本谈判,一起参与谈判的还有冀察外交委员会主席魏宗瀚,委员林耕宇,绥靖公署下的交通处副处长周永业,以及日方代表。松井司令官坚持认为确实有一名日本士兵失踪,并一再要求允许日本部队进入城内亲自搜寻。我毫不客气地拒绝了,并且回顾了之前也是被宣称失踪了的日本驻南京总领事藏本先生,后来被发现是自己藏起来了,目的就是要责难中国政府。我暗示,这位特别的日本士兵可能是想模仿日本总领事的作为,松井司令官对此否认。谈判决定,日中双方政府一同派人去宛平,共同进行实地调查。于是,达成了令人满意的解决方案。我方代表包括林、周和我,日方代表为寺平和斋藤两人。另外,日军指挥官牟田口也来拜访我,并暗示说现在的形势已经非常紧张,我应负当地处理的全责；如果我不得不向北平当局请示的话，可能没有足够的时间。我的回答是，在未进行初步调查之前，我们不会给出任何解决方案。离开宛平使馆区后，周和斋藤坐同一辆车出发，后面跟着另一辆车，寺平、林和我坐在里面。当我们到达离宛平约一里的许沙岗，也就是卢沟桥铁路涵洞处，我看到有一队的日本士兵，在森田副联队长的指挥下，已经在许沙岗占据了位置。于是寺平要求我下车，并对我说，看到了这些，我肯定已经能意识到事态的严重性了。他又进一步威胁说，已经没有时间留给我们做调查了，我必须下令打开城门。除非允许日军入城——他说——否则任何解决方法都是无效的。森田甚至走过来想用武力胁迫我。面对这种形势，我从容应对，告诉他们，第一步先进行调查，然后再设法解决，这是在你们司令部就已经决定了的事，任何背离决议的事都与之相抵触。我问他们俩，如果因为我们没有遵循这个决议而导致事态扩大，你们是否负责？眼看用这种方式威胁无效，他们最终同意遵守之前达成的决定，也就是，首先进行调查。之后，我便与寺平一起进了城。

在进城之后，我们在我的办公室进行了会商。在我刚命令警察局局长做搜查结果汇报时就听到了几声枪响，子弹从我们的头上飞过——毫无疑问，日军已经开火。几分钟后，城上守军开始还击。双方战斗持续了大约有一个小时。日军指挥官牟田口派人来送信，要求我和当时负责守卫该地区的吉星文团长出城商讨停火事宜。我和吉团长以守土有责，不能擅自离开为由拒绝。随即，林耕宇和寺平爬城墙而出。但两个小时以后，我们仍没有他们两人的任何消息。日军又继续向我方射击，我方也给予还击。小规模战斗一直持续到 16:00，双方都损失惨重；到 17:00，他们又开始用迫击炮对我方发动攻击，击中并将专员公署完全损毁。18:00 后，战斗平息下来，一名叫河边正三的日军指挥官也派人送信要求我出城谈判,不然他们就用重炮攻城,并且一定会让我们看到所有的居民都被清除出去。我拒绝了这个要求。那时,来自长辛店的增援部队已经赶到,就在当晚,我们的大刀队在卢沟桥同日军进行白刃战。由于大刀队训练有素且英勇善战,许多日本兵死于刀下;迄今为止一直由日军占据的铁桥也被重新夺回。由此,日军开始消停下来。

第二天上午,我接到秦德纯市长的电话,说日本要求进行停火谈判,表面原因是因为一部分日军在前一晚的战斗中被击溃。我还被告知停火协议里包含了三个条件,也就是:① 双方立即停止一切形式的战斗;② 双方军队都必须退回至各自的位置;③ 宛平城的防务职责交给冀北保安队担任。当时,冀北保安队拥有一支300人的武装——那时希望他们在两个小时内能够到达宛平。同时,日本顾问笠井和他的翻译爱泽还带了一些酒进入城内,说是要为停战庆贺一下。但是在他们离开后不久,枪声又起。那时是16:00左右,保安队还没来。经查,我被告知,保安队在经过大井村(在北平和卢沟桥中间)时,受到了日军的阻挠,双方进行战斗。当时,北平当局正同日军司令部代表桥本交涉此事。桥本驳斥了之前达成的协议,并声称保安队不需要300人,而且这些人也不需要携带机枪。我方试图坚持,但是无效。最终,保安队仅有150人进入城内,也没有携机枪入城。日军派他们的顾问中岛和樱井,同我方参谋林耕宇和周思靖一起,监督双方撤军。遵照协议,我方吉星文团退回到原来的位置,日军则撤回到丰台。但后来查明,在铁路涵洞处有100多的日军士兵没有撤退——当被问及此事,中岛允诺会全部撤退,并保证不会再有战斗。当晚深夜,日军再次向宛平城开火,并长达半小时。由于铁路沿线的日军拒绝撤退,我很肯定他们又在玩花招——在那里建造了一些军事设施后,日军肯定要在那个地方驻守。这个目标不改,我担心停火只是日军为争取时间而制定的阴谋。我坚持要求那时作为撤军监督的中岛催促日方尽快执行之前达成的协议。他同意和我一起去北平商谈解决方案。第二天上午，我和中岛去北平，当火车经过涵洞时，我看到一些日本士兵在涵洞外警戒。这恰恰证明了日本人的阴谋。

一到北平，我立即前往秦德纯市长的驻地，在那里，我遇到了河北省政府主席冯治安将军和冀北保安队旅长程希贤。几分钟后，日方顾问樱井和秘书斋藤也进来了。我向秦市长和冯主席报告了日军拒绝从铁路线撤军的情况，秦市长于是叫中岛、樱井、斋藤、程希贤和我一起开会，彻底地讨论此事。斋藤给出的解释是，因为有阵亡的士兵尸骸还没有找到，所以还有少量的日军在那儿搜寻，并承诺一旦找到这些尸骸，他们会立即撤走。我质问他们为什么找尸骸还需要驻扎部队。斋藤辩称说，如果人少，他们恐受到中国军队的袭击，为了自卫，他们不得不在那里驻扎大量的军队。秦市长认为这是个借口，接着双方发生了激烈的争论。最终，双方同意各派10人，建立一支不带武器的搜寻队。所有这些人都不能携带武器，并给他们一天的时间进行并结束搜寻，不论是否找到尸骸，日本都必须在24小时内撤军。既没有任何借口，也没有进一步解决问题的办法，他们就这样同意了。当我们正在讨论组织搜寻队时，中岛和他的人竟不辞而别。之后，我们从各方接到报告，日军从古北口、山海关和其他地方调集增援部队，人数至少有两个师团；还有报告说战机已达天津，一部分日本军队正向卢沟桥进发；同时平宛交通也被切断。日方一再改变态度正表明了这就是他们的诡计——他们在战争和调解之间摇摆就是为了争取时间。在战争开始没几天，他们意识到实力不及我方，我方不仅在卢沟桥布防严密，而且还在八宝山（在北平和门头沟中间）有所防备。日方试图用驻防在天津的一个师团的兵力就制服我们，当然失败了。随着日方阴谋败露，我确信很快就会爆发大规模的战事。在和平或是外交谈判都无望的情况下,我离开了北京,经过门头沟和长辛店,前往宛平。

自那以后,战斗断断续续进行到 7 月 22 日,当时有传闻说将再一次停战。日方要求中国当局撤换好斗的第三十七师,并将其调往冀南,还表示,可由第二十九军第一三二师接收北平和卢沟桥的防务,之后他们就会立即撤退至丰台。谈判以外也取得了一些进展,日方也发布了停火的命令。然而,日本仅仅是在白天停火,到了晚上,又继续向城内炮击,当被要求给出解释时,他们假装这是为掩护部队撤军。到了 7 月 26 日,他们突然发出最后通牒,要求第二十九军在 24 小时内撤出北平。我方至此实在忍无可忍,当局于是下令进攻。我方在卢沟桥和八宝山发动了猛烈反击,并向丰台进攻,27 日,收复了丰台火车站。但是到了 28 日,日军集中兵力并出动战机和坦克,在南苑向我方发动猛攻。战斗持续到 14:00,第一三二师师长赵登禹将军和第二十九军副军长佟麟阁将军不幸殉国。根据蒋委员长指示,宋哲元主席前往保定坐镇指挥,而师长张自忠将军则按指示留在北平,指挥各部协同作战。而我也根据命令去往保定。

根据以上记述可以很容易地看出,日军的入侵是一场有预谋、系统性的突袭计划。他们必须为战争负全责。

王冷斋记述(密封)

原宛平县县长兼河北省第三行政区督察专员

尊敬的法庭,辩方可以进行交叉询问。

韦伯庭长:列文先生。

列文辩护律师:庭长先生,我想请本法庭注意,这份书面陈词的大部分内容是结论、观点和证人自己的判断,鉴于这个问题在书面陈词中是固有的,我们还是想让法庭来对这份陈词进行裁决。我认为需要对检方擅自插入章节——比如这份书面陈词的最后那段,进行严厉的批评。

韦伯庭长:列文律师,我认为,这份证词是从中国拿到的,我们知道里面会有一些令人不快的问题。

林辩护律师:我是被告桥本欣五郎的辩护律师林逸郎。

交叉询问(由林逸郎辩护律师询问王冷斋证人)

问:你有说到,你和吉星文将军一起,拒绝接受停战的提议——由牟田口将军提出的停战提议。那是在什么时候?

答:事实上我并不是拒绝停战提议。实际情况是,联队长牟田口将军要求我和吉星文团长一起出城,并且会谈。

语言监督官:出城到他们的本部——到他们日军的本部。

答(继续):因为我和吉星文团长有守城的责任,而且根据判断,当时日本事实上正在进攻这个城镇,所以我们不能离开那里,不能去他们的司令部谈判。

问:你在书面陈词中声称,你本人和吉团长以"守土有责,不能擅自离开"为由拒绝停战——停战的提议。那么事实上你有说过吗?

答:我不是拒绝停战提议。

问:我再问你一遍:如果你说你没有拒绝这个提议,那么在你的书面陈词中,你说你拒绝,这个表述是不是错的?

答:我只是拒绝走出城去日军的联队本部。

问:那么在你的书面陈词中,你说你没去,你拒绝就这个停战提议去见牟田口将军,那么关于这个提议,你当时真正的态度是什么?

答:牟田口将军没说他提议停战,他要求我出城,在他的本部和他进行会谈。

问:那么,由于你拒绝了牟田口将军提议的停战会商,对于本应能建立起来的停战协定,由于你的妨碍而未能做到,你是不是应该对此负责?

韦伯庭长：这个问题是基于对宣誓证词不公正的解释，所以证人没必要回答这个问题。证人只是简单地说他受邀出城进行谈判，但他的职责让他无法离开。

问：你也同样拒绝了河边正三将军为建立停战协议而提议的会谈。这是在什么时候？

答：是在 1937 年 7 月 8 日 17：00。

问：你拒绝这个邀请的理由和拒绝牟田口将军的理由是同样的吗？

答：是的。

问：拒绝的理由是不是因为来自长辛店的增援部队到了，使你方的防御能力增强的缘故？

答：不是这样的。我在一清早就命令林耕宇出城同牟田口联队长谈判——这也正好证明了我从来没有要拒绝邀请或是会商。

问：从长辛店赶来的增援部队是在 7 月 8 日的几点进入宛平城的？

答：在 7 月 8 日的下午。

问：那么你的意思是这些增援部队是在河边将军发出会谈邀请之前进入宛平城的？

答：不是，在河边正三将军要求我进行谈判之前，没有任何增援部队进入宛平。

问：7 月 8 日的龙王庙战役——7 月 8 日晚间——是中国的大刀队计划挑起来的吗？

答：在宛平和宛平附近，我方没有重型火炮，另外那时日军使用重炮攻城，并占领了龙王庙据点，所以我们派这支大刀队夺回龙王庙。

问：中国军队是不是在林耕宇与河边将军会谈正在进行的过程中发动了龙王庙战役？

语言监督官：与牟田口将军会谈时。

答：我指示林耕宇一大早去见牟田口将军，而大刀队进行战斗是在夜晚——也就是晚上。

问：为什么中国要在林耕宇和牟田口将军还在进行停火协定谈判的时候派这么一支大规模的军队去龙王庙？

答：你必须看清楚时间节点。双方的会谈是在上午进行的，而日本下午就向城内开火，我的办公地点就在 16:00 左右被日军炸毁。中国大刀队进攻龙王庙是在晚上，24:00。

问：那么说，中国进攻龙王庙是在日方的河边将军提出停火谈判，而中方没有给予回应之后？

答：那时我已经回复了河边将军，我诚心诚意地同意他提出的"双方要达成停火协定"的建议，但是拒绝出城到他的本部同他谈判。

问：那么，我可不可以这么理解，日军在 16:00 进攻，你在 17:00 同意河边将军的停战谈判请求，但是中国军队在 24:00 进攻了龙王庙？

答：从最一开始，大概在清晨 6:00，日方开始进攻宛平城。战斗一直到晚上都没有停下来。

问：那你觉得，为什么尽管你已经同意河边将军停战谈判的要求，但中国军队还是在 24:00 的时候再次挑起了战争？

答：我在 17:00 书面答复了河边将军，而日军重炮在 18:00 时炮击了宛平城，并对城内进行猛烈炮轰。所以，我完全不可能去寻求停战——

中文语言监督官：对我而言，坐以待毙是完全不可能的。

韦伯庭长：实际上，他在重复他在宣誓证词第 5 页上写的内容，而你没能驳倒他。

我们休庭，明天 9:30 开庭。

（16:00 休庭）

1946 年 8 月 7 日，星期三
日本东京都旧陆军省大楼内远东国际军事法庭

……

（法庭于 9:30 再次开庭。）

……

法庭执行官：远东国际军事法庭现在再次开庭。

韦伯庭长：还有辩护人要提出问题的吗？莫洛上校。

莫洛检察官：没了，阁下，现在我们没有任何议案，尊敬的法庭。

韦伯庭长：还有进一步的交叉质证吗？马蒂斯律师。

马蒂斯辩护律师：尊敬的法庭，请允许我向本法庭介绍来自纽约的律师哈里斯中校。他已经来到了法庭，并且希望为被告岛田繁太郎做当庭辩护。

林辩护律师：我是被告桥本欣五郎的辩护律师林逸郎。

（王冷斋，作为检方传唤的证人，重新入证人席并做证词如下）

交叉询问（由林逸郎辩护律师询问王冷斋证人）（继续）

问：为了庆祝实现和平，顾问爱泽通先生和翻译笠井先生带了些酒举办酒会——对不起，更正下——在松井、秦德纯两人达成协议后，为了庆贺和平实现。

语言监督官：更正：是翻译爱泽通和顾问笠井先生。

韦伯庭长：我实在不知道这是在说什么，就算是英文版本的也一样。可能是机器出了点问题，也可能是我听力毛病，我不知道。我对这个问题难以理解。

问：翻译爱泽通和顾问笠井先生在松井、秦德纯签订协议之后喝酒庆祝和平的实现，是因为实现了这个和平吗？

答：日本人有同时实施两种策略的习惯。也就是说，当进行和平谈判的同时，日本也在进行着他们的进攻计划。当这位笠井顾问和翻译爱泽通来宛平城，庆贺他们所谓的和平协议时，日军当局正在准备攻势。所以在他们离开宛平城之后，日方再一次发动了进攻。

问：我是在问，举行这个庆祝会是不是为了庆祝松井-秦德纯协议的达成？

答：是的。

韦伯庭长：关于这个话题，我们已经听得很多了。

问：是7月9日举行的吗？

答：是的。

莫洛检察官：尊敬的法庭，我反对没有实质性内容的提问。

韦伯庭长：日期在这里很重要。

问：依照那个协议的条款，是不是有一部分第三十七师部队开始从宛平县和卢沟桥地区撤军？

答：因为日本没有执行他们在协议里同意的条款，也就是那三个条件，所以第三十七师没有从宛平城和卢沟桥被撤走。

问：在7月26日，日本当局要求撤走部分第三十七师部队，是不是事实？

答：日方是这么要求的，但我方没有给他们明确答复。

问：中方没有从各线撤军的原因是因为反对这个要求吗？

答：中方进攻的原因是因为日方从来没有遵守过他们的承诺，所以当时的北平当局决定，既然日方不愿寻求真正的和平，那么与他们谈判毫无用处，鉴于和平无望，我方必须准备……

语言监督官：更正：中国政府坚定希望维持和平状态。但由于日方没有执行过任何条款——就是他们承诺的那三项条款，另外在26日，日本向我方发出了最后通牒，华北当局不得不发动反攻。

问：是谁下令所有部队前进至所有前线的？

答：是第二十九军军长下令的。

语言监督官：那时进行反攻是因为我们不得不收回失去的丰台领地。

韦伯庭长：辩护律师，那应该就是你会得到的答案。还有必要继续下去吗？由你做决定。

林辩护律师：这里我想搞清楚的是，首先将部队开往各条战线的究竟是日本还是中国，另外我也尝试着查实一下发出这个命令的负责人。

韦伯庭长：这位证人已经明确表态了。你有可能改变他吗？

问：第二十九军的军力如何？证人先生，请就你所知的情况尽可能回答。

答：那时的第二十九军大约有1.5万的兵力，但整个军队分散在各地，而驻扎在卢沟桥地区的兵力大约只有千余人。

问：你是不是知道，在7月22日，副总参谋长熊斌将军到了北平？

答：我听说了这事，但我没看到他。

问：证人先生，你说宋哲元将军是根据蒋介石总司令的命令行动的。那么秦德纯将军是否也根据蒋总司令的命令行动呢？

答：因为他们知道和平无望，所以必须遵从中央政府的指示。

问：证人先生，你是否知道，为了阻止日军的进攻，熊斌将军将秦德纯夫人带走作为人质？

语言监督官：秦德纯夫人作为人质被带到了南京，所以秦德纯将军才执行进攻抗击日军的命令。

答：不知道，没有那种事。

问：南苑战役是不是发生在7月28日，也就是丰台战役的第二天？

答：是的。

问：在你的书面陈述里，证人先生，你说你能预见在不久的将来会爆发战争。你的意思是不是说你能预见丰台战役的爆发？

答：不是。我那么说是因为日本在26日向我方发出最后通牒……

语言监督官：26日，当和平的希望一天比一天渺茫。

问：证人先生，你还说日军从山海关调兵。那是几号发生的事？几月份？

答：我们是在7月10日接到这事的报告的。

问：关于从山海关调来的日军，他们不是来自关东军部队，而是天津驻屯军，他们正在回天津的路上，这一点你知不知道？

答：我们只知道日本正在从山海关向东调军，具体是不是关东军我们不知道。

问：在那些力图实现和平的日本人中，是不是有河边、牟田口、松井和香月几位将军？

答：我之前说过，日方一方面和我们谈和平协议，同时一直不断地向我方进攻。所以从一开始——从7月8日到7月27日，就在同一个月，日军不停地向我方进攻。

韦伯庭长：我的一个同事听不到现在在说什么。

答（重复）：日本，正如我之前所说的，一方面试图进行和平谈判，另一方面他们向我方进攻。日本的进攻从7月8日到7月27日从未停止过。

问：日方的军事顾问，比如樱井、中岛、笠井和寺平等人是否也有为实现和平而努力过？

答：在某种程度上是的。尽管他们为实现和平做了点事，但和平从来没有实现过。

问：在为建立和平而尽力的人中是不是有个叫樱井的？他的名字是不是叫樱井德太郎？

答：我只知道这位顾问的名字叫樱井，不知道全名。

问：日方的外交官是不是也为和平进程做了努力？

答：日本外交官是有做过些事——这么说很多余。他们心里是不是真的赞成和平计划，我不知道。

问：证人先生是不是知道，在7月28日，也就是中方进攻丰台的第二天，日本的天津驻屯军司令官香月将军向中方部队发出警告，说在所有解决方法都用尽的情况下，日方将不得不诉诸惩罚性行动？

答：关于这点我什么都不知道。

问：在你书面陈述的第 2 页，证人先生，你说因为卢沟桥事变的起因，中方当局发布禁止出售和购买土地的禁令。那么，证人先生，这两者之间有什么联系吗？

语言监督官：稍微更正一下：禁令应该变得不可能。土地禁令变得不可能。

答：日方希望购买土地的原因，是因为他们想建造军营和机场，而建造这些的原因是要在卢沟桥地区驻扎下来。

问：那么证人先生，发生在 1937 年 7 月 7 日的卢沟桥事变和土地买卖的问题没有丝毫的联系？

答：我们不能说两者之间没有直接的关系。

问：从你的回答判断，我们是不是有可能做出这么一个定论：对于本可以就地通过外交手段解决的小规模军事战役扩大成大规模战争，中方应该对此负责？

答：责任应该在日方。因为日方没有执行双方都同意的那个协议条款。

中文语言监督官：日方没有执行任何一条协议条款。

韦伯庭长：辩护律师，迄今为止，你那些冗长的交叉质证没能推断出任何有价值的信息。你觉得你还应该继续下去吗？

林辩护律师：我问完了，尊敬的庭长。

列文辩护律师：庭长阁下，辩方没有更多要质证了。

莫洛检察官：尊敬的法庭，没有再要询问的了。

（证人被准许离开）

韦伯庭长：莫洛上校。

莫洛检察官：尊敬的法庭，我想请法庭讨论一下戴维·巴雷特上校的宣誓证词，并且请求法庭允许将此作为本案的证据归档。

韦伯庭长：他被传唤到庭了吗？

莫洛检察官：没有，阁下。我想解释一下，尊敬的法庭。我提交这份证词的原因有两个：第一，这是关于卢沟桥事变的累积证据，和卢沟桥事变密切相关。第二，巴雷特上校已经在这里了，但是因为有紧急公务被叫回去了，或者说不得不回去帮助正在中国的马歇尔将军——他正协助马歇尔将军在那里进行谈判。

韦伯庭长：如果辩方不反对，我们当然同意。但是如果需要的话，须有宣誓证人到庭进行交叉质证。列文律师。

列文辩护律师：辩方反对使用这份证词。因为，首先，我认为法庭需要考虑使用这份证词，而证人又无法进行交叉质证这个情况，另外这份证词也还没有正式提交。

巴雷特上校在这里，而且检方也知道他是一个对马歇尔将军有帮助的人，我确信法庭肯定会破例允许他做证，我们也肯定会予以同意。

韦伯庭长：我们会允许关于那些条款的证词，如果需要，或许可以在稍后传唤宣誓证人；即便他不到庭，辩方也可以就证词进行书面质询。

法庭书记官：第 1946 号文书被标记为第 249 号书证。

（检方第 249 号书证被收为证据）

列文辩护律师：庭长阁下，我能继续说下去吗？

韦伯庭长：嗯，那是我们的决议。我们认为辩方的权益也将会受到那样全面的保护。

莫洛检察官：尊敬的法庭，我不希望误导本法庭，但我现在必须说，要让巴雷特上校在这个特别时刻到庭是非常艰难的——因为他现在有任务在身。毫无疑问，可以对他的证词进行书面质询，但是要让他在某个特定的时间到本法庭，那是不可能的。

韦伯庭长：如果我们认为他应该到庭，那么仅仅是书面质询也是不够的；如果他不到庭，毫无疑问，我们会拒绝接受他的书面证词。你要承担这个风险。

布鲁克斯辩护律师：鉴于检方说的，尊敬的法庭，因为检方已经说那个人不可能到庭，法庭也说了在之后有可能拒绝这份证词，而且检方又说这份证词是累积证据，鉴于这些原因，我想请求法庭允许我们之后不按照顺序传唤此人，到那时再进行本方询问和交叉质证，这样可以节约时间，也可以另外给辩方一些保护。如果辩方不反对这样的诉讼程序，我想这样对本案中的每个人都很公平。这么做能节省时间，也省的用这种方式加入他的证据结论。

韦伯庭长：我们认为如果辩方真的认为有价值，他们应该获得交叉质证的权利。

莫洛检察官：我能否将阁下的意思理解为我现在可以宣读这份证词了？

韦伯庭长：是的，请宣读。法庭允许，你必须宣读这份证词。

莫洛检察官：（宣读）

证人证词

戴维·巴雷特上校，美军参谋团代理武官，美利坚合众国驻中国南京大使，宣誓做证并陈述如下：

1937年7月，我时任美利坚合众国驻中国北平大使馆副武官。我的指挥官，也就是武官，是约瑟夫·伦沃·史迪威将军（那时是上校）。在1937年7月9日上午，史迪威上校指示我去宛平县——也就是中国人通常说的卢沟桥，是一座不大的，有围墙的城市，在北平西南方大约10英里处，就在通常被称为"马可波罗桥"的附近。史迪威上校指示我去调查并报告宛平的形势，他之前被告知，就在前一天，中国的第二十九军和在那儿附近进行了好几天军演的日军爆发了冲突。

我于8:00左右到达宛平，看到东大门关着，并且设置了路障。一些在门附近的小房子被毁——很明显是被城外的军队用迫击炮摧毁的。在城墙上看得到一两个哨兵，但是城外看不到中国士兵或是平民。在大门上方城墙上的一个哨兵朝我喊话,说我不能入城。

于是我绕过城墙的东北角到了平汉铁路,平汉铁路近似在宛平城的北面。在那儿,我看到有一个大队的日军步兵沿着铁路北面集结。在铁路路堤顶上有一些哨兵,他们从南边监视着宛平城。我观察到有一到两具日军尸体躺在铁路路堤的边上。

从日军所在位置后面的铁路路堤,又经过城墙的西北角,我通过北大门进入了宛平城内。北大门是关着的,但是没有设置路障。一些中国哨兵就在城北面的卢沟桥,在桥尾附近。

到了城内,我拜访了宛平县长,当地警官向我展示了明显是由于城墙外迫击炮所造成的破坏。警官告诉我,县长正在北平同北平市长会商。官员们向我描述了7月7日至8日晚发生的事,描述的内容大体上和我看到的秦德纯将军和王冷斋先生给我的证词相同。之后我返回北平。

在我访问宛平城和周边地区期间,中方的守城哨兵和在铁路路堤后的日军之间仅有一些零星的对射。

我一回到北平就向史迪威上校汇报了我所看到的情况,内容大体就如我上文所述,并且说就我所能确定的,这只是一场小规模的冲突,没有自1931年9月18日以来发生的许多冲突那么严重。我进一步说道,我认为,如果日方是真的愿意,那么这件事很容易解决,因为我注意到中方完全没有表示出任何侵略的意图。

7月9日至25日,我至少去了宛平五次,其中陪同武官史迪威上校一起的至少有两次。在这些访问过程中,我查看了中日两军在宛平附近发生小规模战斗的痕迹——但我从没见过实战,尽管偶尔能听到几声枪响。在这期间,我坚信,只要日本愿意,这事就能得到解决。我和史迪威上校多次谈论当时的形势,我们一致认为，无论如何我们也看不出中方有任何拒绝解决此事的表示——即便这还涉及日军当局在中国华北地区的进一步扩张。

7月12日左右，史迪威上校和我接到通知，说事件的解决方案已经或是即将生效，日军即将从宛平附近撤军。我们于7月14日上午到宛平，注意到日军部队就在城东大约一英里的地方集结。这其中的一些部队事实上正朝东向北平方向转移。我们走访了宛平，发现那里一切都平静下来了。但是在我们回北平的路上，我们观察到向城撤退的日军部队明显停了下来，我们看到一些部队再次向西行进。我们不知该如何解释这么明显的突发状况，因为从7月7日到8日晚上，我们在卢沟桥和卢沟桥附近没有看到，也没有听到任何有关形势恶化的迹象或暗示。

7月28日上午，我看到日本战机进攻北平南部地区——我估计这个地区就是南苑机场，大约在北平往南十英里的地方。后来在白天的时候，我看到中方步兵沿着街道向北平城方向进发，并且跑步进入通向南苑机场的一个大门。这些部队不像是已经参加过战斗的，倒是很明显发生了一些事，从而扰乱了他们正常的军事活动。

7月31日左右，我和史迪威上校从通向南苑机场的道路走出城门。走到大概离城门往南一英里的地方，我们看到路上躺着数以百计的男人和马的尸体，以及不计其数的战争物品——这些都暗示了中方小分队在密集列队状态下遇到了突然进攻；道路两边的壕沟和附近的田地里有数不清的，仍然还活着的伤员。数以百计在高温下已经腐烂的尸体仍然堆在中国军队乘坐的卡车里，日军进攻时中国军队就坐在这些卡车里。显然，这支中国小分队是遇到了突袭，根本没有时间准备战斗。死者身上的徽章显示，这支小分队来自第二十九军第三十七师的特种大队。

因为日方在7月28日对北平的进攻来自南面，而这支中国分队遇袭时正向北行进,所以我认为,中国军队无论如何也没有要侵略的意图,他们仅仅是想撤退至北平城门内。

我和美军第十五步兵团驻扎在中国的天津,时间是从1931年10月至1934年10月,这期间我担任军团的助理情报专员和情报专员;再一次回到中国是在1936年的7月,身份是美利坚合众国驻中国北平大使馆助理武官,之后便一直在中国任职。在天津工作的3年以及在日军进攻宛平之前,我在北平任职的那年,因为工作的关系,使我有非同寻常的机会来观察日军在这一时期内的在华行动和表现。

我认为,日军在这期间对中国人的表现是傲慢无礼的,他们在许多事件中的行为是对中国主权的侮辱和直接挑衅。

在至少七天的时间里——可能是在1931年的10月末,也可能是在11月初——中国警察同驻扎在天津的日本部队发生冲突;日方宣称冲突是由驻扎在天津日租界附近的中国警察挑起的。我亲眼看到日方对此所采取的措施——在我看来,这些措施相当严厉,规模也很大,远远超过日方所辩解的事件的重要程度。在因为这个事件导致的紧张阶段里,有一次,日军部队在他们要进攻的一个天津的重要区域——被称为"中国城"的地方进行部署。负责部署的日军指挥官在一天16:00时通知我说,日军将于18:30开始对这个争议地区进行攻击——但是最终没有发生,什么原因我也不知道。

在1932年1月初的那几天里,日军进攻并占领了山海关。日方声称他们进攻的原因是因为当时山海关的中国驻军有挑衅行为。我在日军占领山海关后对该城市进行了两到三天的探访,并仔细调查了当时的情况,我无法找到确切的证据证明是中国军队挑起了这次事件。在这里,日方又一次不明原因地采取了与事件本身不成比例的措施——对我来说是如此。

在我看来，日军在 1937 年 7 月的第一周，在宛平附近进行夜间军演是蓄意挑衅——日方不可能不知道当时日中两国间的紧张关系，也不可能不知道这类演习可能导致的误解和冲突。事实上，日军从满洲大规模调军至长城以南地区，这个行动在日军进攻宛平二十四小时内就开始了，毫无疑问，这表明，宛平事件是日本为自己对中国不宣而战进入第二阶段精心准备的借口。第一阶段则始于 1931 年 9 月 17 至 18 日晚的奉天。

这是由宣誓人签署并宣誓的证词。

韦伯庭长：鉴于证人所说的，以及他宣称他知道的那些信息，证人应该到庭进行交叉质证。在他到庭之前，我们不会对他的证词采取任何行动。史密斯律师。

史密斯辩护律师：尊敬的庭长，我们是否可以理解为这份证言不再被视为证据？

韦伯庭长：是证据，我们已经承认它了，当然，我们坚持要求马歇尔将军到庭——我想说的是巴雷特上校。

布鲁克斯辩护律师：尊敬的法庭，就记录这件事，如果证人被传唤到庭——巴雷特上校——进行交叉质证，我想在此时提出反对这份证词的请求，因为这份证词建立在已经得出结论的问题的基础上。

韦伯庭长：那个问题已经讨论过了，之前也进行了充分地讨论，也有了结果。

布鲁克斯辩护律师：但这里有一些不同的地方。因为在证词中也说到，上校看到过其他证人的证词或是陈述，也许这么做会被认为和让证人到庭，听证人作证是一样的，但实际上这么做是不允许的；在看了别的证人所做的证词后，就很容易得到这些时间跨度很大的结论，这就和他在法庭上听到其他证人做证是一样的，鉴于这个原因，我提出反对。

韦伯庭长：我们充分了解了对这份证词的反对意见，但是巴雷特上校会被传唤到庭。

我们休庭 15 分钟。

（10：45 至 11：00 休庭）

八、证人多兰斯证词:日本侵占汉口

(11:00 再次开庭如下)

法庭执行官:远东国际军事法庭现在重新开庭。

韦伯庭长:史密斯律师。

史密斯辩护律师:阁下,巴雷特上校的证词,在宣读之前的五分钟我才注意到,而且……

韦伯庭长:这个我们已经听够了。

史密斯辩护律师:阁下,我要提出动议删除它,并说明反对它的理由。

韦伯庭长:多说无益。我们不会更改决议。莫洛上校。

莫洛检察官:尊敬的法庭,我请求调整严格的时间顺序,虽然一个我一直打算让他出庭的证人被排在了最后——一位中国公民,从6月12日就已经在这里了——但是他要求回中华民国。

韦伯庭长:他要做证的内容是?

莫洛检察官:他要作证的内容是关于在南京屠杀战俘和那些被怀疑是军人的人。

韦伯庭长:你为什么不在贝茨教授被传唤到庭的时候传唤他?

莫洛检察官:嗯,我想起来我们准备过,但那个时候没有机会那么做。

韦伯庭长:谁剥夺了你的机会?

莫洛检察官:是优先权的问题,尊敬的法庭,有很多证人都闹着说要回家。我说这个的意思是——尊敬的法庭——这些证人没有任何的报酬和好处,我劝说这位证人,让他欣然同意在这里等待,他比其他任何愿意等待的证人等的时间都要长。

韦伯庭长：我们打算让他出庭。辩方有什么要说的？弗内斯少校。

弗内斯辩护律师：我们不好说什么，阁下，他显然是名单中的一员。如果他们只是想传他到庭，而又不按照名单顺序，我们也不反对。

韦伯庭长：传唤证人到庭。

（梁廷芳，作为检方传唤的证人，首先宣誓，之后做证如下）

直接询问（由莫洛检察官询问梁廷芳证人）

问：你叫什么名字？住在哪里？

答：我叫梁廷芳，住在南京公家房9号。

问：我要给你看一份用中文写的文书，然后请问你能不能认出来是什么，并且解释一下？

答：这是一份书面文书，是一份宣誓证词。

问：是你写的或者是签字的吗？

答：是的。

问：你是要将它作为在本案中的宣誓证词吗？

答：是的。

韦伯庭长：内容真实吗？

证人：是的，是真的。

莫洛检察官：尊敬的法庭，我请求将这份第1743文书归档作为证据。我还希望给书记官一份证书，证明是这份证词的翻译。

韦伯庭长：同意。

……

……

（A.A.多兰斯，作为检方传唤的证人，首先宣誓，之后做证如下。）

直接询问（由莫洛检察官询问多兰斯证人）

问：请告诉我们你的全名和现居地？

答：艾伯特·多兰斯，住上海。

问：你现在的居住地是哪儿，多兰斯先生？

答：你是说现居地？

问：是的。

答：上海的花园饭店。

问：1938年10月份的后半期，你住在什么地方？

答：中国的汉口。

问：那时你是做什么的？

答：美孚石油公司经理。

问：那时候在汉口这座城市发生了什么？

答：1938年10月后半期，日本占领了汉口。

问：那时候在那儿附近有没有美国的炮艇？

答：有4~5艘，具体数字我忘了。

问：那时你是不是就在其中的一艘炮艇上？

答：我不住在炮艇上，但我经常上下炮艇。

问：你能说一下大约在1938年10月的后半期，你从炮艇上都看到了些什么？

答：你指的是日军占领之后？

问：是的。

答：日军占领后不久，日军占领汉口是下午，而在第二天的上午——我是汉口美国商会的主席，所以和那里的海军将领们有很多业务的往来——我登上了海军主舰，因为那时主舰正好停泊在海关码头边的河里。在那个海关码头，日本聚集了数百个中国战俘——或者是士兵，我猜他们是战俘——他们在那里的海关大楼被展示供人挑选——嗯，就像牲口一样。那时，正如你们可能知道的那样，长江的水位很低，他们用跳板从地上直接跑到距离可能是1/4英里或者半英里的河里。士兵们——在跳板头上的日本士兵们，有时候会向这群中国士兵走去——嗯，中国人，从穿着看大部分是士兵，随意地从中挑选出三四个人，很明显，这些中国人没有选择的余地，只是大约三四个人走下来。这些被挑中的人从长长的跳板上走下来，当他们穿过那些日本兵时，那些随意走走的哨兵就跟他们一起下来走到水域边上。当他们到了水域边后，那些跟着他们下来的日本哨兵——给人的印象是行为、兴趣都明显极为冷淡，整个过程都非常冷漠。

到了深水域边后，日本兵就把这些中国人踢进水里，在他们的头露出水面时就向他们开枪。在被扔进或是踢进水里之前，那些中国人都要脱下外套——左右两边都是，接受日本兵的检查，检查左右两边的肩膀——我猜那是要看他们是不是有枪，具体我不知道。

我们在美军的一艘炮艇甲板上看到了这个情况全过程，嗯，看了很长时间，透过玻璃看的，就这些。当日本兵看到我们在看时，他们就停下来了。但之后他们又继续挑选其他的士兵，或者说是中国人，方式就和之前的一样，他们把这些人带上在同一个地方停靠的小火轮，然后把他们带出去——我们也能透过玻璃看到他们出去。当日本兵将这些人带到长江的中间，他们就像之前所做的那样，把人都扔进河里，人一上来就朝着他们开枪。

问：你所在的舰船离第一次发生射击事件的码头有多远？

答：我估计大概有100码的距离。

问：那你离射击事件发生的小艇有多远？

答：肯定不超过1/4英里。

问：你能不能从那个距离，或者说从舰船上辨认出，那些日本兵是不是军官？

答：虽然日本小艇都是快速经过美国的炮艇，但是因为是多次往返的，所以我们能看得很清楚。我想不起来他们是不是军官了。

问：你在汉口美国商会担任什么职务？

答：我是商会主席。

韦伯庭长：这个他已经告诉过我们了。

问：哪些工作是应该由你来完成的？

答：我想你指的是求助计划和我们建立的保护计划，对吗？

问：是的。

答：南京沦陷后不久，在长江还处在被封锁状态的一段时间里，汉口有很多的外国社区，我们在各个办公室聚集，建立采购代理机构，并派人去香港储备物品，以防止被包围。类似的事在汉口一直在发生。

问：日军进入汉口后的那个早晨，你在汉口的街上都看到了什么？

答：我提到的这个商会建立起了我们认为会让人很满意的防护措施和警务系统，因为我们不知道警务系统、航道、电灯、医院这些都会怎样；日军一到，我们非常紧张，尤其担心他们会切断供水系统，然后是电灯供应，也担心医院会发生不测。所以作为美国商会主席，我跑了一圈，试着联系到日军的将领，想知道这些服务会不会受到干扰。

在紧邻日租界的原德租界——就在外滩沿岸——后面就是电灯公司和供水公司，不用说，我在那个地方一直试图要去电力公司，我特别记得是在前德租界，在街角处——嗯，在不同的角落里看到六七个——穿着中国式长袍的中国男人，手被绑在身后，在角落里被枪决。

莫洛检察官：辩方可以进行交叉质证，尊敬的法庭。

神崎辩护律师：我是神崎正义，是被告畑俊六的辩护律师。

交叉询问（由神崎正义辩护律师询问多兰斯证人）

问：证人先生，你是几日到几日住在汉口的？

答：你指的是具体日期？

问：不是，是你第一次到汉口的时间和最后离开的时间。

答：我第一次到汉口是 1921 年。

问：一直在汉口住到什么时候？

答：我想你没明白。我在汉口待了3年,然后又在另一个港口待了3年,而在目前所谈的这个特殊的时期内,我是1937年4月到汉口的。

问：证人先生,在1938年10月汉口沦陷的时候,你是不是在这座城市?

答：我从1937年4月到1940年3月一直在那儿。

问：那时汉口有巷战吗?

答：没有。

问：那时你听到过汉口附近有射击的声音吗?

答：可以听到在汉口周边有不间断的射击声——无论是在日军占领前还是占领后,都能听到。

问：是很近还是很远?

答：这个很难说。汉口就在河上,武昌后方一直有战斗在进行,而武昌就在河的对岸。

问：我想问的是,既然你说那里没有巷战,但你还是听到了枪响。我想知道你是在哪里听到的?

答：河对岸,武昌后方,就在那个区域。

问：那么,你提到的射击声,不是在长江的汉口这边?

答：日军占领前不是。

问：你听到的枪声是在武昌,我说得对吗?

答：武昌后面。

问：我明白了。汉口向日军投降是在哪一天?

答：是在1938年的10月后期,26日、27日还是28日,我不确定。

问：证人先生,我想确认一下你在你的宣誓证词里所陈述的内容。你提到的"汉口投降后的那天",我想知道这一天的确切日期。

答：我恐怕你只能查一下你的记录了,我记不得了。

问：在本方询问的陈述中你提到"炮艇",你是从美国的炮艇上,还是从旗舰上看到那些你所陈述的这些事的?

答：从美国炮艇上，其中的一艘炮艇是旗舰。

韦伯庭长：这些问题的核心是什么？

神崎辩护律师：我想弄清楚事实陈述里一些模棱两可的地方。

语言监督官：稍作更正：我在他的宣誓证词里发现许多矛盾的地方，所以我要问这些问题，想弄清楚这些疑点。

韦伯庭长：他在这里不是让你审查证词的，你可能已经拿到了没有用到的宣誓证词，但请你把交叉质证的内容限定在他在本法庭上说的内容。

在我们看来，他在这里做的陈述里面没有模棱两可的地方。

神崎辩护律师：但我觉得在这位证人的陈述里有很多不一致的地方。我能请求法庭多听一会儿吗？

韦伯庭长：我们时刻准备着听有用的交叉质证。

神崎辩护律师：我会努力提有价值的——有用的问题。

问：证人先生，刚才你说到，日本士兵把中国人带到大约1/4英里的地方，放下跳板，然后把他们踢进河里。那么，这些中国人是在哪里接受体格检查的？这类体检，或者说检查是在哪里发生的？

答：我不明白你的意思。你是说在他们被踢到河里前还是其他的体检？

问：刚才，证人先生，你说这些中国人——他们要被脱去外套，检查是否有武器。这个检查是在哪里进行的？

答：就在水域边。

问：就是在跳板上，对不对？

答：是的。

问：那么一次会有多少中国囚犯被带上跳板？

答：3、4个。

问：体检后有多少人会被带回到陆地上？

答：一个也没有。

问：那么换句话说，所有人都会被扔进河里？

答：就我们所知道的，是全部。

问：那为什么还要进行这些体检？

答：我认为，如果你回过去看你的记录，你会找到我认为的原因，就是他们要丢回他们的衣服。我不知道。

问：这3、4个士兵是马上一起被带到水域边扔进河里，还是一次一个？

韦伯庭长： 为什么要问他这个？为什么要问这些细节？你能用别的办法抨击证人的诚实度吗？

神崎辩护律师： 我会那么做。

问：刚才你对本法庭陈述的时候我可能听漏了些东西。你所在的炮艇和这些囚犯被扔进河里的地点有多远的距离？证人先生。

语言监督官： 离这个小火轮？

韦伯庭长： 我们已经知道了，不想听第二遍了。

问：我想我也听到了，但不太确定。我听到的是1/4英里，对吗？

答：大概在100或是200码。

问：当这些战俘在小火轮上的时候，他们是被绑着的，还是没有？

答：没有。

问：那么你肯定看到过这些战俘在每次要把他们扔进河里时所进行反抗。

答：（他们）没有表现出任何反抗的迹象。

问：另外你刚才说，那些战俘被扔进河里，然后头部露出水面的人就会遭到射击？

答：是的。

问：这位证人似乎在汉口住了很长时间，可我们还从来没听说过有人被扔进长江还能再浮出水面的。就这一次这些战俘是浮上水面的吗？

答：当然，不然的话他们不可能遭到射击。

问：在汉口战役时，当日军向汉口行进时，汉口的市民都会逃到外国租界避难，很多人都会逃到河边，在船上避难。那时的长江上是不是到处都是船？

韦伯庭长：这个问题完全没有意义。你要说明什么问题？

神崎辩护律师：庭长先生，那时的长江充斥着各色各样的船只——载着来自汉口难民的船和日本陆海军的运输船。我想说明的是，要把战俘扔进这样一条挤满了各色船只的河里，那是不可能的。

（于是，译员又重新组织了上述表述，内容如下。）

我刚才一直试图表明，在大约半英里的半径之内，要射杀中国人，或者把中国战俘扔进河里，那是不可能做到的；我一直在试图厘清这份证词的真实性。现在我请求——庭长先生——提交这些说明，以作为我提问这些问题的理由。

韦伯庭长：证人有说这河里因为挤满了船所以没有人被扔进河里？我一再告诉日本籍的辩护律师不能提出证据。这位证人有承认过"因为河里挤满了船的关系，所以没有人能被扔进河里去"吗？

神崎辩护律师：没有。我想通过这位证人证实一下。

韦伯庭长：我们会让证人回答这个问题。我有个问题要问这位证人：在你目击到中国人被扔进河里的时候，长江上船只的情况是怎样的？

证人：这个说法是不对的，长江已经被封锁了好几年。那时在汉口的船是我见过的最少的。

问：在10月末，那时是汉口的秋天，有没有可能是日本海军集体乘坐军舰去汉口呢？

语言监督官：稍作更正：日本陆军——日本海军和日海军军舰，他们可不可能去长江？

答：对不起，我不明白他的意思。

问：我再重复一下那个问题。

答：我明白你的问题，我不明白的是这位先生的。

问：汉口机场被毁了，没用了，所以日本海陆军乘船到汉口，你知道这些吗？

答：当然，我知道这些情况，但你问我的时间点是汉口沦陷后的那天。所以，港口仅有的船只，从实际上讲，日本的流动船——不，你叫他们什么来着？——运输船。

韦伯庭长：灯亮的时候请停止讲话。

问：当然，我说的是汉口投降后的那天。

答：你想知道什么？

问：我要问你的是，在汉口投降后的那天，日本的运输船和其他船只是不是挤满了汉口湾？

答：你说的是汉口河吧，就只有一艘运载部队的船——大多数人是从九江经陆路，或者至少是从汉口下游过来的。

语言监督官：请书记官再读一遍证人的话。

（于是，法庭书记官又读了一遍最后一个问题，如下。）

"答：你说的是汉口河吧，就只有一艘运载原来部队的船——大多数人是从九江经陆路，或者至少是从汉口下游过来的。"

语言监督官：你能再念一遍吗？

（于是，法庭书记官又读了一遍最后一个问题。）

语言监督官：我们不清楚这句话的意思，庭长先生，起码"原来的运输船（original shipping）"不大明白。这不能造句。我们无法翻译。

（对证人说：）你所说的"原来的运输船（original shipping）"是什么意思？根据书记官的记录，你说"原来的运输船——他们大部分是来自陆路。"

证人：最初（originally）。

语言监督官：哦，书记官能用"最初"这个词再重新念一遍证人的陈述吗？

（于是，法庭书记官又读了一遍最后那个问题，如下。）

答：你说的是汉口河吧，就只有一艘运载原来部队的船——大多数人是从九江经陆路，或者至少是从汉口下游过来的。"

法庭书记官：他没有说"最初"。

证人：把灯关了，把灯关了。原始问题是这样的：关于船只的数量。事实上，我的印象是，军队乘船从下游而来，所以，港口挤满了船。我的观点是：尽管各个部队都坐船到汉口，但他们大多数都是从汉口下游经陆路来的。

韦伯庭长：那，你看到中国人被扔进河里的时候，河里有多少船？

证人：我不想对此做猜测，但是南京以下，汉口以上的长江部分被封锁了至少有两年时间——其中有几个月还阻止最小的船通过。

韦伯庭长：我问你多少。那时候在那个地方是不是有很多船？有地方把人扔进河里去吗？

证人：船很少——稍大点的船一艘都没有，因为封锁的关系都被阻止了。

韦伯庭长：辩护律师，通过指出军队到了那里，你一直试图抨击"河里船只很少"，或是"并不足以阻止人被扔进河里"这些说法。你希望继续这个问题吗？

神崎辩护律师：虽然你已经问了，庭长先生，证人还是没有给出一个充分有效的而又明确的回答。现在他说"封锁"，但对"封锁"一词的使用我有异议。因为这个封锁并没有用于日本的船只，日本船只可以在长江上自由航行，所以有封锁并不表示船就很少。

交叉询问（由神崎正义辩护律师询问多兰斯证人）（继续）

问：证人先生，作为美国商会主席，你提到"电灯"。汉口的这些电灯是什么时候重新开启的？

答：没有关过灯。

问：那么就是说灯一直是亮着的，是这样吗？

答：是的。

问：那么你是不是试图表明，实际情况是，尽管处在战争状态，汉口的电灯也没有熄灭？

韦伯庭长：你不需要回答那个问题。

问：你是不是知道，在日军进入汉口前，有寻找通敌者？

韦伯庭长：有什么？

译员：有搜捕通敌者。

答：就在日军进入汉口前？我还是不明白你的问题。

问：就在日军进入汉口之前，有没有搜捕中国的通敌者？

韦伯庭长：这个问题的要点是什么？

神崎辩护律师：我想对庭长您说——如果可以的话——那时的汉口情况相当的和平，就我知道，在日军进入汉口之前，城市里没有任何死尸被到处乱扔的现象；但是，如果那里有尸体被到处乱扔的现象的话，那是由于中国人自己搜捕通敌者的缘故。这就是我为什么要澄清这一点的原因。

证人：庭长先生，鉴于中国军队在日军进入汉口前的那个下午就已经撤出了该城市，我恐怕（他们）那么做是不可能的。

问：法治情况在日军进入汉口前后，哪个更好？

韦伯庭长：你不需要回答这个问题。

神崎辩护律师：我的交叉质证结束，阁下。

韦伯庭长：我们现在休庭15分钟。

（14：45 至 15：00 休庭，之后再次开庭如下）

法庭执行官：本法庭再次开庭。

韦伯庭长：布鲁克斯上尉。

交叉询问（由布鲁克斯辩护律师询问多兰斯证人）

问：证人先生，你作证说一个日本人看到你在看他——就在你觉得他们已经停下的时候。那么现在，就在你看着他们的时候，港口停泊了多少美国舰艇？

答：在汉口至少有两艘，还有一艘在汉口下游的美国永久军事基地。

韦伯庭长：注意亮灯。为了配合译员工作，请你的句子简短些。

问：这是不是比一般情况下港口停泊的舰船要多？

答：是的。一般在汉口就只有一艘炮艇——一艘美国炮艇。

问：在你那个军事基地还有另外的舰艇吗？

答：一般就只有一艘旗舰。

问：为什么这时候的舰艇比平时多？

答：因为预期汉口会有战争。

问：做出这种预期的依据是什么？

答：日军已经逐步向长江靠近，汉口是他们的下一站——这是长江上仅有的一个大型的外国人居住城市。

问：在这次日军推进之前，你是不是已经注意到在中国人中间流行的反日宣传？

答：当然。那之前他们已经和日本抗争了两年了。

问：那在之前的两年，你是不是已经注意到（中国人的）反日情绪或者是反日宣传？

莫洛检察官：我对问题的相关性提出异议，尊敬的法庭。

韦伯庭长：我想你要接受异议，我没发现它们有关联。你怎么认为？

布鲁克斯辩护律师：尊敬的法庭，我认为在任何战争之前的行为、情绪或者宣传，都有可能激怒另一方——也就是对手——不是己方就是对方。这两者非常有关系。关于日本的意图是什么，这里已经有了证词。我认为表明……

韦伯庭长：用你的灯。翻译那段话。

布鲁克斯辩护律师：我认为，表明中方的态度跟这事是有关系的。我想，辩方会主张他们（中国）是想重新夺回某些领土，并为此进行某种宣传，还发生了一些对被告来说是非常重要的事件。

韦伯庭长：这个问题不在宣誓证词范围内，也与其他问题无关。无论在中国有再多的抗日宣传，都不能证明（日本）对中国发动侵略战争就是正义的。

布鲁克斯辩护律师：我相信这就是检方一直在试图表明的：这是一场侵略战争，也就是这个时候提出的议题。我们希望提出我们的证据，并对其中能够表明日本是在采取自卫行动，而不是进行侵略战争的部分进行考虑。这很重要。

韦伯庭长：同意反对意见。

交叉询问（由布鲁克斯辩护律师询问多兰斯证人）

问：你说这其中的一艘舰艇也在这个军事基地，你说的是美孚石油公司的基地，是吗？在那儿设立基地是为了保护你们的财产和你们的员工——美国员工——在那儿被雇佣的美国员工，是这样吗？

莫洛检察官：尊敬的法庭，我再次对问题的相关性提出异议。

韦伯庭长：尤其不允许对宣誓证词以外的内容提问。支持反对意见。

问：你在你的宣誓证词中说，你那时是美孚石油公司的经理……

韦伯庭长：他是这么说的，为什么要他再重复一遍？你对这个有疑问？为什么要用这种办法浪费本法庭的时间？你们的辩护策略让我很疑惑。

布鲁克斯辩护律师：我就只有一个问题了。

问：美孚石油公司从事的是什么生意，还需要美国舰船来保护不受日本的妨碍？

莫洛检察官：我对这个问题的关联性和重要性提出异议。

韦伯庭长：支持反对意见。

布鲁克斯辩护律师：辩方的问题问完了。

莫洛检察官：没有要询问的了，尊敬的法庭，证人可以先走了。

（于是，证人退出法庭。）

九、检方提交与卢沟桥事变及其后日本全面侵华相关的证据

莫洛检察官：尊敬的法庭，我要出示——我请求法庭接受检方第1752号文书——一份用中文写的中国统计报表，已经按要求翻译了。关于这份文书，我们有一份证明，大意是：（宣读）

  特此证明：王丕承将军通过信件邮寄给我的第1752号原始文书，是一份可靠的信息，信息的来源是中华民国军令部第二厅。

  上述信息邮寄给我是依照……

韦伯庭长：按例允许。

莫洛检察官：好的，阁下。

法庭书记官：检方第1752号文书被收为第252号证据。

（检方第252号文书收为证据。）

……

韦伯庭长：你最好继续念下去。

莫洛检察官：（宣读）

  附件：1937年7月7日至1945年8月，中国抗日战争期间中国军队伤亡情况统计表，1946年2月16日编辑。

年份	受伤人数	死亡人数	失踪人数	共　计
1937	243 232	124 130	—	367 362
1938	483 804	249 263	—	733 067
1939	176 891	169 651	—	346 542
1940	332 318	339 530	—	671 848
1941	137 254	144 915	17 314	299 483
1942	114 180	87 917	45 070	247 167
1943	81 957	43 223	37 715	162 895
1944	103 596	102 719	4 419	210 734
1945	85 583	57 659	25 608	168 850
总计	1 758 815	1 319 007	130 126	3 207 948

列文辩护律师：庭长阁下。

韦伯庭长：列文律师。

列文辩护律师：我们现在请求本法庭，在某个官方数据出来之前，不要考虑将这份文书接收为证据。

韦伯庭长：嗯，关于这个事我已经说过了，不能增加额外的条件，列文律师。

列文辩护律师：我认为本法庭要对这份文书有足够的约束。我想就这份文书的意义做一个额外的陈述。

韦伯庭长：什么事，莫洛上校。

莫洛检察官：尊敬的法庭，我这里还有一份中华民国的文书，我想将其呈递给本法庭。这份文书是检方第10103号文书，和文书一起的还有一份重庆市政府统计局局长李慧园先生，根据中国统计局的要求寄给国际检察局的证明。

韦伯庭长：按例允许。

法庭书记官：检方第10103号文书被接受为第253号书证。

（于是，检方第253号书证被收为证据）

莫洛检察官： 这份文书说：（宣读）

数据显示的是1938年至1941年间，重庆因空袭导致的伤亡人数以及财产损失情况。

1. 平民伤亡情况：

死亡 6 596

受伤 9 141

合计 15 737

由于中国流通市场的波动，我现在不递交其他数据，尊敬的法庭。

尊敬的法庭，我是不是要等会儿再做陈述，等你们看到这下一份文书为止？

韦伯庭长： 嗯，我想你最好处理一下接下来的这个文书。

莫洛检察官： 尊敬的法庭，我这里有一份文书，题为《日军侵华年鉴》。这份文书的末尾大意是："上述记录内容节选自我部文书，并已证明其真实性。日期，1946年6月17日，东京。"签名"李立柏少将，中华民国军令部第二厅第一处处长。"

我这里还有它的证明，大意是："我特此证明：这份包括在国际检察局第1948号文书、题为《日军侵华年鉴》的文书，是从中华民国军令部第二厅第一处的文书中辑录出来的，据我所知，并且确信，它确实是我部文书的复件。"签名："李立柏少将，中华民国军令部第二厅第一处处长。"

韦伯庭长： 列文律师。

列文辩护律师： 我们反对使用这份文书，因为它是一份事件的总结，很多内容在证据里都没有提到。

韦伯庭长： 从形式上说，《远东国际军事法庭宪章》第十五条确实是这么规定的,但《宪章》的制定者们可能从来不会想到,这些事情的重要性会以这种方式获得证明——我认为大概是重要性。要是我们把每一个事件的证人都叫来,让他们都出庭,那结束这个庭审可能需要很多年。

列文辩护律师:但我认为,根据《宪章》的规定,不能引用那些根本就没有提供有关证据的事项或是事件。毫无疑问,在辩方看来,在没有证据的情况下,一份各种事件的总结不能对本法庭的这个案件起到任何有说服力的效果。

韦伯庭长:我想你要是找一个中国军事史专家过来,我们会听他讲这些事件的来龙去脉的。反对无效,文书可以接受,我们按例承认这份文书。

(检方文书被接收为第 254 号书证。)

现在休庭,明天 9:30 开庭。

(16:00 开始休庭。)

1946 年 8 月 8 日,星期四
日本东京都旧陆军省大楼内远东国际军事法庭

……

(法庭于 9:30 再次开庭。)

……

法庭执行官:远东国际军事法庭现在再次开庭。

韦伯庭长:请列文律师到发言台。列文律师,昨天下午因为对你所说的一些事情有误解,对你进行了不合适地指责,我很抱歉——特别是在你对待本法庭的态度自始至终都堪称典范的情况下。

列文辩护律师:谢谢,阁下。我相信这只是个误会,我很感谢法庭这么说。

韦伯庭长：还有辩护人要提出问题的吗？莫洛上校。

法庭书记官：检方第 1948 号文书，昨天下午休庭前已经被提交给了本法庭，并且得到认可，接受为第 254 号书证。

（检方文书被接受为检方第 254 号证据。）

莫洛检察官：尊敬的法庭，我要继续念那份已经被认可了的文书。

第 1948 号文书，第一页：（宣读）

《日军侵华年鉴》

1937 年	7 月 7 日	卢沟桥事变爆发
	8 月 13 日	上海吴淞战役爆发
	8 月 26 日	日军占领张家口
	9 月 24 日	日军占领保定
	10 月 14 日	日军占领归绥
	11 月 9 日	日军占领太原
	11 月 10 日	日军占领上海
	12 月 13 日	日军占领南京
	12 月 25 日	日军占领衡州
	12 月 31 日	日军占领济南
1938 年	5 月 19 日	日军占领徐州
	6 月 6 日	日军占领开封
	6 月 27 日	日军占领马当
	7 月 25 日	日军占领九江
	10 月 12 日	日军占领信阳
	10 月 20 日	日军占领广东

	10月25日	日军占领汉口
	11月11日	日军占领岳阳
1939年	3月26日	日军占领南昌
	4月12日	中国重新夺回开封
	12月5—31日	日军进攻昆仑关，但被击退
	12月23日	日军登陆龙州
	12月24日	日军占领南宁
1940年	4月24日	日军再次占领开封
	6月12日	日军占领宜昌
	6月30日	中国重新夺回开封，但再一次撤出
	10月31日	中国重新夺回南宁
1941年	4月21日	日军登陆福州
	9月3日	中国重新夺回福州
	10月10日	中国重新夺回宜昌
	10月12日	日军再次占领宜昌
1942年	5月5—10日	日军占领龙陵、通城
1943年	12月3日	日军占领常德
	12月9日	中国重新夺回常德
1944年	4月20日	日军占领郑州
	5月25日	日军占领洛阳
	6月18日	日军占领长沙
	8月8日	日军占领衡阳

	11月3日	中国重新夺回龙陵
	11月10日	日军占领桂林
	11月11日	日军占领柳州
	11月22日	日军占领南宁
1945年	5月27日	中国重新夺回南宁
	6月29日	中国重新夺回柳州

以上《年鉴》辑录自我部文书，经鉴定为真。

日期：1946年6月17日，东京

签名：李立柏少将，中华民国军令部第二厅第一处处长

莫洛检察官（继续）：尊敬的法庭，我们从对某些被告的审问中摘录出一些内容，并已经主张将其作为证据提交。我想，法庭已经拿到了这些摘录出来的、之前已经放在法庭书记官那里的讯问记录拷贝。我们这里有原件，我希望能宣读这些摘自审问被告的内容，尊敬的法庭。

我提到的第一份记录是第10101号文书，这份文书摘自对武藤章的审问，日期是1946年4月16日，第1、2、3、4页。

韦伯庭长：你现在就提交这个吗？

洛根辩护律师：庭长阁下，我代表除武藤章外的所有被告，反对宣读这些审问内容，因为这与其他被告均无关系，也因为这些审问是在截止日期结束后才做的。

韦伯庭长：洛根律师，本法庭已经考虑到了这个问题，就是某一位被告所做的坦白或者说是陈述，对其他被告会有多大的不利。本法庭已经决定，在听完所有的证据——包括辩方的证据之前，先不对此事做定论。考虑到所有的情况，我们可能会采纳某一位被告所做的对其他

被告不利的陈述，也可能不采纳。换句话说，如果有正当理由，我们也不会让自己被严格的规定所束缚。所以，假如某一位被告对其他被告不利的陈词被采纳了，你就准备好辩护吧。

洛根辩护律师： 感谢阁下您说了这番话，但因为涉及到的工作量很大，我认为——希望提醒本法庭注意——至少在辩方开始一个案件之前就做决定。比如说……

韦伯庭长： 我已经把本法庭的决议告诉了你，洛根律师，我没法再考虑这个问题了，这是经过深思熟虑以及各位法官交流意见后，以书面形式做出的决定。

洛根辩护律师： 那么阁下，我们是不是能代表除了讯问记录所属的被告之外的其他所有被告，对这些讯问记录提出一个通用的异议？这样我们就不用在提交每一份讯问记录之后再重复提出异议了。

韦伯庭长： 几天前我就告诉过你，洛根律师，每一次要驳回辩方异议的时候，我们都会考虑那些例外的情况，这种做法也会沿用到审问内容上。

洛根辩护律师： 我是在提出异议，阁下，不是反对规则——是对每一份引用的文书提出异议，是一个通用异议，这样我们就不用每次都重复提出。

韦伯庭长： 嗯，我们明白。我们知道你是对每个将要提出的讯问记录提出异议，或者说是反对每一个除了回答者本人外，对其他被告均为不利的回答。法庭驳回这个异议，你在每个案子里都有例外。

莫洛检察官： 尊敬的法庭，我继续念。第 10101 号文书，第一页：（宣读）

摘自武藤章讯问记录，日期为 1946 年 4 月 16 日，第 1、2、3、4 页。

韦伯庭长：这份已得到允许的文书符合所有例外条款吗？

法庭书记官：检方第 10101 号文书收为第 255 号书证。

韦伯庭长：这份文书已经按例允许接受了。

（于是，检方第 255 号书证被收为证据。）

莫洛检察官：（宣读）

问：从你担任陆军军务局局长的 1939 年，一直到 1942 年为止，是由军务局来决定战俘待遇政策的吗？

答：不是，实际上建造战俘营是根据我部的命令来建的，但战俘政策是由俘虏情报局在其建立后才发布的。

问：是在 1942 年？

答：我不确定是什么时候，但我想是在 1941 年 12 月底，或是在 1942 年的年初。

问：但在那之前，你所在的机构一直是负责战俘待遇的决策机构，是不是？

答：是的。

问：而且，当然，你们有从中国军队俘获过战俘？

答：没有。这些中国俘虏能不能被称为战俘，这是个大问题。最终在 1938 年决定，因为那时候与中国的冲突被官方认定为"事变"，所以这些中国俘虏不被视作战俘。但如果这时候有正式的宣战，那么所有这些俘虏都会被视为战俘，并接受有关待遇。

问：中国事变事实上就是一场战争，不是吗？

答：事实上确实是战争，但在当时日本政府只是将其视为一个事变。

问：所以从你 1939 年开始担任陆军军务局局长开始，你就执行"不把中国俘虏视为战俘"这么一个政策，是不是？

答：是的。

问：这些不被视为战俘的中国人的待遇是由哪个规则规定的？

答：陆军军务局没有任何有关此事的规定，这都是由南京汪精卫政府来处理的。在南京政府成立前，这些事务都由在华中和华北的(傀儡)政府来处置。

问：那个政府，当然，也是日本控制下的傀儡政府，是不是？

答：你可以那么说，但我个人不那么认为。

问：在1939年，1940年和1941年，日本军队同中国军队作战，是不是？

答：是的。

问：他们(日军)俘获了大量的俘虏，是不是？

答：就像我之前告诉你的，因为这些事是由中国政府处置的，我们没有收到任何有关俘虏数量的报告，只是在报纸上看到有报道说"中国国民党军队投降"之类的。

问：你们日军有没有将俘获的中国人移交给南京政府？

答：有。然后南京政府又转而将这些人投入到他们自己的部队里。

问：日军没有让这些中国俘虏频繁的干活吗？

答：日本军队事实上有没有利用过这些俘虏，我不知道，也不清楚有没有承包商利用过这些俘虏。

问：1939年的时候你在中国，是不是？

答：是的，一直待到1939年的10月。

问：你的军队抓获俘虏非常频繁，是不是？

答：这时候只抓获很少的俘虏，那些被俘获的也都已交给了华北政府，并充了军。

问：谁的军队利用了这些被俘获的士兵？

答：中国华北军，他们有个特别的叫法，具体名字我现在想不起来了。

问：那是一支同日军合作的中国军队？

答：对。

问：在战争期间，关于你俘获的中国俘虏的待遇问题，你的上司给了你什么命令？

答：我在那儿的时候那些命令已经被执行了一段时间了，我本人没有收到过任何新的命令。

问：你执行的命令都有哪些？

语言监督官：尊敬的法庭，英文版本同日文译本不匹配。英文版第一页到第四页的内容是关于在中国的俘虏问题，但日文译本没有，完全是另外的东西。

韦伯庭长：我听不到你说的话，你离话筒近一些。

语言监督官：这份讯问记录的英文版和日文译本内容不匹配。英文文书——从第一页到第四页——是关于中国俘虏的，但日本译本没有任何关于此事的内容。

韦伯庭长：很明显，你拿错了译本。

语言监督官：编号是一样的，阁下，都是10101号，第一个问题还是对的上的，但是接下来，大概从第二个问题开始，就对不上了。英文版的第二个问题是："在1942年？"，日文译本则是："你的回答和东条英机完全一致，是不是？"

韦伯庭长：嗯，那很明显，那是两个文书，不知道为什么IBM的机器翻译错了。我们只好等会儿，等到正确的日文译本出来。

科尔辩护律师：庭长阁下，我是科尔，是武藤章的辩护律师。我想建议，在这些差异被纠正之前暂停宣读这份文书，或者是撤回这份证据。

韦伯庭长：这不是差异的问题，很显然IBM机器读了一份错误的日文文书，现在应该做的就是把对的译本交给负责这台机器的人。

语言监督官： 我想通知本法庭，提交给 IBM 工作人员的日文译本同英文版的文书编号是一样的，都是"10101 号"，但内容肯定是错的。

韦伯庭长： 我们被告知，通过 IBM 翻译的日文译本前四页没有提到战俘的问题，但莫洛上校读的那四页除了战俘问题就没有别的了。必须要将莫洛上校之前所念内容的正确译文朗读出来。你有正确的译本吗，莫洛上校？

莫洛检察官： 没有，阁下，我现在手边没有，我根本不知道这回事。我可不可以建议法庭——尊敬的法庭，我是不是可以接着念另一份讯问记录？同时我们会查清楚这件事。

韦伯庭长： 好。推迟宣读这份文书，有了正确的日文译本之后再重新念一遍，但你要赶紧拿到正确的译本。你要正式提出另一份证据，那我这儿有吗？

莫洛检察官： 有的，阁下。尊敬的法庭，我现在希望正式提出第 10102 号文书，标题为："畑俊六将军讯问记录"。

韦伯庭长： 按例允许。

法庭书记官： 检方第 10102 号文书接受为第 256 号书证。

（检方第 256 号书证被收为证据）

莫洛检察官： 我可以继续吗，阁下？

韦伯庭长： 可以。

莫洛检察官：（宣读）

第 10102 号文书："畑俊六将军讯问记录"。

日期和时间：1946 年 1 月 14 日，15:45 至 17:00

地点：巢鸭监狱，东京，日本

参加人员：畑俊六将军

审讯人：卡莱尔·W.希金斯
审讯人：托马斯·H.莫洛上校
译员：丹尼斯·基尔福伊尔
速记员：克莱尔·法雷尔

希金斯提问：

问：告诉将军，这两位是国际检察局的莫洛上校和希金斯检察官，如果将军愿意回答提问——如果没什么事，他们想跟他谈谈。[1]

答：他说可以。

问：将军多大岁数了？

答：7月份就67了。

问：将军之前就读于哪个军事院校？

答：他毕业于一所与西点军校有联系的军官学校，之后就读于陆军炮工学校和陆军大学校。

问：他服役的部门是干什么的？

答：他并不精通于某个方面，他所在的部门是炮兵部队，但他不专门研究这个。

问：他第一次被任命为大日本帝国陆军士官是在什么时候？

答：是在1901年，他被任命为陆军少尉。

问：将军指挥的是哪一支部队？

答：他是第十六野炮联队长——具体什么时候他记不清了，可能是大地震的前一年——也就是1922年；到了1926年，他成为第四工兵旅团长。

问：他在日本本土以外的地方服过哪些兵役？

答：他从1936年到1937年担任台湾军司令官；1938年起担任

---

[1] 畑俊六讯问记录中的问答由译员转述，问答时是以第三人称的"他"或"将军"表述——校者注。

华中派遣军总司令官。

问：是在1938年的2月17日挂帅的吗？

答：是的，那时候他成了中国派遣军总司令官。

问：将军是接替松井石根将军（的职务）吗？

答：他是在华中接替松井将军（的职务），而担任中国派遣军总司令官是接替西尾[1]将军（的职务）。

问：西尾将军的指挥部在哪儿？

答：在南京。

问：松井将军的呢？

答：开始在上海，后来转移到了南京。

问：将军第一次作为指挥官到中国是在什么时候？

答：是1938年。

问：当他第一次到中国大陆的时候，他是哪个部队的指挥官？

答：1937年8月，他回国并且成为教育总监，1938年再次前往中国。当中国事变发生时，他正在台湾。

问：他所指挥的部队是不是和他一起从台湾到了中国大陆？

答：没有。他从台湾回到了东京，去了一个完全不同的机构，他回到东京后担任了教育总监。这一事件在当时的中国是一件很小的事。

问：当他第一次到中国去的时候，他所指挥的军队有多少人？

答：在他第一次到中国的时候，他指挥了五个师团。

问：大概有80 000人吗？

答：他不记得了，但他觉得可能会比这个数字多一点，因为还有另外的附属部队——比如后勤人员。

问：这些部队的人员都来自日本本土还是台湾、朝鲜军队，亦

---

[1] 即西尾寿造——译者注。

或是都有？

答：他们全部来自日本。他指挥的军队有第三、第六、第九师团、第十三、第十八预备师团，所有人员都来自日本本土。

问：当将军担任指挥官的时候，这些部队是已经就在中国了，还是从日本本土移师到中国来的？

答：军队原本是松井指挥的，将军接替了他。

问：将军知不知道为什么任命他来接替松井的职务？

答：知道，在占领南京后，对松井所率的派遣军的抗议声就不断，将军于是就被派到那里去平息那一地区的事态。他下达的命令是，撤离由上海、南京、福州构成的三角地区是不明智的，他会去平息这个地区的事态。还有，如果他发现需要撤出三角地区，那么很有必要从帝国大本营获得命令。

问：他有没有从大本营得到过撤出三角地区的命令？

答：没有，他离开那里去了杭州。

问：这是接到大本营不要撤离的命令后发生的事吗？

答：不是，收到的大本营的命令是让(他)撤出三角地区。

问：在他撤出三角地区之后，又接到了什么军事任务？

答：对他下达的目标和命令就是要占领杭州。

问：在他接到这些命令时，他所指挥的军队有多少？

答：他说在这次杭州的行动中，从北方派遣了一支由四到五个师团组成的部队。

问：这支部队受谁指挥？

答：受他指挥。

问：从北方派来的每一支部队，它们的兵力是多少？

答：他认为大约是30万或是40万人，这是他印象中的，他不确定。

问：在占领杭州的行动中，和将军对战的中方将领是谁？

答：他认为应该就是蒋介石本人。

问：从他发起行动开始，到最终占领杭州，花了多长时间？

答：五个月。

问：包括在三角地区的军队和从北方派来的部队在内，参与这次行动的兵力大约有多少？

答：除了这些，在军队撤出三角地区以后，又有两到三个师团过来接管了地区，这样，在那个地区就有十一到十二个师团集结在那里。

问：每个师团可用兵力有多少？

答：他认为是1.5万到1.6万人左右。

问：这些都是正规军还是雇佣兵？

答：是的，他们都是正规军。四个师团是之前不久调过来的，但是其他全部都是经验丰富的部队。

问：调来不久的那些军队在调来之前就已经根据日本的兵役法进行过军事训练了，是不是？

答：是的。

问：那么，我想知道大概有多少人被杀和受伤——战斗的伤亡人数是多少？

答：这个事情发生好久了，他不记得了。但他记得成为中国派遣军总司令官后的数字。

问：他担任总司令多长时间？

答：10个月，从1938年的2月到11月。

问：在这段时间内，他指挥的军队，战斗中伤亡的人数是多少？

答：这里有点小错误。从1938年的2月到11月，他在华中地区，然后在1941年时成为总司令官，并一直担任（总司令官）到1944年。

问：那么到11月的时候，这个数字是多少？

答：他不记得那些了，他只记得1941到1944年的有关数据，但更早之前的忘了。1941到1944年在中国的死亡人数是5万人。

问：那么根据通常的比例，可不可以假定受伤人数达到20万左右？

答：他估计数字大概是在20万，他提到的比例是1∶5，[1]因为有一些病死的，但是不记得具体数字了。

问：占领杭州是什么时候？

答：他认为是1938年的10月25日。

问：将军不知道他在这次行动中的确切损失吗？

答：他只能估计个数字，只能大概估计个数字。

问：将军能不能估计一下那时候中国的损失数字，就是从他离开三角地区到占领杭州那段时间内？

答：不能，他不知道。

问：在这次行动中有多少中国军队被他的部队所俘虏？俘获了多少战俘？

答：他认为不是很多。他不记得战俘的数字，但他觉得他们中的很多人都逃跑了，然后离开了战场。

问：在他看来这是一场在中国的战争，还是仅仅只是一次边境事件？

答：尽管事实上这就是一场战争，但在那时候他们都将这看做是一次中国事变，而实际上这是一场战争。

问：将军在陆军大学校有没有学过国际法？

答：有，在军校的时候。

问：将军知不知道日本有过协议——例如在1922年和1928年的时候，日本保证不侵略中国，保证不发动对华战争？

---

[1] 日文庭审记录中的记载为1∶3，与英文庭审记录有异——校者注。

答：这个协议的名称是？

问：《九国公约》。

答：是的，他知道。

问：那么，他认为他们的所作所为是不是正在打破这个协议？

答：他知道有这个协议的存在，但他不知道具体的条款内容。当时在其他办法都无效的情况下，除了诉诸武力，没有别的出路。

问：但是协议有说他们在尝试和平解决之前，不会诉诸武力，是不是这样？

答：他对《九国公约》不是很熟悉，他仅仅只是知道有这么个条约存在。

希金斯提问：

问：日军投降时，将军担任什么职务，如果有的话？

答：日本第二军总军司令官。

问：指挥部在哪儿？

答：广岛，广岛遭受原子弹轰炸时，他就在那里。至今他的头部还没好。

问：将军离开中国战区后，他把部队记录都放哪儿了？

答：那些都留在了中国。

问：将军的部队占领三角地区时，当地的民法有没有被日本军法取而代之，作为司令，他受日本军法的管理，日本军法仅应用于他的部队，还是对平民也使用了该法？

答：一般的，他讲，法律还是由中国人掌控。

问：他说的"一般的"是什么意思？

答：那些跟军事问题无关的事情。

尊敬的法庭，我想宣读……

语言部负责人：请稍等。

韦伯庭长：你还没有正式提交。

莫洛检察官：对不起，能否再说一遍。

韦伯庭长：你打算正式提交更进一步的讯问记录，是不是？

莫洛检察官：是的，阁下，就是那份翻译不对的讯问记录。抱歉。

尊敬的法庭，我想正式提出第10104号文书，这份文书辑录自"松井石根讯问记录，日期为1946年3月8日"。

第10104号文书：

问：你第一次听到欧美国家已经获悉你的部队在南京制造暴行是在什么时候？

答：几乎是在我一进入南京的时候。

问：你听说了这个事？

答：是的。

问：你是从哪里听到的？

答：从日本外交官那里。

问：哪个日本外交官？

答：一个级别不高的外交官，他的名字我不记得了，就记得是驻南京领事。

问：那我可不可以这么认为，日本部队到达南京城时，日本领事是在城里的？

答：他们是和日本部队一起进城的。他们同军队一起进城，安全可以有保障。

问：维纳克曾写过一本《远东现代史》。他在书里说到，在南京，中国的平民们被用绳子绑在一起，然后被枪杀，妇女们则被关进慰安所，供日本士兵发泄，不计其数的平民被刺刀刺死。你知不知道这位历史学家的这些消息都是从哪儿来的吗？

答：不知道，也许是从中国人那里。

问：在你到了南京以后，你有听到过那类事情的内情吗？

答：没有。

问：我的记录显示，你曾经发表过公开讲话，公然蔑视外国政府，我没法确切指出来，不过你有做过任何这样的表述吗？

答：我从来没有拒绝过调解，也没有蔑视过（外国）政府。事实上，在上海和南京的时候，我还召集了美国、英国和法国的外交官和领事，共同商讨帮助中国难民的事宜。一个从事这类工作的法国传教士向我求助，我还捐了10万日元支持他的工作。

问：你还记得他的名字吗？

答：我现在不记得了，但我会努力去想。

问：那是在1932年还是1937年的事？

答：1937年。

问：这里还有一种说法，说你因为南京事件被免去了司令的职务，在2月的时候由原[1]将军接替你。是不是这样？

答：那不是原因。我想我在南京的工作已经完成，我希望能脱去军装投身到和平事业中去。

问：你是想说，你用自己个人的钱给了法国传教士10万日元，还是说从日本军队或者日本人民，以及你本人那里募集到了这些钱？

答：是军队的钱。

问：这钱是专门用来帮助上海周边的中国难民的？

答：是的。

问：我可以理解在1938年的时候，是你自己要求辞去职务的，

---

〔1〕 英文和日文庭审记录都为"原"将军，此处应为"畑俊六"，1938年2月畑俊六接替松井石根，任华中派遣军总司令官——校者注。

是吗？

答：是的，是我自己要求的。

问：是向陆军参谋总长提出辞职申请的吗？

答：是向陆军大臣杉山大将提出的。

问：是打的书面报告吗？

答：是用信件的方式。

问：是私人信件还是官方信件？

答：半私人半官方的信件。

问：阿班先生说，在你被解职的同时，桥本欣五郎、朝香宫鸠彦亲王和大约80名参谋被送回日本。你还记得这事吗？这是不是事实？

答：是的，但是阿班先生的推断是错的。之所以将这两位军官和其他80名参谋送回日本，是因为日方要将原来在南京的10个师团削减至5个，所以这些人员就多出来了；原来有两个陆军司令部，后来减到了一个。

问：我了解到有一支陆军部队从北方过来，那时候在上海还有一支陆军，后来这两支部队都加入了你的军队。是不是这样？

答：这是发生在我回日本之后的事情了。

问：我了解到在上海战役和占领南京这段时间，是不是也包括一些部队，比如像谷将军率领的第六师团，其从属于从北方过来的陆军第十军？

答：他们来自上海。

问：我的理解是，在你去南京之前，第六师团就加入到了你的军队里，陆军第十军也是这样？

答：是的，就是这样。

问：也有控诉称占领南京的部队军纪很差。

答：我认为军纪是很杰出的，但指挥和表现就不是这样了。

问：是指士兵吗？

答：是的。

问：是指在南京的吗？

答：是的，我认为在军队里有一些不法分子。

问：那么我的理解是，你正在做这样一种区分，就是士兵们在行动过程中遵守军令，和他们在占领南京后，在业余状态下的所作所为是不一样的？

答：是的。

问：那么，当然，在南京指挥部队的军官有责任对士兵们的行为进行监管，包括士兵当值和不当值的时候？

答：是的。

问：为什么你会说，你认为士兵们的行为表现很糟？你说这话的依据是什么？

答：因为他们对待中国人民的表现，以及他们的实际行动。

问：在占领南京之前，你的司令部有没有发出过任何全体性的命令？特别是有关对士兵们按预期占领南京城后的行为进行管控的命令？

答：我始终主张要保持严格的军纪，惩罚所有的作恶者。我也主张对南京事件进行彻底地调查，并且建议召集外国官员和外交官，之后也确实那么做了。

问：你能告诉我任何一个调查此事的外国外交官的姓名吗？

答：有一位是来自日本领事馆的日高先生，我不记得那些驻南京的外国外交官的姓名了。

问：你是亲自同这些外国外交官交谈的？

答：不是，不在南京。

问：那是什么时候同这些人谈话的？

答：我17日进入南京，一周后回到上海。我同美英两国的司令和海军将领，以及意大利和法国的大使见了面，并且就解决事宜进行了讨论，是用一种和平的方式进行的讨论。

问：进入南京，并且12月13、14、15、16日这几天都在南京的这些部队，是由新人还是有经验的老兵所组成的？他们的长官是否有指挥经验？

答：他们都是有经验的部队，长官也都是经验丰富的。

问：你之前有指挥过这些部队吗？

答：没有。

问：截止到这次事件之前，你有听说过这些部队的士兵在中国，在他们不当班的时候表现得很糟的事迹吗？

答：没有，尽管包括很多有经验的老兵，但这支陆军是从日本派来的新组建的部队。我没听说过这支部队在中国其他地方表现得很恶劣。

问：也包括在满洲？

答：是的。

问：他们中的一部分人参与了在上海周边的行动，并且在被从北方派来之前也参加了在平津周边的小规模战斗，是不是这样？

答：有一个师团是从平津地区调过来的。

问：有一种说法是，陆军中尉朝香亲王是战场指挥官，他本应该对首先进入南京城的那部分陆军进行监管。朝香亲王是不是有这个责任？

答：是的，是这样。

问：朝香亲王娶了明治天皇的一个女儿？

答：是的，确实是。

问：一些人说朝香亲王在南京事件上负有很大责任，但因为他同皇室的关系，所以很少甚至没有人会提及此事，对不对？

答：我不那么认为。朝香亲王在部队进入南京前刚刚加入才

10天。鉴于他加入这支部队的时间很短,我认为他没有责任。我想说,师团长们才是有责任的一方。

问:你说你在17日进入南京。你有看到任何死去的平民尸首吗?无论是妇女还是儿童的,或者其他任何一类的。

答:这个时候这些(尸首)都被移走了。我在西门附近看到一些死亡的中国士兵的遗体。

问:中国战争犯罪调查委员会公开表示,在13日南京被占领后,有不计其数的平民被杀,南京遭到洗劫。除了你所说的"南京城在被占领后破坏严重"外,还有其他什么迹象可以表明这一点的吗?

答:那完全不是真的。这种指控没有——完全没有根据。我用我的人格担保。

问:在占领南京后,你第一次见到哈雷特·阿班是什么时候?

答:我在中国遇到他。第一次见到阿班先生,好像是在南京事件一个月之后。

问:阿班先生有要求采访您吗?他得到采访的机会了吗?

答:是的,我邀请阿班先生来见我——因为在此之前我听到了很多的流言,为平息事态,我希望将事实真相摆到阿班面前。

问:你和阿班先生谈了些什么?说了些什么?

答:就尊重外国在南京权益这件事,我向阿班阐述了我的观点;同样,我也不希望对中立国的财产和利益造成伤害。我还说,我希望实现和平,也对那些停止作战的中国军队伸出友谊之手;但是,对那些继续反抗的中国军队进行惩罚,这也是我的职责。

问:在你2月份回到日本之后,参谋总长、陆军大臣,或者其他人,有没有要求过你就你的部队在南京的行为做一个汇报?

答:我一回到东京就立即转入了预备役,所以我不知道这些,但肯定有调查和报告。

问：你有没有被要求做汇报，或者是就有关于部队在南京的表现的传闻接受质询？

答：没有，我没有被要求做汇报。之前如果有这类事件，我会很自然地依据我的职责去做一个汇报。如果你要找这些报告，他们应该在复员局。

问：你有可以表明你在1936到1937年间，在南京和上海的活动的文章，或者是通讯稿、日记之类的吗？

答：在我的日记里，仅有的记录是关于军事审判法庭就在南京强奸中国人一事审判了1名军官和大概另外3名士兵。

问：日期是什么时候，法庭的裁定结果是什么？

答：我想结果是军官被执行死刑，士兵们则被监禁——这也是我呼吁对违令者进行严惩的结果。我在上海的时候接到这个消息，然后把它写进了我的日记。

问：我想你是否能给我们一份日记的复印件？能帮我们找到吗？

答：我所有的记录都烧毁了，包括这本日记。但我这儿还有一些根据印象写的笔记，因为我觉得要是进入了审判程序，这些东西会有用。我的房子在一次轰炸中被毁。

问：什么时候？

答：8月26日。

莫洛检察官：尊敬的法庭，我这里还有一份讯问记录，编号为第1949号文书，标题是"桥本欣五郎大佐讯问记录，第6辑-343号，第4页"。我请求将其作为证据，尊敬的法庭。

韦伯庭长：按例允许。

法庭书记官：检方第1949号文书被接受为第258号书证。

（检方第258号书证被收为证据。）

莫洛检察官：（宣读）

　　桥本欣五郎大佐讯问记录，第 6 辑-343 号，第 4 页：
　　一直到英国舰船"瓢虫"号经过芜湖，我才知道"帕奈"号事件。我炮击了"瓢虫"号，并且扣留了该舰艇。那时候，"瓢虫"号舰船指挥官告诉我，他计划去协助"帕奈"号，因为他接到命令，说"帕奈"号遇到了麻烦。这是我第一次知道这个事件。
　　这件事的下令者是柳川中将[1]，命令的具体内容如下：南京正处于被包围之中，敌军似乎正逆航逃逸，桥本大佐下令要击沉所有驶向南京的舰船——不论国籍，一律击沉。
　　我想这些命令是在南京沦陷的前两天发布的。

　　尊敬的法庭，我知道，语言部的卡尔中校正在核对、确认关于第一份讯问记录的翻译情况，这次休庭结束后，他就应该能拿到那份给法庭准备的报告了。
　　尊敬的法庭，第 101 号书证包括若干幅地图，就是在本法庭那一侧展板上的地图，我想它们之前——也就是在本案审理过程中已经被展示给了本法庭。我想请求法庭允许现在再次展示这些地图，如果不能，我希望请本法庭回忆一下，这些地图也是本阶段这个案子证据的一部分。我想提醒本法庭注意其中 1937 年至 1944 年的地图，因为它们表明……

　　韦伯庭长：你有为法官们准备的地图复印件吗？
　　莫洛检察官：没有，阁下，没准备。
　　韦伯庭长：挂在那里的墙上用处很有限。鲍曼说我们有复印件。

---

[1] 即柳川平助——译者注。

莫洛检察官：好的，那么，尊敬的法庭……

韦伯庭长：我想起来这些地图还没有经过任何的核查，它们刚刚只是被正式提交而已。

莫洛检察官：如果我没理解错的话，阁下，这些地图已经被登记为第101号证据，被正式收入证据中了。

韦伯庭长：我们确实是接受了这些地图，但没有经过核查，没人说过这些地图都是准确无误的。我觉得这些地图的负责人就在东京，是吗？

莫洛检察官：我也这么想的。我的记录显示，尊敬的法庭，这些地图是经过日本政府确认并且由它所提供的，显示的是日本和日本陆军所控制的领地。为了在本法庭上使用，地图被制成 10×10 英尺大小，并且附有来自军事课鹿儿岛氏的证明，证明这些地图是准确的。

韦伯庭长：那么，现在让辩护律师进行驳斥，如果他们认为需要的话。

莫洛检察官：尊敬的法庭，我被告知，这些地图因为需要验证核实，所以被收走了有一段时间了。

弗内斯辩护律师：尊敬的法庭，我想我要反对允许这些地图作为证据。我反对的理由是，这些地图明显是为了在本案中使用而准备的。我想我那时请求过一条规则，就是本法庭说它们被按例允许后，这个确定性可以在之后被抨击。我认为法庭可以确认一下记录，我印象中是这样的。

韦伯庭长：嗯，我不是质疑你的记性，弗内斯少校。

弗内斯辩护律师：我现在基于同样的理由提出反对，这些地图显而易见是为了在本案中使用而由某个人特意准备的，而这个人不了解原始情况，所以不能允许接受这些地图作为证据。

韦伯庭长：我们已经驳回了异议。

弗内斯辩护律师：换句话讲，那些地图声称要传递的信息没有任何正当的基础。

韦伯庭长：你可以用你的证据来反驳它,弗内斯少校。

莫洛检察官：嗯,尊敬的法庭,我知道这些地图是由相当于旧日本陆军参谋部提供的,同时附有以宣誓证书为形式的证明。

韦伯庭长：证明很完整,由辩方决定是不是要用证据来反驳,如果他们觉得需要的话。

弗内斯辩护律师：辩方要求取得那些地图的复件。

韦伯庭长：我们要求——本法庭要求检方提供那些地图的复件给辩方。

莫洛检察官：好,那么我认为,尊敬的法庭,地图被收为证据,作为本阶段证据的一部分,我只想请本法庭注意日本陆军在中国的发展,正如这些涵盖了从 1937 至 1944 年的地图所揭露的那样。

麦克马纳斯辩护律师：庭长阁下,我可以提出异议吗?

韦伯庭长：我们刚要看这个时候的地图,麦克马纳斯律师。

(涵盖了 1937 年至 1944 年的这些地图被先后放在被告席后的两块展板上展示。)

往下说,麦克马纳斯律师。

麦克马纳斯辩护律师：现在,我想提出我的异议,庭长阁下,理由是关注历史变迁是本法庭应有的审判认知。我看不出检方有任何理由需要用马戏团一样的方式来展示他们的证据。如果他们有证据要出示,让他们去掉所有这些装饰品。

韦伯庭长：这种大规模展示地图的方式在所有法庭上都很常见。

麦克马纳斯辩护律师：好吧,庭长阁下,我还是坚持我的异议。

韦伯庭长：好吧,我想现在方便休庭了。我们休庭 15 分钟。

(10:45～11:00 休庭)

(之后再次开庭如下)

韦伯庭长：我很遗憾地宣布,我们的同事——印度代表,暂时不大舒服。莫洛上校。

莫洛检察官：尊敬的法庭，翻译部门的负责人告诉我，错误是在材料装订过程中造成的，不是翻译的问题；换句话讲，就像本法庭所说的那样，正确的译本被另一份陈述的翻译代替了，正确的译本准备在今天15：30左右提交，希望本法庭能够满意。

韦伯庭长：我想如果日文译本能够在今天弄好，本法庭是会满意的。

莫洛检察官：那么法庭是希望我推迟到那时候再念英文版吗？

韦伯庭长：是的。

莫洛检察官：请问法庭，是希望展示这些地图，还是就这样任其放着？

韦伯庭长：嗯，鲍曼告诉我，他正准备向法官们提供这些地图的复件。不对，他说正在准备要提供给法官们的地图复件。今天上午你念了一串的地名，宣称这些就是遭受日本侵略的地方。你有显示这些地方的地图吗？

莫洛检察官：我有自己的地图，阁下，但是没有给法庭的复件。

韦伯庭长：嗯，我肯定本法庭的每一位成员都希望有一份显示那些地点的复件。

莫洛检察官：我会提供与我同样的地图，尊敬的法庭。

韦伯庭长：而且你也要给辩方一份。

莫洛检察官：那么，尊敬的法庭，我现在希望介绍帕金森先生来展示一些文书。

韦伯庭长：这份还没宣读，但正在提交的证据是怎么回事？是你在负责的吗，帕金森先生？

帕金森检察官：现在，尊敬的法庭，我要提出国际检察局第984号文书，也就是《华北地区军事处理铁路情况概要草案》，原始版本在此之前已经提交给了书记官。

韦伯庭长：按例允许。

法庭书记官：检方第 984 号文书收为第 259 号书证。

（检方第 259 号书证被收为证据）

帕金森检察官：根据本法庭的许可，我将宣读这份文书并记录在案。

洛根辩护律师：尊敬的法庭，这份文书是检方根据主观意向制作的，本法庭也在会议厅里听到了关于它的争议声，但是到目前为止还没有指令允许检方出示这份摘录。这是 21 个文书中的一件，这些文书已经提交给本法庭了，但是到目前为止还没有指令说它们可以用了。

韦伯庭长：好吧，那天上午我在会议厅给出的基本说明里面包含了这么一条：在本法庭做出任何有关这些文书的适用指令之前，你们有 7 天的时间可以细读这些文书，这样你们就可以在法庭上清晰地说明你们所需要的额外材料。我认为这份东西可以念，辩护律师有权在法庭上要求额外的材料。

请念这份文书，帕金森检察官。

帕金森检察官：（宣读）

项目三十，1935 年 12 月 2 日

回复：呈递华北铁路军事处理情况概要草案

陆军次官古庄干郎阁下：

我特此报告的主题请见随信附件。

谨上

多田骏

华北驻屯军司令官

项目三十附件，机密

华北铁路军事处理情况概要草案，1935 年 11 月底，华北驻屯

军司令部

复件发送至：关东军参谋长；关东军铁道线区司令部；南满洲铁道株式会社；天津步兵部队；北平步兵部队。

I. 政策

在处理华北地区铁路的问题上，陆军省希望将铁路直接置于控制之下，这样就能够通过直接使用这些铁路来实现军事目标。

为了得到这个结果，陆军省会尽可能让当前的中国经营者继续他们的管理，但可以预见的是，不管是铁路的一小部分还是重要的部分，日本都会从一开始就予以占领并进行管理。

II. 措施要点

1. 包括各铁路线上的行政官员在内，我们必须让这些雇员领悟华北自治运动的精神，了解日军的态度，通过暗示这些雇员要安心自在地工作来努力安抚他们，让他们以后即便是在进行军事行动的时候也能协助日军（这一点已经在执行中了）。

2. 为应对南京政府将铁路车辆及其他物资运输至南方地区的策略，我们要尽可能对往南转移的全部铁路车辆进行检查；为此，我们必须尽全力使用一切可能的间接途径；在这种情况下，对北宁铁路，如果需要的话，即便是在晚间我们也要进行检查。如果要使用这类强制措施，我们就用自我防卫和保护北宁铁路免遭南京政府抗日军事行动作为名义上的理由（根据与北宁铁路[1]公司签订的协议，通过派宪兵队强制执行这条措施）。

3. 基本上，为确保军事行动的进行而在华北地区划定的铁路范围，以及对这些铁路线进行必要的、非必要的占领和控制，之前做了如下安排：

---

[1] 英文庭审记录中关于此文书的铁路名称和地名较为混乱，此文书中的铁路名称和地名一律按照日文庭审记录的记载进行了修正——校者注。

a. 北宁铁路(全线)：必须进行管理，并对一部分工作人员进行操控。

b. 津浦铁路(徐州以北)：如果我军进行施压，是有可能在南满洲铁道株式会社人员的协助下进行运营的。

c. 平汉铁路(黄河以北)：有必要在一开始即由军用铁路单位等进行占领和控制。

d. 平绥铁路(全线)：凭借管理和控制超过一定数量的工作人员，有可能实现运输的目标。

e. 胶济铁路(全线)：可以像现在这样使用。

f. 陇海铁路(徐州以东)：当时机成熟时，有必要对其进行占领。

4. 有关铁路车辆、物资以及其他涉及每一条铁路的事务，为了今后的使用，有必要对它们进行勘察；因此，可以在军事行动开始后完成计划，并为它们的运作做好准备工作。这些勘察工作要按这样的顺序进行：北宁铁路、津浦铁路、平汉铁路，如果时间允许，平绥铁路、山东和陇海铁路。

5. 对华北铁路线进行军事管理的工作由关东军铁道线区司令部成员、南满洲铁道株式会社派遣的雇员以及铁道部队完成。

6. 当有必要进行部队调动时，陆军省会连同关东军铁道线区司令部成员一起，按照附表1组建中国驻屯军铁道线区司令部。所需的车站指挥部、南满洲铁道株式会社派遣的雇员以及军用铁路单位也将隶属于这个指挥部。这个指挥部不仅将负责军事运输，如果需要的话，也将负责铁路的管理、建设、维修和运营工作。

铁路沿线地区的兵站业务，将交由铁道线区司令部负责。

7. 一旦陆军认为不可避免地要使用武力解决问题，就会当即完成程序条款中提到的组织工作，并立即根据以下步骤对华北铁路进行统合，以保证军事运输的进行：

a. 首先依靠我们后来的军事交通获得北宁铁路的控制权并将其用作铁路干线。

b. 一旦军事行动开始，立即下令航空部队轰炸黄河上的平汉铁路桥以及津浦铁路徐州以南的战略要点（不包括徐州），目的是在不同的点上切断这两条铁路线。同时，地面部队将立即向黄河和徐州一线前进，确保华北铁路交通的自由运行。

就算现实的情况不允许，上述计划无法完成，也至少要努力确保顺德和济南以北的铁路线。

c. 关于平绥铁路，为了使该铁路的使用以及军事行动的推进成为可能，就要从一开始就保持严密地监视，做好预备工作。

d. 考虑到我增援部队将在青岛登陆，必须在合适的时候采取措施，对胶济铁路线进行利用。如果津浦铁路被拦截，胶济铁路上的车辆就可以向北行动，用于接转服务。根据情况，通过海上线路进入青岛，进而渗透至山东全省，是有指望的。

e. 我方一占领徐州，就要取得该城镇以东的陇海线部分。关于在平汉铁路沿线的中国中央军，陇海线的西半部分就用来制止他们可能的向北方的行进。

8. 对于军用交通，我们要充分利用现有的中国车辆；同时，只要情况允许，除了接管铁路线，我们也要尽一切努力继续主要列车的运行，以保证公共交通正常运营。南满洲铁道株式会社将提供关东军在边境线推进中所缺少的所有铁路车辆和汽车。

9. 要尽量让中方管理机构来管理铁路的运行，同时，铁道线区司令部的指挥官将负责对每条线路进行控制，用最少的人员来管理和操控铁路的运行；特别是军用铁路单位，将专门负责战场周边地区的列车管理和铁路维修。

10. 在强行运行军用列车后,再根据铁路工人的态度和后方的其他情况,决定是对整条铁路线还是部分铁路线进行控制。不过,在平定行动中将使用临时管制措施,诱导那些被驱散的人尽快回到总部。为了防止人员分散,在第一次强制运行军事列车后,要立即提前准备派发用的印刷品;同时,在铁路沿线适当的要塞要安排一定数量的人员,以防止有人逃跑。

11. 对于在铁路沿线设置巡逻队,除对抗华北军事集团和南京政府军外,在铁路沿线不需要部署大规模的部队;但在往南边转移的同时,我们还要肃清华北地区的军事集团,这是需要相当规模的兵力的。再往后,就有必要保卫铁路桥和重要车站。无论在什么情况下,对于在平津以南地区的主要铁路桥,都有准备对空防御的必要。

III. 政治情况恢复后的铁路线处理问题(仅为个人意见。绝密)

12. 在军事行动结束,华北形势恢复正常后,铁路基本上将根据以下步骤交给华北政府接管:

    a. 尽管在战争开始时,各条铁路都是独立运行的(平汉铁路和津浦铁路都像现在这样处于被切断的状态),但陆军会尽早将它们作为整体管控起来,并成立一个军事铁路委员会来统一这些铁路,所以整个华北的铁路都将连为一体。

    b. 要逐渐减少战争期间临时加强的人手,留下的人,在中国驻屯军铁道线区司令部的指挥下,将负责华北的军事运输和其它与之有关的业务。

    c. 当所有事务都得到解决之后,中国驻屯军铁道线区司令部将被取消,铁路将合并成一个系统。在华北政府交通部的管理下,雇佣日方顾问和/或一些铁路雇员。

附录：在取消中国驻屯军铁道线区司令部的同时，要向华北政府提出以下要求：

    1. 每条铁路上雇佣顾问和高级别的军官。

    2. 有权在铁路沿线重要地点对铁路和派驻的部队进行监视。

    3. 转让胶东铁路和陇海铁路徐州以东的部分。

    4. 有权建设新的铁路。

帕金森检察官： 尊敬的法庭，我现在要提供的是国际检察局第928号文书，之前已经把原始文书交给了书记官。

韦伯庭长： 按例允许。

法庭书记官： 检方第928号文书被收为第260号书证。

（上述文书被收为证据，并登记为检方第260号书证）

帕金森检察官： 我要说的是，尊敬的法庭，这份文书可能涉及辩方律师所提到的动机问题。

韦伯庭长： 同样按例允许。辩护律师可能要再次请求。

帕金森检察官：（宣读）

1937年部门报告，外交部秘书处发布，1937年12月1日
第二部分：人事部报告——第八节：中国事变（第80页）
第一项　为应对事件爆发而采取的人事管理紧急措施

关于1937年7月7日午夜在卢沟桥附近日中军队爆发的冲突，由于中国士兵违法开枪，帝国政府在7月11日的内阁会议上做出重要决定，在派遣前往华北方面采取必要行动。相应地，为加强帝国外交部门在华北的人手，我们根据驻营口副领事三村和职员片冈，以及驻郑家屯副领事有久和职员望月的电报——这两个地方的领馆计划很快关闭——根据他们电报的指示，等待被派

往华北的命令。此外,森岛参事官也在离开前接到命令,由他单独前往北平赴任。之前一直待在东京的米内山领事也接到未经正式批准的指示,准备被派往华北。因此,到了第二天,也就是7月12日,就向三村副领事和有久副领事下达了前往华北的命令。但是,就像日本大使馆发送给"满洲国"的电报中所报告的那样,这两位副领事,以及片冈和望月两位职员基本上已经完成了这两个领馆的收尾工作,并且已经为立即开始接受命令做好了所有准备。和上述提到的命令一起,片冈也收到了立即前往华北的电报指令。

帕金森检察官:现在,尊敬的法庭,因为错误——翻译处理上的错误,我想我必须偏离本应该遵守的程序顺序,向辩方律师咨询一个问题。

韦伯庭长:这会在某种程度上影响你证据的逻辑顺序吗?

帕金森检察官:会有影响的,阁下,但是影响不大。现在我想传唤检方证人朝见一男。

韦伯庭长:你可不可以先不要传唤这位证人,先提交更多的文书可以吗?印度代表现在不在。

帕金森检察官:这位证人和一份文书有关,阁下,只是为了鉴别这份文书。

韦伯庭长:嗯,很好。

(朝见一男,作为检方传唤的证人,首先照例宣誓,之后到证人席上)

帕金森检察官:我能否可以请求本法庭宽限一会儿,我需要和我的同伴商谈一下?

尊敬的法庭,鉴于我提到的错误的翻译而产生的一些问题,我发现我的同事无法当庭提供那份我打算给这位证人用的文书。

韦伯庭长：你是想让证人暂时退下？

帕金森检察官：是的，阁下。

韦伯庭长：我们同意证人暂时退下。

（证人暂时离开法庭）

帕金森检察官：那么现在，阁下，我要提交国际检察局第473号文书作为证据，这是外相松冈[1]的演说集。

韦伯庭长：按例允许。

法庭代理书记官：检方第473号文书被收为第261号书证。

（上述提到的文书被登记为检方第261号书证供识别，并被接受为证据。）

帕金森检察官：我可以继续念吗，阁下？（宣读）

外相松冈洋右演说集——1941

"八纮一宇"的重要精神源于我们国家从建国以来就有的传统，通常地说来，就是在全世界宣扬道德准则，让所有民族都适得其位。在根本上，帝国外交将在向世界传播这种重要精神方面扮演重要角色，并且要完成实现世界大同这一神圣的任务。但是，考虑到我们国家现在的情况，因为外交政策这一实际问题，在我们眼前不断地有类似的重要问题出现——比如像我们应该如何维持每年大量增加的日本人口，如何提高我们比其他欧美国家、大英帝国和美国明显低了很多的国家财富水平，等等。为了解决这些问题，政府这些年来一直试图通过对外贸易、移民和创办海外公司这些途径，在国外发展人口。但是欧美各国始终用禁止或者限制日本移民，对日本货物征收关税，以及使用每一种可用的其他方式，来对日本进行干扰。

---

[1] 即松冈洋右——译者注。

满洲事变是国家精神的一种升华,在某种程度上我们可以说,这是日本进行和平发展,反抗欧美势力压迫的爆发。

事实上,我对世界趋势进行了详细的观察,特别是日中关系以及两国在东亚的趋势等,并且很早之前就得出了这样一种观点,随着中国事变的爆发,这种观点更加牢固、深刻。当前的这场中国事变,它的性质,从根本上和那些因为帝王们的野心,或者是因为简单的物欲,抑或是因为传统/突然的感觉和冲突,还有因为资本主义国家间的功利冲突等原因所导致的战争是不同的;换句话说,中日冲突的根本原因在于意识形态。当然,其他次要的原因也许有很多,但要记住,最根本的是我们每个人必须很好地理解意识形态的冲突。多年来我一直竭力同他人就此事件进行辩论。我们必须始终牢牢抓住这样一种理念,那就是我们的帝国必须通过与中国的和谐合作来解决整个东亚地区乃至整个东方的问题。

总之,日本无意在这一地区像欧美所做的那样吞并领土,也无意利用他国;相反地,日本将使当地人从帝国主义的压迫中解放出来,像对待兄弟,而不是对待奴隶那样对待他们,并且和他们形成互相依赖的关系。帝国之所以打算执行这种政策,既不是因为我们要强制约束其他国家,也不是因为我们审时度势才要实行这些谨慎的措施,这么做,仅仅是因为我们对神的敬畏。我们的国家是一个神的国家——这意味着,在某种意义上,当我们的国家根据神的意愿前进,我们会变成一个美好的天堂;而如果违背了神的旨意,我们会遭到上天的惩罚。所以在执行我国外交政策时,"日本是一个神的国家"这一点需要被考虑进去。

我们的未来确实充满了艰难。我想,我们的国家首先必须努力将自己建成一个强大的军事国家,将1亿人联合起来,成为一体;同时,要与大东亚共荣圈建立密切的经济联系。作为特使前往荷属东印度公司的商工大臣小林[1]正抱着此目的与对方商谈，而另一位特使也将基于同样的目的被派往法属印度支那，而我们也很想与泰国及其他国家建立更加牢固的合作关系。顺便提一句，关于这个协议我必须再加一句，那就是我们该如何处理与苏联的关系。

"满洲国"建立之回顾

我很荣幸能在今天"满洲国"得到正式承认八周年纪念会上发言。

满洲可以说是我的第二故乡。我已经同满洲和蒙古发生了五次联系，一次是1932年就满洲事变前往日内瓦，其他四次则都是住在满洲——时间从30年前我第一次作为一个27岁的年轻官员来到满洲，到去年我卸下满铁总裁职务为止。当我们将事件发生前的满蒙同今天的"满洲国"进行比较，这两者就好像属于截然不同的时代。世界历史上从未有过这样一个国家，在仅仅8年的时间里进步如此之大；回想事件前满蒙的情形，简直无法描述。我们以牺牲10万条生命以及在中日和日俄战争期间欠下的20亿国债为代价所换来的权益，因为受到某些欧美国家以及中国和蒋氏家族的阴谋算计，加上自身外交的软弱，在这双重阻碍下，这些权益到最后几乎处在消失殆尽的边缘。不久以后，我们的人民就已经忘记，或者是冷漠地看待现实了——而现实就是，我们之前付出了沉重的代价，满蒙对我们国家的存在是必不可少的；更确切地说，满蒙是我们的生命线，也对整个东亚局势至关重要。这应该就是现在这种可怜的情况所发生的原因之一。对中国人撤出南满铁路、旅顺港和大连港后欣喜若狂的同时，有这样一些人，甚至是在

---

[1] 即小林一三——译者注。

著名的政客中，都有人肆意呼吁放弃满蒙——因为要与中国人建立合作关系；而中国方面，伴随着与日俱增的放肆、对我方频繁的抗议，还有对协约规定的无视，中国人建立起了一条同满铁平行的铁路线，甚至打算最终建成一条迂回路线，计划对我方在满蒙，以及在满铁的地位和权益进行冲击；而那时候，我们对这些肆意妄为的行为进行还击的方式，就只是进行一遍又一遍的口头抗议，中国因此就变得愈加得肆无忌惮，并且想要用一点的努力就把日本从满蒙的土地上驱逐出去。即便如此，我们的人民依旧很冷漠，而对此本来就持严重错误观念的政府，表现恭敬，甚至是阿谀奉承的。我们的政府和人民所表现出来的漠视和唯唯诺诺的态度，助长了中国从抗日到对日本人进行侮辱的气焰，并最终导致了类似1931年万宝山事件，以及屠杀中村上尉等恶劣事件的发生。但那时的政府当局依然保持镇定，好像根本不觉得惊讶。当然，他们在这件事上以最质朴的方式表达自己的愤怒，保持着沉着和冷静，但我们20万当地居民和帝国陆军却忍无可忍了；于是，满洲事变顺理成章地爆发了，我们群情激奋。现在回想此事，我相信，在柳条沟的那次反击本身就是一次积极的反攻，是日本精神的升华，并将日本民众从长期的沉睡中唤醒，也使得日本精神得以复活，开始展示日本帝国的真性情。如果不是这样的话，现在掌控满蒙的又会是谁？不仅如此，日本现在又将倒在何方？每当我想象着这种事的时候，我都会陷入深深的恐惧中。中国向国际联盟提出了诉讼，而那时候的政府里面、民众当中，很多信奉国际联盟至上或是类似原则的人，内心都有深深的恐慌，而不是充满敬重。国际联盟的权力控制着日本，并向远东派遣了著名的李顿调查团，像对待被告一样对待日本。无论是日本的政府还是人民，甚至都没有拒绝调查团和它的同伙在那里气势汹汹地进行调查，就好像对他们没有感觉，或者说是害怕他们。那时候，你们可能已经忘了日本唯唯诺诺的那一面了。如果这事发生在现在，情况又会怎么样？我想，他们不会再是这样的一副盛气凌人的面孔——就好像被出卖了一样，而是会说，我们会对你们的争端做出判决，即便不做判决，我们也会解决此事。这样想想，我们就会对时代的变化感到惊讶。看到现在光辉闪耀的日本帝国，我们的人民也不应该忘记，在过去的那些日子里，我们的国家也曾有过令人羞愧、难看的统计数字。如果你们堕落到忘记这些，你们一定会再次经历过去那些可怕的遭遇。他们试图在《李顿报告书》上记录满蒙——这是他们从没有流过一滴血，没有碰过一下的地方，还试图根据他们的建议，将这两个地方置于国际管辖之下。我相信之前的人类历史上怕是再也没有这样的例子了——那么荒谬，那么可笑，强迫一个大国接受这样一个明目张胆的阴谋。但是从当时的情形来看，究竟是他们错了，还是日本自己的错误导致了这样一种不合理的态度，受到了别人这样的侮辱，这是个问题。我想，那时政府和人民的意愿，或者说是态度，应该也要负一部分责任吧。

复活了的日本精神已经一天比一天鲜明，日本最终拒绝接受这样的算计和建议——也就是说，1931年2月24日那一天，和1929年9月18日一起，是大和民族不该遗忘的纪念日；始于柳条沟反击的日本精神复兴，在退出国际联盟后得以实现；1931年2月24日那一天，当日本帝国勇敢地向现代文明的特征之一——伪善发起挑战时，这一刻，将被永久地载入史册。这是日本引领世界走向建立真正和平的一天；这一天，是给虚假现实的最后一击。那几天，在我的告别晚会中我说到，那个因为鲁莽而行动（国际联盟第十九届大会决议）的人不会是日本，而是国际联盟；但我很好奇，国际联盟现在在哪里，正在干什么。所以，复兴后的日本帝国和日本精神，从那时起就迅速向前迈进；在九年里同全世界一起冲刺后，日本就陷入了很严重的局面——这就好像一场梦，有太多的变化。

当我们回想起九年前那个难看而又无精打采的日本时，我不禁对现在的日本如此之绚烂而感到讶异——这岂止是属于不同的时代啊。像我们这些对满蒙三十多年情况有些了解的人，看到今天的"满洲国"——仅仅诞生于八年前的"满洲国"，都感到相当的不可思议。我一直坚持这个看法：满蒙对整个东亚局势的稳定起到了关键作用——直到今天我依然对此坚信不疑。关于大陆政策，我们的神圣任务——将会在亚洲实现的神圣任务，它的基础依然在于满蒙，并且这种情况在未来半个世纪基本不会改变。"满洲国"的建立是重建东亚新秩序的第一步，同时也是建立世界新秩序的先驱，它的地位在世界史上可谓重要异常。当重建亚洲新秩序——这也是我们现在竭尽所能在做的——当这项工作完成之时，也就是满洲事变真正意义首次得以实现之时。从满洲事变至今，在东亚发生的所有变化就是——更确切地说，就是合而为一。当中国事变从根本上得到解决，并且东亚新秩序的重建与国内事务的安排已不可再分时，满洲事变和"满洲国"建立的真正意义就将变得清晰可见了。

尽管我们梦想着在东亚，乃至在全世界重建新的秩序，但在国内事务中保持这样一种现状，这种想法也是行不通的。我坚信，只有当我们的国家建立一个能得到全民族支持的政治组织，并且以真正优越的民族政策为基础时，东亚新秩序，不，是世界新秩序才会建立起来；那时，将会全面彻底地表现出"所有人都诚心诚意的团结在天皇周围"的真正的日本极权主义，也能用帝国自己的方法来实行外交政策。在今天这个非常时刻，当我们再次想起"满洲国"的重大意义，回想"满洲国"建国前后的环境，再想到将来的人很难正视这场前所未有的轰动，也很难理解世界的困惑，作为东亚人，我们禁不住感到激愤。在"日出东方"以及"秩序由我"的强烈信念下，我们一定要下决心克服各种艰难险阻。

韦伯庭长：好吧，现在休庭。明天下午我们计划 15 点开庭。现在开始休庭，13：30 开庭。

（12：00 开始休庭）

（再次开庭）

法庭执行官：远东国际军事法庭现在再次开庭。

韦伯庭长：帕金森检察官。

帕金森检察官：尊敬的法庭，从刚才中午休庭前庭长阁下的话中判断，庭长不希望在有法官因不适而缺席的情况下提出口头证言。因为看到有人对证人退席有一些争议，我想，法庭是否同意，周一上午再传唤证人到庭。

韦伯庭长：你可以那么做。

帕金森检察官：但我希望请求法庭能对另一位证人宽容一下。我原本就计划好让他出庭的，之前这位证人——伊藤先生，他已经做过证，现在就只要说明一点。负责证人的威廉斯建议我，这位特别的证人来这儿很不容易，而且如果停留时间长的话，也比较麻烦。尊敬的法庭，我希望从这位证人这里套出的只有一点：确定他如实地向他的国家报告了南京的情况。

韦伯庭长：我们允许你就这一个问题传唤他到庭。

……

帕金森检察官（继续）：尊敬的法庭，我提出国际检察局第 1862 号文书，标题为："松井司令官声明，1937 年 12 月 18 日。"

韦伯庭长：按例允许。

法庭书记官：检方第 1862 号文书接收为第 262 号书证。

（检方第 262 号书证被接受为证据）

帕金森检察官：（宣读）

松井司令官声明[1],1937 年 12 月 18 日。

继 17 日举行威风凛凛、盛况空前的南京入城式后,18 日我中国派遣军司令官松井将军主持了阵亡官兵慰灵祭。当天下午 4 时,作为南京入城后的第一次讲话,司令官特地发表讲话,表明南京沦陷后皇军坚定态度的同时,期望国民政府及中国朝野反省,并重申如下恩威兼顾、情理兼具的重大声明:

我军占领了南京,并于 17 日举行盛大入城式。18 日举行了慰灵祭。为迅速适应今后的作战,将进行新的部署。部分队伍直奔江北,另一部直下浙江、安徽地区继续作战。由于全军自登陆 4 个月来,不断进行大会战,并不间歇地进行追击战,部队已疲惫不堪,需要一些休整。因此,在现阶段,军队需要休整,需要添置军事设备,要控制作战地区的警备工作和对战区人民的宣传安抚工作,同时为下一场战役做好准备。今后军队如何作战,则要看蒋介石及国民政府的态度。

虽然现在还无法定论,不过,我认为江南地区军民,通过过去的战斗,感受到皇军的震慑力。而且,我相信这自然也让国民政府进行了真正的反省。

当然,此次征战让中国军民蒙受重大损失,我本人也深表同情。因此,希望国民政府迅速反省,希望中国军民信赖皇军,希望友好事业早日实现。但是,如果国民政府仍无反省之意,军队任务就是决意前进,直至国民政府逐渐认输。天气寒意渐浓,年末在即,此刻,促使军民反省的同时,军队要伸张正义。今天,我们追悼我军阵亡官兵,这是为了慰藉阵亡官兵,但这绝不是仅仅对于日本

---

[1] 以下"松井司令官声明"的译文选自张宪文主编:《南京大屠杀史料集》(第 71 册),江苏人民出版社、凤凰出版传媒集团 2010 年版,第 45~46 页,编入本书时做了部分修改——译者注。

官兵,对导致东亚局势如此的国民政府所虐待的中国军民也是一样的。尤其对深陷战争中的几百万江浙地区无辜人民所受到的伤害,我也痛心不已。如今,太阳旗飘扬在南京城内,江南地区皇道复兴,东亚复兴的曙光即将来临。值此之际,期待中国4亿人民反省。

帕金森检察官:(继续)现在,尊敬的法庭,我要提出检察官第766号文书,"美国海军调查委员会对'帕奈'号炮艇事件的事实认定"。

韦伯庭长: 山冈律师。

山冈辩护律师: 尊敬的法庭,基于多个理由,我对这份文书的引入提出反对,请求本法庭宽容,听我阐述理由。

尊敬的法庭,关于这个事件的实际情况,几乎是在本法庭的司法认知范围内的。这个不幸的事件发生在1937年的12月12日。那天,日本政府向美国驻东京大使送去了致歉说明,而美国则在1937年的12月14日也回复了一份声明,要求日方正式道歉,并且进行全方位的赔偿。

韦伯庭长: 你是要让我们知道有关这件事的司法知识,而且还在陈述事实。

山冈辩护律师: 尊敬的法庭,我请求法庭能够宽容地回想起这些事。这就是我要说的全部。

韦伯庭长: 我恐怕你对司法认知这个原则依赖过多,因为就算假定我们可能知道多少,如果没有这些帮助,我们对此也了解甚少。检方给我们的信息很有用,让我们重新想起了这些事。

山冈辩护律师: 我可以继续吗,阁下?

韦伯庭长: 继续另一个要点;我们驳回你关于司法认知这个观点。

山冈辩护律师: 除了这是不是一个司法认知的问题,我可不可以请求法庭注意一下有关这个事件的某些真相呢?

韦伯庭长: 说得简略些,山冈律师,一般这些要点的讨论都比较简单。

山冈辩护律师：那么，我希望向本法庭指出，这件事美国政府是有抗议的。日本政府向美国政府做了正式的道歉，并向美国保证不再发生类似事件，还同意向美国政府和美国国民进行赔偿。

韦伯庭长：对于提供的这些证据不予受理，但是我们评估证据时也会权衡。

山冈辩护律师：但是，尊敬的法庭……

韦伯庭长：你还有别的问题吗，山冈律师？

山冈辩护律师：尊敬的法庭，我希望指出的是，这件事在两国间已经了得到解决，我认为现在不是在本法庭重开这个话题的合适时机。

韦伯庭长：美国只是一个国家，可这里有十一个国家的法官。

山冈辩护律师：但是，尊敬的法庭，我们担心的是某些原则。我们已经知道了某些政府的政治行为，而通常，政府的政治行为是不会在法庭的合法程序中被复审的。

韦伯庭长：我们已经很明确地接受这份证据了，你向我们强调的这些因素，我们会在讨论证据价值的时候，在一定范围内予以考虑。

山冈辩护律师：尊敬的法庭，我还有一个意见。我之所以提出这个异议，是因为我们已经结束了这个事件的讨论；如果要重启这些问题，我们不知道这些在外交层面已经得到解决的事务要用到什么程度才能被推翻。

韦伯庭长：这仅仅是日美关系中的一个独立事件。

山冈辩护律师：嗯，但是如果仅仅是宣读，本法庭的规则会考虑它，是不是？尊敬的法庭？

韦伯庭长：我们接受证据，也会考虑你强调的这些事。反对无效。

法庭书记官：检方第 766 号文书收为第 263 号书证。

（检方第 263 号书证被收为证据）

帕金森检察官：我能继续吗，阁下？

韦伯庭长：可以。

帕金森检察官：（宣读）

美利坚合众国海军部，华盛顿特区，1946年2月21日

奉美国亚洲舰队总司令之令，在"奥古斯塔"号美国军舰上就有关1937年12月12日，美军"帕奈"号炮艇在中国吴淞上游221海里的长江上遭轰炸和损失一事之所有情况进行法庭调查，此附件即为法庭认定的直接复印件。特此证明。

美国海军部档案
签字：G.L.罗素
海军助理军法长

致海军部长办公室

签署上述证明的G.L.罗素，签字时是海军助理军法长，他的证明是完全真实、可信的。

关于那事情的证词，我谨于1946年2月21日亲手签署并加盖印章。

签名：O.S.科尔克拉夫
海军军法长

致海军部长

在对所有事实和有关情况进行彻底调查后，本法庭做出如下认定：

事实认定

1. 1937年12月12日，合众国亚洲舰队长江警备队"帕奈"号炮艇在长江上的行动是根据合法指令进行的。

2. "帕奈"号炮艇的直接任务就是保护美国国民，维系美国驻中国南京大使馆与美国驻中国汉口大使之间的联系；在南京因军事活动而处于危险境地的情况下，向美国大使馆工作人员提供临时办公场所，并向美国和其他国家人民提供避难场地。

3. 鉴于南京周边炮火密集，"帕奈"号炮艇多次更改停泊位置以避免受到直接攻击。1937年12月12日早上，它守护着美孚石油公司的油轮——主要为"梅平"、"梅夏"和"梅安"号，并向上游前行。

4. 始终采取足够的措施确保日本当局知晓"帕奈"号炮艇的行动。

5. 除了一般的定员，那时"帕奈"号炮艇上还有4名美国大使馆工作人员，4名美国公民以及5名外国公民。

6. 9:40，"帕奈"号向上游航行时，为回应日本登陆舰发出的信号，还停了一会儿，登陆舰上的一个日本陆军军官和警卫登上"帕奈"号炮艇，被告知"帕奈"号炮艇和护卫舰正在前行，并将在南京上游28英里处停泊；但他们没有对"帕奈"号会遭遇到什么样的危险发出任何警告。

7. 1937年12月12日11:00左右，"帕奈"号炮艇和油轮在南京上游28英里、吴淞上游221英里处的长江下锚，集合在一起停泊。

8. 上部设施和烟筒为暗黄色，其他都喷涂成白色的"帕奈"号炮艇，在最上层甲板掩盖物上水平展开两面大型宽幅的美国国旗。此外，桅杆上也挂着很大的美国国旗。

9. 美孚石油公司船只"梅平"、"梅夏"和"梅安"号，每艘船都横横竖竖挂着许多美国国旗，而且都是巨幅国旗。

10. 13:30，"帕奈"号炮艇上的全体工作人员都在参加传统的周末活动，除了一支八人的访问团在"梅平"号上，其余人都在"帕奈"号。

11. 大约在13:38分，观察到三架日本大型双引擎轰炸机在高空排成 V 字形编队,从头顶飞过向下游飞去。当时"帕奈"号炮艇和护卫舰周边没有其他战机,所以没理由认为炮艇是处在危险区域内的。

12. 在没有警示的情况下,这三架日机投掷多枚炸弹,其中一两枚击中或与"帕奈"号船舷距离十分接近,其他炸弹则击中或是十分接近"梅平"号。

13. 第一波轰炸对"帕奈"号造成重大破坏,导致前部 3 英寸炮无法使用;重伤船长及其他人,驾驶室和船上医务室也遭到破坏,无线电设备和蒸汽锅炉房被损毁,使得炮艇失去全部动力;轰炸还导致船体漏水,使得船首向右倾斜,并最终导致了炮艇的沉没。

14. 在这之后,紧接着又有六架单引擎双翼飞机从前部进攻,专门进行俯冲轰炸,似乎是集中进攻"帕奈"号;这些飞机总共投下约 20 枚炮弹,其中很多在离船很近的地方爆炸,产生烟雾和冲击,对船本身和船上的人员造成严重伤害。轰炸持续了约 20 分钟,这期间,至少有两架战机携机枪扫射,其中一架直接击中炮艇上运送伤员上岸的小船,导致多名伤员再次受伤;子弹亦将小船击穿。

15. 在整个轰炸期间,天气晴朗,能见度很好,也没什么风。

16. 参与轰炸"帕奈"号及被护送船只的战机,从其标识来看,是日机无疑。

17. 第一轮轰炸过后,防空岗位人员立即就位,使用 30 毫米口径的机枪炮开火,并在余下的对抗中对日机发动了进攻。3 英寸的大炮没有安排人员,也没有在任何时候使用 3 英寸的炮弹开火。这与船舶的防空法案要求一致。

18. 在轰炸中,很多人因为飞溅的碎片和冲击而受伤。对于第一轮的攻击,每一个人都很震惊;船长髋关节骨折,重度休克;不久,副艇长安德斯上尉也被一块碎片击中喉部和手而无法说话,轮机师盖斯特上尉的腿部也被碎片击中。比维斯少尉也受到严重冲击,身上的衣服被爆炸的气浪吹走。以上包括了炮艇上所有的现役军官。艇长受伤失去指挥能力,副艇长接过他的职责,通过手写发布命令。副艇长发布指示要确保机密文书的安全,开始起航并且将船拖到岸上,但因为炮艇受损严重,无法启航。

19. 大约在 14:00 左右,艇长认为炮艇已经回天乏术,又考虑到伤员的数量以及用两艘小船运送伤员上岸的时间,于是下令弃艇。这项工作在 15:00 左右完成,这时,炮艇的主甲板已经被淹没,"帕奈"号似乎正在下沉。

20. 所有重伤员都在小船的第一批运送中被转移上岸。艇长以自己的职责为由反对登船。副艇长在因伤无法继续指挥的情况下,乘坐倒数第二班船离开了炮艇。比维斯少尉则一直留守,直到最后一班船来才离开。

21. 在放弃"帕奈"号炮艇之后,水手长马尔曼和一等水兵机械员维盟士乘坐其中一艘小船返回"帕奈"号,去拿回贮备的物品和药物。在他们返回岸上的途中,一艘载有日本武装人员的日本汽艇接近"帕奈"号,并使用机枪开火;接着又沿着炮艇边上过来,然后登艇,又在五分钟之内离开。

22. 15:54,就在日本登艇人员离开后不久,"帕奈"号向右侧翻转,沉入 7 到 10 英寸深的水中,方位大概是北纬 30°44′30,东经 117°27′。几乎没能抢救出任何有价值的政府财产。

23. 在"帕奈"号上的幸存者们到达左岸堤坝时,考虑到本身的伤势,以及余下的那些军官们所受的伤势和冲击,再加上需要努力救治伤员,舰长要求未受伤的美国陆军罗伯茨上尉作为他的临时代表,依据他的指挥行动。罗伯茨上尉熟悉陆地作战,并且通晓中文。罗伯茨上尉一直到 1937 年 12 月 15 日返回美国舰船"瓦胡"号之前,都行使该项职责,表现出色。

24. 美国大使馆工作人员艾奇逊和帕克斯顿在上岸后提供了

非常有价值的服务,他们对这个国家及其语言的了解,以及他们的足智多谋和明智的建议,对保护大家的安全贡献很大。

25. 在上岸50个小时后,大家返回并登上美国舰船"瓦胡"号和英国皇家"瓢虫"号海军炮舰。而在这50个小时的时间里,每一个当事人都遭受了诸多困难,并且受冻,在中国人的友好帮助下,情况才得到些许缓和。

26. 这场前所未有并且意想不到的野蛮轰炸,从一开始,一直到当事人最终返回,"帕奈"号炮艇上的工作人员和乘客都经历了严重的危机和持续的困难。即便在这种情况下,他们的行为仍然保持着海军勤务的最佳状态。

27. 在"帕奈"号的乘员当中,桑德罗·山德里因伤于1937年12月13日13点30分离世,约翰·霍尔·帕克斯顿、埃米尔·凯茜和罗伊·斯夸尔斯3人受伤。

28. 早在轰炸一开始,美孚石油公司的油船就开走了。"梅平"号和"梅夏"号也在开元码头〔1〕安全停靠,"梅安"号因丧失行动能力,在离下游方向很远的左岸边搁浅。所有这些船都在第一阶段的轰炸中受损。"梅平"号上的大火被来自"帕奈"号上的八名同僚扑灭,而他们却再无法回到自己的船上。

29. 对"帕奈"号的进攻停止后,"梅平"号和"梅夏"号也受到日军轰炸机的进一步攻击,遭到炮火攻击并被损毁。就在这场轰炸之前,在码头附近岸上的日本陆军分队试图通过挥舞日本国旗来阻止这场轰炸,但是他们没能成功,还有多人伤亡。"梅安"号船长卡尔森因而被炸死,马歇尔、瓦因斯和皮克林3人受伤。这些船上伤亡的中国人众多,但是无法计算确切的人数。

30. 在试图努力扑灭"梅平"号上石油和汽油燃烧的大火但遭

---

〔1〕 音译——校者注。

到失败后,"帕奈"号上的船员从"梅平"号上离开并登陆到岸上,他们是:总机械师韦尔农·帕克特大副、炮手格拉内斯一等兵、一级水兵德因霍夫尔、总药剂师托马斯·科尔曼、炮手约翰·邦科斯基三等水兵、电工雷蒙德·布朗宁三等兵、司炉工约翰·霍奇一等兵,以及机械师霍伊尔二等兵。这些人遇到了岸上的日本士兵,在知道他们是美国人后,日本兵没有对他们做出不利的举动。

31. 所有从"梅平"号上撤下的"帕奈"号船员,除司炉工约翰·霍奇一等兵外,其余人均被一同留在岸上,直到第二天英国皇家军舰"蜜蜂"号来营救他们。约翰·霍奇则前往芜湖,并于1937年12月14日乘坐日本海军飞机回到上海。

32. 在搜寻并营救幸存者的过程中,海军上将霍尔特以及英国皇家军舰"蜜蜂"号和"瓢虫"号上的同仁提供了极有价值的协助,他们在极为严峻的条件下显示出团结互助的美好精神。

33. 保管员查尔斯·恩斯明格一等兵因在"帕奈"号遭轰炸中受伤,于1937年12月13日13:30在中国和县去世。他的去世不是因为自己处置不当,而是因公殉职。

34. 舵手埃德加·赫尔斯布斯因在"帕奈"号遭轰炸中受伤,于1937年12月19日6:30在中国上海去世。他的去世不是因为自己处置不当,而是因公殉职。

35. 重伤人员名单略。受伤原因不是个人处置不当,而是因公受伤。

36. 轻伤人员名单略。受伤原因不是个人处置不当,而是因公受伤。

37. 以下物品未能抢救出来:航行日志、指挥官夜航命令簿、记录有船只航行情况的表格、工资账目、服役记录、官兵总名册、公共款项以及公共凭证。所有的健康证都被保留下来,并由"帕奈"号上的军医转交给了合适的机构。

38. 某些秘密和机密的文书弃艇后被留在了艇上,放置在一个秘密保险箱中。

尊敬的法庭,我现在要提交检方的下一份证据,国际检察局第 488 号文书,标题为"桥本欣五郎:《革新的必然性》(节选)",原件……

韦伯庭长:按例允许。

法庭书记官:检方第 488 号文书收为第 264 号书证。

(检方第 264 号书证被收为证据)

帕金森检察官:(宣读)

桥本欣五郎:《革新的必然性》(节选)[1]

我所在的部队原计划是过芜湖后攻打南京,然后逆长江北上。但是在攻陷南京前两天,我们意外接到命令,要我们攻击所有北上的运载撤退的中国士兵的船舶。于是我们马上返回芜湖,在沿江地区安排了长达 4 公里多的大炮阵,有重炮、野战炮及机枪等。正巧此时,在芜湖下游几千米远的长江南侧出现了几艘船舶,船上搭乘的似乎都是战败的中国兵,于是我们就向他们开火。

我听说这些船舶中有一艘是属于英国的,也被我们的炮弹击中了好几处,后来这便成了一个问题。但是作为皇军,我们只是采取了适当的措施而已。

此刻,还发生了一件有意思的事。在炮轰了英国军舰和攻陷南京之后,有一艘日本驱逐舰出现在芜湖的江面上。我立即要求

---

[1] 以下"桥本欣五郎:革新的必然性(节选)"的译文选自张宪文主编:《南京大屠杀史料集》(第 71 册),江苏人民出版社、凤凰出版传媒集团 2010 年版,第 52~54 页,编入本书时做了部分修改——译者注。

它停下,于是舰长海军少佐过来见我们。在彼此交换了信息以后,我对少佐说:"说实在话,我们目前正处于没吃没喝的困境,如果你们有,能否匀给我们一些大米和清酒?"他当即答应了,说他将派他的人送来。

"这就好了。"我们说,于是便急切地盼着。一会儿,几个海军陆战队士兵送来了米,但是他们说没有清酒了。那位船长的传令兵则告诉我们:"我们原来是有清酒的,在从南京过来的时候,我们击沉了无数游弋在水面上运载中国士兵的船只。一想到这些敌军都喂了长江里的猫鱼,我们感到无比欢畅,禁不住将清酒都喝了来庆祝我们的胜利。我们很抱歉没有省给你们一些。""好的。"

在那时候,即便英国的军舰要过芜湖都不能不受炮击,中国的船舶更不用说了。江的对岸已经被日军占领了,因此跳到船上的战败的南京士兵,既不能逆江而上,也不能沿江而下。敌军的船只如同是一条大蛇吞下了一只象,在南京和芜湖之间被逼得走投无路。想到我们的驱逐舰给予敌军的毁灭性的打击,我们十分开心,战事卓有成效,真是令人高兴的快事。

新制度的首要一点是大力彰显我们的国策。就是我们的政治、经济、文化、国防以及其他一切都必须以天皇为中心,整个国力集中在一个点来展示。特别是政治、经济、文化等方面过去曾被自由主义和社会主义者所掌控,我们必须按照"皇道一体主义"来重新组织。

我们新制度是所有制度中最强大和最伟大的,同时也决定了我们国家今后1 000年的趋向。世界上有那么多的国家,但绝对没有一个国家可以同我们民族血一般的团结相比较,它使得以天皇为中心的统一体成为可能。

从这意义上来说,新制度不仅使我们发展"八纮一宇"原则在目前世界的纷乱中得以成功,并且还能将危机转化为天赐良机,使我们抓住带领世界走向新世界秩序的缰绳。中国事变或可称为是构建世界新秩序的开场战。

因此新制度彰显了我们民族在此危机时刻的理想特征,同时也只有新的制度才能为彰显"八纮一宇"原则开辟道路,引领世界走出疯狂的混乱。所以这不仅是一个意向问题。如果认为这是我们国策的需要,那么当形成决策的环境消失以后,新制度也就没有必要了。举例来说:假若我们向美国、英国妥协,新的制度也就不是必需的了。而新制度目的是建立世界新秩序,形成我们民族国家特色制度,不论环境如何发展,以"八纮一宇"的原则来引导环境,并以我帝国的原则方法涉足全世界,来彻底解决目前的危机。

一种论调是除非为了避免事变解决过头,我们和美、英联合,否则中国事变是难以解决的。事实是当我们要把英国人和美国人赶出中国的决策制定以后,中国会开始向新的秩序迈步的。当我们下决心和德国、意大利组成联合战线,欧洲的局势也将要比我们想象的要提早结束。只有我们排除了必须依靠英国和美国的想法,计划建立一个日本、"满洲国"和中国自给的经济体,我们才能实现我们军事、生产力的扩大而不受美国、英国的影响。政府有没有研究和制定过关于消除亲英美策略以巩固我们的经济计划呢?我们会失去大不列颠王国和美利坚合众国,但"满洲国"、中国和南洋将属于我们。

当然,要花很大的力气组成这个集团,而且这还不能简单地和亲英美政策相提并论。但是我们面对前线作战的不屈不挠的士兵,就可以知道事情越是困难,结果才是血肉的真实。用自己的艰苦卓绝劳动取代依赖外国的物质资源,才是我们国家所持态度。

只有我们坚信和德国、意大利联合,清除英美在中国的影响,采取一定的措施和计划来解决事变,才是我们国家应该采取的步骤,才能制定国家的各项行政计划,决定人民的目标;而人民则是不怕艰难困苦的,他们热切地怀着对未来的希望,为解决事变而奋斗。政府是不是并不打算努力地去实现这些计划,因为他们从自身考虑认为这完全是一种理想而没有实践的意义呢?现在已经到了在维持或破坏现状之间做抉择的时刻了。妥协是不能容许的。我们向米内首相呼吁,请求政府对这些事情做出决定。

帕金森检察官:尊敬的法庭,我现在要出具国际检察局第852号文书,内容是关于1937年英国大使上海遇袭事件。

韦伯庭长:按例允许。

法庭书记官:检方第852号文书收为第265号书证。

(检方第265号书证被收为证据。)

布鲁克斯辩护律师:尊敬的法庭,如果可以的话,我想请求检方提供给我方上一份证据的日期,以及做了如此陈述的当事人的情况。证据里面没有显示。

韦伯庭长:日期是1937年9月21日,是日本外相给英国驻东京大使的一封信。你指的是哪份证据?

布鲁克斯辩护律师:是第264号证据,就是说要请示米内[1]的陈述,但是没说是什么时候做的。我认为要是检方有这些信息,我们这里应该能看到,这样能省很多麻烦事。非常感谢。

韦伯庭长:帕金森检察官,本法庭也想知道你是从哪里得到的这份证据。是从书里还是宣传册得到的?

帕金森检察官:尊敬的法庭,那些都是摘要,是摘自桥本欣五郎的

---

[1] 即米内光政——校者注。

著作——《革新的必然性》中的一卷。我们计划将此书的所有卷本都提交给秘书处。但是现在需要进行一些额外的处理。

韦伯庭长：你能上交你已经有的资料吗，帕金森检察官？

帕金森检察官：阁下，我有点听不清您讲的话。

韦伯庭长：算了。

帕金森检察官：那份证据的原稿已经提交了。

韦伯庭长：好吧，继续念这封信。

帕金森检察官：（宣读）

日本政府有关中国事变声明（第一卷，1937年，节选）

日本外务大臣答英国大使函[1]，1937年9月21日

大使先生：

有关英王陛下驻中国大使许阁森爵士受伤事件，我已于1937年9月6日临时简复。现荣幸地敬告阁下，在上海及其附近的调查已经结束，日本政府愿答复如下：

……

2. [2]作为十分认真调查结果，情况如下：8月26日下午在距嘉定东南3公里处有两辆被确认为载乘中国官兵的军用客车或卡车。该处为中国军队集结的地方，自8月18日起，不仅日本飞机多次对该处进行了袭击，并且还时有日中两国空战发生。

3. 鉴于目前难以进行现场调查，在已经收到的各项报告中，有关大使受伤时乘坐车辆的位置，说法略有不同，但可以肯定的

---

[1] 以下"日本外务大臣答英国大使函"的译文选自张宪文主编：《南京大屠杀史料集》（第71册），江苏人民出版社、凤凰出版传媒集团2010年版，第55～56页，编入本书时做了部分修改——译者注。

[2] 英文庭审记录原文无第一项，而日文庭审记录中此处无序号——校者注。

是,在首次通报大使受伤的地方,没有日本飞机进行过机枪扫射或投掷过炸弹。

但是,日本和英国当局同时进行的详细调查可以得出结论,那辆汽车的位置可能在嘉定南面6英里处,而不是英国早先报告中所述的太仓南面6英里。

4. 根据各种情况来看,日本政府认为事故的发生是由于日本飞机误将大使的坐车当作军用车辆了,大使也因此受伤。

由于日本飞机的上述行为,尽管不是出于故意,日本政府希望能向英王陛下政府正式转达日本政府对此表示深深的遗憾。

5. 至于对飞行员的惩处问题,毋庸置疑,一旦事情查明,若是飞行员出于故意或疏忽而致第三国人民死亡或是受伤,日本政府将采取适当的步骤处理。

6. 诚如9月6日即时简复所示,我方已再次向我在华军队指示,必须十分注意保护非作战国的安全,日本政府希望,同时也是政府的政策,即将目前存在的由于对中国的战事而造成对非战国的危险缩小到最低的程度。

借此机会,我再次向阁下致以崇高的敬意。

致英王陛下驻日本国大使
罗伯特·莱斯利·克雷吉爵士阁下

韦伯庭长: 我们现在休庭15分钟。

(14:45至15:00休庭)

(之后再次开庭如下)

法庭执行官: 远东国际军事法庭现在再次开庭。

韦伯庭长: 帕金森检察官。

帕金森检察官： 尊敬的法庭，我现在要提交检方下一份证据，国际检察局第1504D号文书。这份文书摘录自《东京周报》（1938年3—4月）的第1和第2页，原件已经存案备查。

韦伯庭长： 按例允许。

法庭书记官： 检方第1504D号文书收为第266号书证。

（上述文书被登记为检方第266号书证，并收为证据。）

帕金森检察官：（宣读）

《东京周报》，1938年3-4月，第1-2页：

文部省：日本精神——在中国事变上的意义[1]

近来事态发展可以清楚地看出中国事变进入到一个战斗之前所未有的、具有创意的、更加积极而具有深远意义的新阶段。日本初始对待中国国民政府和中国军队的政策是予以惩罚性打击的同时，期待他们能意识到抗日主张是一种灾难性的错误，从而回到促进两国友谊和合作的理性的轨道上来。

然而，国民政府和中国军队坚持他们的盲目性；即便如南京陷落如此重大的打击也未能唤醒他们对其所面临严重局势的认识。他们盘踞中国内地，招募士兵，进口武器，依靠第三方国家的援助，而置他们国家的灾难和百姓的苦难于不顾。

于是，日本政府在1938年1月16日发表了重要声明，表明决心："不以国民政府为对手。"简言之，日本放弃了和民党和平解决事变协商的种种希望，转而期待并帮助在华北建立一个新政权作为中央政府，为东亚建立公正秩序努力。

---

[1] 以下"文部省：日本精神——在中国事变上的意义"的译文选自张宪文主编：《南京大屠杀史料集》（第71册），江苏人民出版社、凤凰出版传媒集团2010年版，第57~58页，编入本书时做了部分修改——译者注。

日本目前在中国行动的最终目标,已如官方公开申明过的,完全是为了消灭妨害东亚和平安全的因素,使世界上这个地区的国家在坚决建立不仅在国内生活而且在国际关系方面的独立民族的同时,能共享我们理想中的共存共荣。一旦我们不能成功地解决目前的事变,整个东亚便限于西方国家可能处于利益冲突引发的混乱之中,日本的生存也将受到威胁。因此我们必须号召全国团结一致应对危机。

日本在亚洲行动的非自私性,远非领土企图可比,而应追溯到日本2 600年光荣历史来理解。"八纮一宇"这个理想是日本帝国的创始人神武天皇即位时便制定了的,帝国是按照这个理想来建立的,并构成了日本国计民生内外政策的基础。"八纮一宇"用现代生活来理解,意味着一种生存状态,其间个人、大众、国家在人类生活的所有的阶段,都有其不同的、独特的、合法的位置,他们独立生活,但同时互相帮助,友好合作。

这种理想和精神,即便处于目前危急状况下,仍是我们目的和行动的指导。全国民众深信,当前的局势是天意,是给我们一个机会去实现我们民族崇高的理想,并将最后证实,这是整个世界最大的利益。依照这个观点,中国事变则是日本先辈赋予现代日本人的历史任务。很清楚,我们接受的神圣任务是为我们祖先,为我们的繁荣富裕——更是为我们的子孙后代,我们必须将成功执行的结果传给他们。

对国家的全心奉献和感恩服务,一直是日本人的光荣传统。日本民族生活的基本特点在于紧密和协调的团结,其间所有一切都向着天皇陛下——远古以来唯一的皇朝。在日本人的心目中,个人的思想不会和国家相悖,这是很自然的。所有国家的成员都将自己看作是国家的一部分。既然他们是一部分,他们必将融入国家整体。面临目前危机,日本人民唯一可遵循的道路是将此民族精神体现在他们的生活之中,自觉依照调动民族精神运动的号召,从事变之初一直遵循着的行为历程继续下去。

我应该补充的是,这份文书发表的时间是被告木户任文部省大臣的时候。

韦伯庭长: 洛根律师。

洛根辩护律师: 尊敬的法庭,我请求法庭核查所有已经提交的文书。这里没有任何信息表明这份文书是文部省发布的,它仅仅说这是从其他某个出版物上转载的。

韦伯庭长: 我们会审查原件。

洛根辩护律师: 我还想知道,检方是在说木户侯爵撰写、出版了这篇文章,还是说与这篇文章有关。

韦伯庭长: 嗯,现在你可以回答这个问题,帕金森检察官。

帕金森检察官: 关于文部省大臣,我们的立场是,他被控该为他下属做出的这些行为及发表这些文章负责。

韦伯庭长: 这个阶段我们不希望辩论。

洛根辩护律师: 我想知道检方的立场是,他们是否是说木户侯爵和这篇文章有某种关系。

韦伯庭长: 我认为他们是想告诉我们,这篇文章是在木户担任文部省大臣时发表在《东京周报》上的,并以此让我们得到必要的推论。再看了整个《东京周报》后,我们无法推论出这份文书对木户不利——我不得不那么说。

洛根辩护律师: 阁下,我可不可以从此推断,本法庭已经裁定了木户与该文书无关?除非检方能给出反证。

韦伯庭长: 不,洛根律师,显然我们还没考虑到那些。

洛根辩护律师: 从提交的《东京周报》原始文书看,很明显是从其他别的报告中转载而来的。阁下,除非检方能将两者的关系更加明确,不然我不知道他们提供的这份文书重要性如何,这一点让我很困惑。

韦伯庭长:很明显,检方希望我们确定木户要对此文章负责,而辩方正好相反,但我们现在肯定不会做裁定。简单来讲,问题就是,一个大臣是否要对他的部门发布在任何出版物上的每一篇文章负违法责任。

洛根辩护律师:阁下,我一直试图避免在引入这种没有来源、没有作者的文书时所出现的转换举证责任的问题。检方就是用这种办法竭力制造某些推论,并将原本应该由他们负责证实的责任转嫁给辩方,让辩方来证伪。我认为,如果可能的话,那是应该避免的。尊敬的法庭,帕金森检察官读完了那篇文章,又说这文章是在木户担任文部大臣时期发表的,在我看来,这就是我说的那种情况,检方一直试图在本案中这么做。

韦伯庭长:可能在木户侯爵担任部门主管期间有很多那一类的文章发表。具体我不知道,但我们最好听取这方面的意见;或许我们会从这些文章中做出不利的推断,但不可能仅仅从一篇文章就做出这样的推论。你最好继续,帕金森检察官。

帕金森检察官:尊敬的法庭,我知道莫洛上校正准备提出武藤[1]的讯问记录。

韦伯庭长:莫洛上校。

莫洛检察官:尊敬的法庭,这份书证的英文版,我已经念到了第3页,之后发觉译文很不一样。法庭是希望我继续念这份讯问记录,还是等到日文译本出来后再念?

韦伯庭长:嗯,我们会一直等到你完成日文译本,应该不会很长时间吧。

莫洛检察官:是的,阁下。

---

[1] 即武藤章——译者注。

韦伯庭长：我们现在应该能拿到日文译本了。

莫洛检察官：是的，阁下。尽管有重复的可能，保险起见我还是从头开始，日文翻译接在我后面。

韦伯庭长：就算你不说，他们也准备好了翻译你说过的话吧？

语言监督官：现在我们是不是继续日文的翻译？

莫洛检察官：是的。

（由莫洛上校宣读的检方第255号书证日文版部分，由语言部门人员宣读）

莫洛检察官：尊敬的法庭。（宣读）

武藤章讯问记录摘要，日期：1946年4月20日，第5、6、7页：

由海德先生提问：

问：将军，你是在1937年的11月加入华中派遣军的？

答：是的。

问：部队司令官是谁？

答：松井大将。

问：你是在11月的上半月加入的吗？能不能想起来大概的日期？

答：是11月的下半月。

问：南京是在12月沦陷的？

答：是的。

问：你从12月开始就一直在南京，一直待到了什么时候？

答：我在12月24或者25日回到了上海。

问：南京是在大约12月13日沦陷的？

答：是的，大概是在13或者14日。

问：所以你是大约两周后离开南京的？

答：是的，我在那里大概待了10天。

问：你那时候的职务是？

答：参谋长副官。

问：将军，你是否知道日军在南京投降后的种种违反军规的行为？

答：那时候松井大将得了肺结核，所以一直在后方地区。我们抵达南京出席接管仪式。我在南京停留了10天。那时候城里已经被清扫干净，我们独自四处走动也很安全。我没听说有日本士兵捣乱。

问：进入南京城前后都没听说？

答：我从我的上级——参谋长塚田那里听说了。

问：他怎么跟你说的？

答：关于接管南京，最初的命令是说只有精锐部队进入南京城；但后来所有的部队都进了城，松井大将也为此受到了参谋部的训斥。

（译员说他犯了个错误：松井很愤怒，痛骂他的部下）

我从塚田那里听说了那些偷盗、杀戮、强暴强奸的事。这之后，除了已经离开南京的安全部队，（我们）向所有部队都发布了命令。

问：将军，下令只有精锐部队可以进城的原因是什么？其他城市有没有发生过军队违反军规的事？

答：因为当时觉得，如果允许太多的部队进入南京可能会有麻烦，因为这些部队从上海开始就遭遇了很多困难的情况。这些士兵长时间处在压力之下，所以觉得让他们进城是不明智的。

问：松井当然也知道这些报告？

答：松井大将后来听说了这些事，对这种行为非常愤怒。

问：他告诉你这事了？

答：松井将军听说这事的时候我就在那里，并为此受到了训斥。

问：是谁训斥你们？

答：参谋长。

（译员：我搞错了，是松井很愤怒，痛骂他的部下）

问：那么报告上罗列了很多类似的事件，是不是？

答：报告上没有显示太多的事件。报道一经发布，就下令宪兵队要压制这类行为，逮捕那些参与者。

问：你下的命令？

答：命令是松井大将下的。

问：他什么时候下的命令？

答：他一听说这些事就下了命令。宪兵队通常都有这个责任，但这个命令是要更加严厉地执行这些规定。

问：这些命令是在你离开前还是离开后发布的？

答：我们一到南京参加仪式，松井大将就接到了消息，然后立即下达了命令。

问：报告中的事情都是在1937年11月发生的吗？

答：不是，不是11月的事。这些事最早发生在进入南京之后。

问：大约是在哪一天？

答：我们是在12日到14日左右进入南京的，我认为那就是事件开始的日期。

问：你是在松井部队正试图占领南京城的时候加入其中的？

答：是的，就在这之前不久。

问：你加入这个部队的时候，它们离南京城有多远？

答：那时候它们还在上海附近。

然后是另一份讯问记录：武藤章讯问记录摘要，日期：1946年4月

22日,第2、3页:[1]

问:在这份报告中提到事件是个别的呢,还是说有如此多的士兵洗劫了这座城市和抢劫了居民?

答:我记得有一份报告说,中国人被抢劫,还有其他的,诸如强奸,等等。

问:是日本军队干的吗?

答:是的。

问:报告上来的事件是成千起呢,还是成百起呢,或者说这份报告所提供的事件有多少起?

答:报告了10到20起。

问:还有其他报告吗,将军?

答:松井石根大将麾下有两位司令官,报告上来的只有先前提到的这个数字。

问:松井石根大将麾下的两位司令官叫什么名字?

答:其中一个军的司令官是朝香宫,另一个军的司令官是柳川中将。

问:这两个人如今还活着吗,将军?

答:朝香宫还活着,但是我相信柳川中将已死了。我听说柳川中将在苏门答腊岛时死了。

问:朝香宫生活在东京吗?

答:我不知道。

问:将军,事实上,你知道这些事件有上千起,而不是仅有一打左右,难道不是吗?

---

[1] 以下"武藤章讯问记录"的译文选自张宪文主编:《南京大屠杀史料集》(第7册),江苏人民出版社、凤凰出版传媒集团2010年版,第273~274页,编入本书时做了部分修改——译者注。

答：我不能想象会有那么多起事件。

问：将军，那时你读过报纸，这些报纸提到超过上千起——在南京发生的事件达到了成千上万起，难道不是吗？

答：我没有读过这些报纸。

问：你当然知道有《南京的浩劫》这本书吧？

答：当我去华北的时候，我确实听说在美国出版了一本关于南京浩劫的书。但是因为我看不懂英文，所以我不可能读这本书。

问：那么，将军，难道你不知道那儿发生了成千起的事件吗，例如谋杀、抢劫、掠夺、强奸，由日本士兵干的？

答：我的回答还是和以前的一样。

问：将军，难道你打算一直这样下去，完全否认在南京浩劫中有成千起这样的事件发生吗？

答：在进入南京城期间，我执行松井石根大将的命令，在那个时期上报给我的事件有10至20起。那时，据报告称有10至20起事件。而且，南京城被很好地清理过了，10天以后我就回上海了。我不曾相信或不敢想象会有成千起的事件发生。

问：那么你的回答是"是"啰？（证人在译员将问题翻译成日文前就回答了问题）

答：对你的正在记录在案的问题，我再次声明我不能想象这些事件会达到上千起。

问：将军，那时你的地位是参谋长副官，是吗？

答：是的。

问：你的职责是什么？

答：协助参谋长。

十、检方提交与卢沟桥事变后"日本对华外交"相关的证据

韦伯庭长：帕金森检察官。

帕金森检察官：尊敬的法庭，现在我要提交一份河相达夫的演讲词。1938年8月，时任外务省情报部部长的河相向帝国大学的学生们做了一场演讲，我请求宣读其中部分的摘录内容。

韦伯庭长：你正式提交摘录内容了吗？

帕金森检察官：是的，阁下，就是国际检察局第1203号文书。

韦伯庭长：按例允许。

法庭副书记官：检方第1203号文书收为书证第267号。

（上述文书被登记为检方第267号书证以供鉴别，并收为证据）

帕金森检察官：（宣读）

摘录：《中国事变和帝国外交》，河相达夫，1938年8月，第99页。

卢沟桥事变发生一年前，在中国的华北五省掀起了一场自治运动，这自然是因为日本之前在"满洲国"的建立方面做了太多的努力，也因为日本在兴安岭以东，黑龙江以南至满洲地区已经树立了牢固的实际影响力，并且这种影响力直指华北地区——这在历史上还未曾有过。

由此，才有了华北五省自治运动的开始；随后日本又立即要求

这五省自治。但是中国政府却敏锐地觉察到了日本南进的意图，参加自治运动的华北省份从五个减少到了两个。而即便是在这两个省，政治运动也转变成了经济运动；并且从长远看，这种经济运动终将使我们一无所获，或者说这种收获被压制到了一些琐碎的事情上，比如像是沧石铁路或是龙烟铁矿的权益。而所有这些，终究是不会有任何成果的。这种结果导致了卢沟桥事变的发生。

韦伯庭长：怎么了，帕金森检察官？

帕金森检察官：我想告诉辩护律师，我现在无法提供第1269A和1269C号，以及第1273号、1274号文书，因为这些文书的翻译正在进行修改。然后我要提交国际检察局第1156-L-3号文书作为证据，文书名为"日本政府关于中国事变的声明"[1]。

韦伯庭长：按例允许。

法庭副书记官：检方第1156-L-3号文书接收为书证第268号。

（上述文书被登记为检方第268号书证以供识别，并收为证据。）

洛根辩护律师：尊敬的法庭，关于前一份证据——第267号书证，也就是第1203号文书，我们收到的复印件日期是1932年的8月。我知道那个演讲是——那是打字方面的错误，应该是1938年8月。

韦伯庭长：在给法官们的复印件上是1938年。用显微镜看你会发现那是"8"，洛根律师。

洛根辩护律师：我还想提醒法庭注意，这篇演讲的作者是一个在政府中职位很低的官员，而且事发时的日本外相并不在被告之列。

韦伯庭长：关于这点，本法庭的法官们在讨论的时候已经考虑到了。

帕金森检察官：我能继续吗，阁下？

---

[1] 即近卫声明——译者注。

韦伯庭长：可以。

帕金森检察官：（宣读）

日本政府关于中国事变的声明

1. 政府声明，1938年（昭和十三年）1月16日

在攻陷南京后，帝国政府为了仍然给中国国民政府以最后重新考虑的机会，一直等到现在。然而，国民政府不了解帝国的真意，竟然策动抗战，内则不察人民涂炭之苦，外则不顾整个东亚和平。因此，帝国政府今后不以国民政府为对手，而期望真能与帝国合作的中国新政权的建立与发展，并将与此新政权调整两国邦交，协助建设复兴的新中国。帝国政府尊重中国领土与主权以及各国在中国的权益的方针，当然毫无变更。现在，帝国对东亚和平的责任日益加重。政府期望国民为了完成这一重大任务而更加发奋。

2. 政府声明，1938年（昭和十三年）11月3日

今凭陛下之盛威，帝国陆海军已攻克广东、武汉三镇，平定中国重要地区。国民政府仅为一地方政权而已。然而，如该政府坚持抗日容共政策，则帝国决不收兵，一直打到它崩溃为止。帝国所期求者即建设确保东亚永久和平的新秩序。这次征战之最后目的，亦在于此。

此种新秩序的建设，应以日、"满"、华三国合作，在政治、经济、文化等各方面建立连环互助的关系为根本，希望在东亚确立国际正义，实现共同防共，创造新文化，实现经济的结合。这就是有助于东亚之安定和促进世界进步的方法。

帝国所希望于中国的，就是分担这种建设东亚新秩序的责任。帝国希望中国国民善于理解我国的真意，愿与帝国协作。固然，如果国民政府抛弃以前的一贯政策，更换人事组织，取得新生的成

果,参加新秩序的建设,我方并不予以拒绝。

帝国深信不疑,各国也将正确认识帝国的意图,适应东亚的新形势。特别是对各盟国的一贯厚谊,深表满意。东亚新秩序的建设,渊源于我国的建国精神,完成这一建设,是现代日本国民的光荣任务。

帝国必须在国内各个方面坚决进行必要的革新,以谋扩充国家的整体力量,排除万难,为完成这一事业而迈进。政府在此声明帝国一贯的方针和决定。

3. "近卫首相关于重新调整同新生中国关系的谈话"1938年(昭和十三年)12月22日

日本政府,本年曾一再声明,决定始终一贯地以武力扫荡抗日的国民政府。同时,和中国同感忧虑、具有卓识的人士合作,为建设东亚新秩序而迈进。现已感到,中国各地,复兴的气势澎湃而起,建设的趋势日盛一日。

当此之时,政府向国内外阐明同新生的中国调整关系的总方针,以求彻底了解帝国的真意。日、"满"、中三国应以建设东亚新秩序为共同目标而联合起来,共谋实现相互善邻友好、共同防共和经济合作。为此,中国方面首先必须清除以往的褊狭观念,放弃抗日的愚蠢举动和对"满洲国"的成见。坦白说,日本直率地希望中国进而同"满洲国"建立完全正常的外交关系。其次,因为在东亚之天地,不容许有"共产国际"的势力存在。日本认为,根据日德意防共协定的精神,签订日华防共协定一事,实为调整日华邦交之急务。

鉴于中国现实情况,为充分保证达到防共的目的起见,要求中国承认在防共协定继续有效期间,在特定地点驻扎日军进行防共,并以内蒙古地方为特殊防共地区。

在日华经济关系上,日本既不想在中国实行任何经济上的垄断,对理解东亚新形势,并相应采取善意行动的第三国的利益,也不要求中国加以限制,始终只求日华的提携和合作发生实效。

即要求在日华平等的原则上,中国承认帝国臣民在中国内地有居住营业的自由,促进日华两国国民的经济利益,并且鉴于日华之间历史上、经济上的关系,特别在华北和内蒙古地区在资源的开发利用上积极地向日本提供便利。

以上是日本对中国所要求的一个大纲。如能彻底了解日本出动大军的真意,就能理解日本在中国所寻求的,既不是区区领土,也不是赔偿军费,其理自明。实际上,日本只要求中国作出必要的最低限度的保证,为履行建设新秩序而分担部分责任。日本不仅尊重中国的主权,而且对中国为完成独立所必要的治外法权的撤销和租界的归还,也愿进一步予以积极的考虑。

韦伯庭长:洛根律师。

洛根辩护律师:尊敬的法庭,关于这份第268号证据,检方没有提供相关证明,辩方不知道声明的出处,也不知道发表的日期,谁发表的,甚至不知道检方从哪儿得到的这份文书。

韦伯庭长:检方将在明天上午回答这些问题。

我们休庭,明天9:30开庭。

(16:00休庭)

1946年8月9日,星期五
日本东京都旧陆军省大楼内远东国际军事法庭

……

(法庭在休庭后于9:30再次开庭)

……

法庭执行官：远东国际军事法庭现在再次开庭。

韦伯庭长：还有辩护人希望提出问题的吗？帕金森检察官。

帕金森检察官：尊敬的法庭，我记得昨天庭审结束前，辩护律师提出反对，我不确定他们在休庭期间有没有得到结果。

韦伯庭长：我理解他们是要求了解一份文书的某些细节，我说你会在今天答复他们。辩方说第268号证据没有附证明，他们不知道这份文书从何而来，也不知道发表的时间和作者。

帕金森检察官：有人告诉我，有关文书的证明书之前已经提交给书记处了。

韦伯庭长：帕金森检察官，你可以简单告诉我们那些细节。

帕金森检察官：我听不见，阁下。

韦伯庭长：你能告诉我们那些细节问题吗？这事很简单。

帕金森检察官：好的，阁下。

我念的这份证据摘录自名为《日中关系基本条约》的文书，该文书独立成册，是日本外务省的官方文书。第268号证据就是摘录自该文书。

韦伯庭长：原件已由文书课长下田做了证明，已经做了很仔细的鉴定。洛根律师。

洛根辩护律师：也可能是现在才鉴定的，阁下。这份文书昨天提交给书记官的时候，现在在您桌上的那份证明并没有出现在法庭上。在书记官办公室的只有文书，没有证明。所以我们想知道这份文书从何而来。昨天庭审后，我去书记官办公室仔细看了下，我想——但我也想让检方做一个声明，他们是否知道"这份文书是一份关于中国事变的政府声明"，这是谁说的；另外这份文书从何而来？作者是谁？文书本身似乎看不出这些信息，证明书上也没有说明这些信息。我想本法庭为了判定这份文书的重要性，应该也对这些细节问题感兴趣。

帕金森检察官：阁下，检方不对文书的内容负责。正确地说，那是一份政府声明。在这份文书及其附随的文书里都没有确切提到演讲人是谁；但是在文书的后面部分提到近卫首相的评论。既然这是外事部门发布的，据此我们推断这是一份政府发言人的评论或是官方声明，也就是首相的评论或者是官方声明。

韦伯庭长：继续念这份文书。

帕金森检察官：文书念完了，阁下。

韦伯庭长：没有异议。我们承认这份文书，但异议中提到的重要性，我们会考虑。

冈本尚一辩护律师：我是武藤章的辩护律师冈本尚一。我想提醒法庭注意——我想敬请法庭注意一下昨天被法庭接受的武藤将军的讯问记录。

今天上午——在今天上午的日本各大报纸上，比如《朝日新闻》和其他报纸，有关南京事件，据报道，松井大将已经为此事件被批评了——已经被他的参谋长训斥了。

韦伯庭长：你别在这儿纠正报纸——我们现在不是在纠正日本报纸上的内容，那样做只会浪费我们很多时间。你不能这么纠正，你只能容忍这些日本报纸。

冈本尚一辩护律师：只有一点——关于这份讯问记录，我只有一点想要在此申请陈述。

在日文文书的第 6 页，对应的是英文文书的第 5 页，上面的大意是说，因为这次行动，武藤将军被参谋长训斥了。下面几行又说：

"答：松井将军被训斥的时候，我也在那里。"

接下来的问题是："是谁训斥你们？"

回答是："参谋长。"

再下面几行有——插入了译员的话，说："我弄错了，我搞错了，是松井很愤怒，痛骂他的部下。"

昨天,"搞错了"这个词被念成了"涩泽",这个词用日语是讲不通的,因为他是日本前财务大臣的名字。

在日语里,用敬语的时候都用被动态。所以译员把"松井训斥他的下属",翻译成了"松井受到上司的训斥"。

韦伯庭长: 我们知道你说的这个,但我们已经听够了。帕金森检察官。

帕金森检察官: 尊敬的法庭,我现在要提出检方文书,国际检察局第813号文书:"近卫首相关于调整日中关系的谈话"。

韦伯庭长: 按例允许。

帕金森检察官: 我知道原件和证明书之前已经提交给了书记处。

法庭书记官: 检方第813号文书收为书证第269号。

(检方第269号书证被收为证据)

帕金森检察官:(宣读)

近卫首相关于调整日中关系的谈话,1938年12月22日

韦伯庭长: 史密斯律师。

史密斯辩护律师: 尊敬的法庭,我们代表所有的被告反对这份文书。它声称是近卫阁下的一次谈话,但近卫并不是本案的被告。

韦伯庭长: 它一定是与被告们在某一阶段有关联,或是别的什么,已经因为这个原因接受这份文书为证据了。

史密斯辩护律师: 我想另外再提出异议,阁下,文书没有表明它是从何而来。

帕金森检察官: 这份文书的来源会在证明书上有显示,但我现在手边没有证明书。

韦伯庭长: 本法庭的成员希望你宣读每一份文书的证明书,他们不

希望很麻烦地去向法庭书记处要证明。当然,当你满足他们的要求宣读证明的时候,也不一定就能让这11位法官都满意。

帕金森检察官:很好,阁下。阁下是希望我念所有的证明,还是就念这份声明的来源证明?

韦伯庭长:好的。

帕金森检察官:阁下,我的问题是,您是希望我念所有的证书,还是就念这份声明的来源证明?

韦伯庭长:不,我们希望所有的证书都念一遍,这样可以写进法庭记录。

帕金森检察官:很好。

韦伯庭长:我们看记录的时候会提出问题。我们会问:"这个从哪儿来?"为了让我们自己满意,我们不得不对原始文书进行商议,我们需要让11个人满意。如果你念了所有的证明,可以帮我们减少工作,也能降低辩方提出异议的次数。

帕金森检察官:这样很好,阁下。

列文辩护律师:我想向本法庭说明,提供给辩方的所有这些文书都没有附证明书。

帕金森检察官:尊敬的法庭,我们也不知道需要在这个阶段给辩方提供证书的复印件。(宣读)

华盛顿文书中心证明,号码:空格。国际检察局第813号文书,来源及真实性说明。我——矶野勇三,特此证明,我在日本政府中正式担任以下职务:外务省战争罪部门文书课课长,因此,我对所附的,日期标明为1938年12月22日的3页文书负有保管责任。

洛根辩护律师：尊敬的法庭，我刚刚注意到，这份文书，第269号书证，和之前的第268号书证的后半部分是完全一样的。

韦伯庭长：读完这份证明。

帕金森检察官：

并做如下说明：近卫公爵关于建立日中友谊的演讲的打字文本。我还证明，所附的记录和文书是日本政府的官方文书，是下述部门的官方档案和文书的一部分（也包括引文的文书序号——如果有的话——以及在档案文书中，文档所提所有的常规地点之官方名称。）签署地点在东京，日期为1946年7月3日。正式签名：矶野[1]。见证人：小渡长治[2]。密封：官方。空格。

韦伯庭长：关于洛根先生的问题，最多只能这么说，第268号书证最后一段和第269号书证似乎是有点相似；但这不影响我们接受这份证据——我的意思是，用那个理由来中断文书的接收，只是在浪费时间。

洛根辩护律师：尊敬的法庭，不仅仅是最后一段，而是整篇近卫公爵12月22日所做的演讲，这样的话，检方第268号书证的第2、3页和第269号书证，除了翻译上有些许差别外，近乎一致——这两个是同一个演讲。

韦伯庭长：假设它们是同一个。为什么两个人就不能商量做同一个演讲呢？50个人都可以那么做。

洛根辩护律师：尊敬的法庭，这是同一个人做同一个演讲，不是两个人。

韦伯庭长：在文书中没出现这个问题。一个是政府声明，另一个是

---

[1] 即矶野勇三——校者注。
[2] 音译——校者注。

近卫公爵的声明。

洛根辩护律师： 尊敬的法庭，今天上午，帕金森检察官说第2、3页上的声明是传闻中的近卫演讲，是在1938年12月22日所做的。这是在第268号书证上。现在他们又在第269号书证上提到了同一个演讲。那是同一个人做的同一个演讲，仅仅是重复了一下，只有在翻译上有点差异，这里多一个字，那里少一个词的，但这是同一个演讲。我认为帕金森检察官也会承认这点。

韦伯庭长： 单词不一样，但观点好像是一样的。为什么你要提出这第二份文书，帕金森检察官？是因为这份文书和证明一起给你的？还是因为你觉得它一样有用？

帕金森检察官： 不是。那时候我是觉得这份文书也有一些价值，但现在我很愿意放弃宣读。

韦伯庭长： 那么，实质上它和第268号书证是一样的，是不是这样？

帕金森检察官： 我是这么认为的。

布鲁克斯辩护律师： 尊敬的法庭，日本律师告诉我，日文文字，或者说是日文的文本是完全一样的，只有英文的译本有不同。

帕金森检察官： 阁下，没人告诉我那些，否则我也不会提交这份文书。如果真是这样，我撤回提交这份文书。

韦伯庭长： 你撤回文书？

帕金森检察官： 如果是一样的话，我确定要这么做。

韦伯庭长： 同意撤回。

帕金森检察官： 谢谢。

我现在要提出国际检察局第1338号文书，包括两个部分，第一部分是宇垣外相[1]上奏天皇的材料，第二部分是有田外相[2]在枢密院

---

[1] 即宇垣一成——译者注。
[2] 即有田八郎——译者注。

1938年11月29日的会议上所做的报告。

克莱曼辩护律师： 尊敬的……

韦伯庭长： 好吧，你会念证明的是吧？不要每次都让我要求你宣读证明。你在每一次提供文书的时候都必须宣读证明书。

帕金森检察官： （宣读）

华盛顿文书中心，号码：空白。国际检察局第1338号文书，来源及真实性说明。我——下田武三，特此证明，我在日本政府中担任以下正式职务：外务省文书课课长，因工作关系，我对所附的文书负有保管责任，这份文书有6页，日期为1938年9月21日。同时做如下说明：宇垣外相（东亚局一部）上奏天皇的材料。我还要证明，所附的记录和文书是日本政府的官方文书，是下述部门的官方档案和文书的一部分（也包括引文的文书序号——如果有的话——以及在档案文书中，文档所提所有的常规地点之官方名称）。1946年7月31日于东京签署。正式签名：下田〔1〕，文书课课长，以官方名义签署。

官方获取声明。我——爱德华·莫纳汉特此证明，我任职于盟军最高司令官总司令部。根据公务需要上述提到的文书由我本人从在上文正式签名的日方官员处获得。1946年7月31日于东京签署，爱德华·莫纳汉，国际检察局调查员。

韦伯庭长： 念第一份证书就够了。

帕金森检察官： 好的，阁下。我现在要将那份文书提交为证据。

韦伯庭长： 那就是第269号，不是第270号证据。原来的269号证

---

〔1〕 即下田武三——校者注。

十、检方提交与卢沟桥事变后"日本对华外交"相关的证据

据撤销了。按例允许。

（检方第 269 号书证被收为证据）

韦伯庭长：为什么还要提这些没用的异议？这份文书已经有证明了。

克莱曼辩护律师：鉴于关联性的问题，尊敬的法庭。我能问检方一个问题吗？他们有没有枢密院关于这份演讲的会议记录？枢密院有没有就此演说采取过任何行动？

韦伯庭长：在他们表明枢密院确实采取了行动，而你的当事人也是枢密院的一员，并且也参与了行动，这时候你再关心这些问题也来得及。这个观点昨天已经向你充分解释过了，克莱曼上尉。

克莱曼辩护律师：尊敬的法庭，举证责任是在检方，如果这是本法庭的规则，那我不会再提这个问题；除非检方能证明有任何一个被告参与了某个特定的活动，否则不再产生任何不利于这些被告的推定或推测，这样的话我也不会再提这类异议。我很担心检方的这种假设和推断。

韦伯庭长：我没什么要补充的了，解释那么明显的问题根本没必要。

克莱曼辩护律师：好吧，尊敬的法庭，那我能否就有田非本案被告提出反对？类似的仅对我们之前提过。

韦伯庭长：反对无效。

帕金森检察官：上奏材料……

法庭书记官：检方第 1338 号文书收为第 269 号书证。

（检方第 269 号书证收为证据）

韦伯庭长：完全停电了。我们休庭，等电源恢复后再开庭。

（10:20～10:45 休庭，之后再次开庭如下）

法庭执行官：本法庭现在再次开庭。

韦伯庭长：帕金森检察官，我们很想知道你把要提交的文书给辩方

的时候,有没有连同证明一起给他们?你有没有给辩方那些证明的复件?

帕金森检察官:我们没有那么做,阁下,但我已经就辩方的问题答复他们说,我们不反对他们今后追溯这个问题。

韦伯庭长:在一些情况下他们会说,"我们没有证明书",来暗示他们应该得到,或者应该看到证明。我有印象,你给了他们证明,或是相关的复件。时间都被浪费在了对证明书、其来源以及责任人提出异议上面了,这让我们很是忧虑。

帕金森检察官:因为那还不是本法庭的政策,阁下,但我同意其应该成为政策。

韦伯庭长:继续。

帕金森检察官:(宣读)

宇垣外相(东亚局一部)上奏天皇的材料:
1. 就日英两国间悬而未决之问题与英国驻东京大使谈判

正如我已经向您汇报的那样,英国驻东京大使已于7月底提交了所有关于英国在华权益悬而未决之问题,我也与其本人就问题的解决进行过谈判。之后,我与大使在8月17日、8月20日,9月8日和9月14日连续进行了四次谈话。在这些会谈中,我告诉大使,日英两国应该相互理解,冷静、公正地认识彼此的立场和观点。我也向大使详细解释说,从更高的层面上讲,如果英国更加友善、和解地对待日本,放弃支持蒋介石的政策,那么日英两国的关系将会大大改善,而这些悬而未决的问题也将很容易得到解决。但英国大使不断强调,有关英国的在华权益,英方认为最重要的就是要及时解决日英两国间的这些问题。我们之间没有达成一个完全的谅解。从我这边来说,我希望向他详细阐述日方立场,并通过大使转变英国的对日态度。出于这个目的,我打算继续与其进行更为深入磋商。
2. 关于英法在天津的租界问题

自事件爆发以来，天津英法租界当局一直坚持他们所谓的中立立场，对过渡政府和日方所要求的合作事宜，一直犹豫不决。最明显的例子就是，所有这些英法租界都为抗日的共产主义组织提供庇护场所，也成为破坏蒋介石统治下的华北地区和平与秩序的谋反者的大本营；各式各样的具有共产主义性质的反日报纸和杂志，主要就是在这些地区出版发行的。日本一再要求英法当局严管这些活动，但一直得不到他们的全力配合。

作为华北地区货币制度源头的联邦储备银行，中国银行和交通银行也都参与到了它的建设中。但后来，由于蒋介石政府的阴谋，这两个银行在天津法租界拒绝了联邦储备银行的检查，而法租界当局也同样拒绝了上述检验。这两个银行在英法租界存有大量的银锭，而这些银锭是准备用于华北地区建立货币体系的；由于临时政府和日本必须尽快掌控这些银锭，所以我们首先让法租界放弃上述干涉。此外，事件爆发后我们也立即让中国政府接管天津的电话局；但在英租界的电话局，因为缺少英国当局的积极支持，所以还没有交给中国政府接管。我们很有必要迫使这两国当局立即将电话局交由中国接管。鉴于这些原因，日本在天津当局多次同英法租界当局谈判，但我很遗憾地说，我们没能在这些谈判中看到任何显著的进展。因此，为了胁迫英法当局，我方在天津的代表命令日本国民做好从这两个租界中撤出的准备。这么做似乎让英法当局有了些反应。据驻天津总领事报告，英法当局都已在近期表现出同我方进行些许合作的态度，而且：

a. 他们已经决定，准备在所有租借地同时发布告示，宣布对暴乱活动实施彻底管制。

b. 为了在管制过程中交流信息并且进行合作，他们已经同意和日本、英国以及中国警察当局举行联席会议，进行洽谈。

  c. 他们加强了对租界区非法无线电设备的管制措施。

  为达到我方的各种要求，我们已经计划同英法在东京和天津的当局继续进一步的谈判。

3. 关于建立中华民国政府联合委员会

  自去年12月建立中华民国临时政府，今年3月建立中华民国维新政府以来，这两个政权在北方和南方各自独立，没有哪个机构能将他们的统治连接起来；它们从各自的立场出发，仓促草率地组织起各自的行政、金融以及公共秩序等机构。日本将会更加努力地去摧毁蒋介石政权，同时，也在周密地考虑在一个合适的地点建立一个新的中国中央政府。作为建立一个新中国中央政府的前提，日本决定同临时政府和维新政府，也包括蒙疆联合委员会一起，立即建立一个联合委员会。在此之后，上述这些政权将吸收，或是与其他机构合作，最终成立一个真正的中央政府。因此，8月27日和28日，我方在东京的政府代表，以及我军在天津当局的代表在福冈会面，并商定了一套基本方案。接着在9月9日和10日，临时政府和维新政府代表同日方代表在大连会面，最终决定在北平建立中华民国政府联合委员会，9月22日举行成立仪式，并计划于23日召开第一届委员会会议。委员会将管理这两个政府常见的行政事务，同时把促进新中央政府的建立作为其主要任务。因此，委员会的任务不仅仅是促进、联合这两个政府的管理，也在筹备成立未来的新中央政府方面起到重要作用。该委员会主席是王克敏，也是中华民国临时政府的行政委员长。该委员会的成员，也包括主席一职，将由每个政府派三名代表组成。

有田外相在枢密院1938年（昭和十三年）11月29日会议上，就对华政策处理所做的报告。

新日中关系调整政策

为通过日本、"满洲国"与中国之间政治、经济以及文化领域的互相合作,在东亚建立一种新的秩序,关于新日中关系调整的政策,我们打算基于以下几点进行推进:

1. 同蒋介石政权建立和平关系的问题

首先,关于同蒋介石政府建立和平关系的问题,英国驻日大使已在某天向近卫首相提出了非正式的建议。鉴于时机尚不成熟,不论这个建议是第三方调停势力做出的,还是直接由蒋介石政府做出的,我方均拒绝执行。不过,就像在今年11月3日我国政府在声明中宣称的那样,如果蒋介石政府放弃其支持共产国际以及抗日的政策立场,对其机构组成进行改革,同时自愿解散其政权,并加入新的中央政府中,在这种情况下,将另当别论。

2. 调整同新中央政府的外交关系

因上述原因,只要我们不再同蒋介石政府建立和平关系,我国就要在那些已经建立的,以及计划要在汉口和广东新建立的亲日政权基础上,努力建立一个牢固的新中央政府。在新的中央政府牢固建成后,我们希望同这个中央政府在以下项目中实现合作:

A. 实行日本、"满洲国"、中国的全面合作的原则,特别是善邻友好、共同防共、经济合作的原则。

B. 在华北和蒙疆地区建成一个高度统一的日中特区,日中两国在此区域内就国防和经济领域进行联合(特别是在自然资源的开发和利用方面)。

除了前面提到的,还要在蒙疆地区建立一个军事和政治特区,以达防共之特别目的。

C. 在长江下游沿河流域建立一个高度统一的日中特区,在经济方面两国进行合作。

D. 在华南,除了已经在沿海地区某些特定的区域建立了特区，我们还要以主要城镇为起点，尽力保护日中合作、联合的基础。

下面我将详细解释上述条款。第一条，也就是实现善邻友好之原则，包括以下几点：

（1）中国承认"满洲国"。中国应该承认"满洲国"，而日本和"满洲国"都应当对中国的领土完整和主权予以尊重，日本、"满洲国"和中国应当彼此建立新的外交关系；

（2）在政治、外交、教育、宣传和贸易等各个领域，日本、"满洲国"和中国应当取消、并在今后禁止那些有损于彼此友好关系的措施和诱因；

（3）日本、"满洲国"和中国应当相互合作，统一协调，创造并发展三国的文化。

关于第二条，也就是联防的原则。日本、"满洲国"和中国要将联合防共作为主要目标，同时彼此合作，共同维护公共秩序及和平稳定。在此基础上，我们希望三国能采纳以下计划：

（1）日本、"满洲国"和中国三国合作防共；

（2）加强中日联合防共力量。为此，日本陆军准备在华北和蒙疆地区驻军；

（3）决定建立中日军事联盟共同防共；

（4）尽早撤回日军部队，那些为保证和维持公共和平与秩序而驻守在特区、要塞、岛屿上的部队除外；

（5）为合作维护公共和平与秩序，要与中方就日军部队驻扎在中国一事进行财政方面的合作；

（6）保留军事管理铁路、航空、通信、主要港口、航道等权利，在改进和调整中国陆军和警察力量方面进行合作。

最后，关于经济合作原则，要以在工业及经济方面实现成果共享、共同防御为基础，依照取长补短、互利互惠的目标，我们希望日本、"满洲国"和中国三国能够达成协议。这项协议对于三国在发展资源、海关、贸易、航空、交通运输、通信、气象观测和地质勘测方面实现下列项目很有必要：

（1）关于自然资源的开发利用，重点强调确保华北和蒙疆地区资源的安全，特别是日本、"满洲国"两国所缺乏的地下资源。为此，中国需要提供全部的必要设施。同样，在其他地区，中国也需要为特殊资源的开发提供必要的设备；

（2）为制定中国的财政和经济政策，日本将根据可能的请求提供援助；

（3）有关贸易问题，必须采用合适的关税以及海关系统，以促进日本、"满洲国"和中国三国间的总贸易；

（4）为在中国发展交通运输、通信、气象观测和地质勘测提供必要的支持及协作。

3. 关于各列强国在华权益

从日方不断地声明和保证中可以看出，日本政府极力尊重这些权益。但由于军事需要等原因，日方必须采取一些限制措施。近来，英美等国多次就门户开放和利益均沾原则提出交涉。对于这种情况的处置，帝国政府考虑到帝国生存和防卫的需要，从建立日本、"满洲国"和中国经济共同体的立场出发，打算接受所谓的门户开放和利益均沾政策，并且认为这个政策在某种程度上同帝国的立场是一致的。

具体说来，我们的主要目标就是：

（a）日本要对在华北和蒙疆地区为国防而进行的自然资源开发方面有实质性的控制；

（b）新中国的货币制度，关税以及海关系统都必须根据日、"满"、中经济共同体的立场进行调整。

只要各国的权益同上述两点目标不冲突，我们就不会有意地将这些权益驱逐或是限制他们。甚至对于像德国和意大利这样对日本展示友好态度的这些国家,我们还欢迎他们参与到新中国的经济发展中来,这是我们的政策。

关于对第三国的外交政策,鉴于英美法三国表现出通过推出《九国公约》来干涉日本对华政策的态度,我们要竭力摒弃通过该公约和其他集体机构解决中国问题的想法;同时,迫使每一个列强国都明白日本对华政策的实质,并且让它们知道,要么就心甘情愿地支持我国的态度,要么至少对轴心国——日德意三国——加强反共力量予以宽容。为尽可能迅速、利落地处理中国事务,日本希望根据以下大纲采取措施:

(1)加强日德意三国的政治联系和日"满"、日德意之间的经济合作;

(2)通过对中国事务强势的、利落的处置,使英美法三国了解日本对华政策的实质,并让他们放弃过去支持蒋介石政权的政策,舍弃通过集体机构来处理东亚问题的想法。作为对抗上述三国行动的手段,除了采用重大外交措施——特别是对抗英国,除了像巩固日德意《防共协定》这样的大外交措施,也要采取有效方法保证他们的在华权益。不过,为了防止不必要的冲突,需要对日本占据东亚主导地位不利的待定事件进行一个个的处理;

(3)采取每一项可能的措施,让苏联不再积极参与到当前的事务中来。

帕金森检察官:现在我要提出国际检察局第1685号文书,标题为"陆军省报道班班长佐藤贤了演说摘要"。此文书证明附后。

韦伯庭长:你只要念日本官方的证明就可以了。

你在给辩方证书拷贝的时候只要说你有必要的证明,还有证书已经归档就可以了,那样的话在大多数情况下就能不用宣读证明,我们希望是这样;但我们坚持要知道这些文书的来源,以及谁是负责人。我们想知道的是，这些是谁说的，什么时候说的。

帕金森检察官：在这个案子里，阁下，这份证明不是来自日本政府，而是来自国际检察局的文书部门，证明显示的是他得到这份文书的来源。

我可以念这份证明吗，阁下？

韦伯庭长：可以，念。

帕金森检察官：（宣读）

> 证明，我——欧内斯特·丹利，特此证明……

韦伯庭长：那不是日本的证明，是吧？

帕金森检察官：不是日本的证明，阁下。

韦伯庭长：好吧，我们想要的是日本的证明。因为你是从日本政府得到的这份文书，所以我们希望你念的是日本的官方证明。

帕金森检察官：我能请求本法庭宽容一下吗？

塔夫纳检察官：庭长阁下，以及各位法官：6月4日，本法庭对于证明文书和鉴定书做了这样的规定：

"本法庭也要求检方自愿向本法庭提供从日本政府处得到的文书，可以是日本政府的记录、档案，但不要求附进一步的鉴定书。"

韦伯庭长：今天法庭上提到的这些问题的文书不是政府记录或者档案，所以必须要有证明。

塔夫纳检察官：我懂您的意思了，阁下。但是这份文书来自日本的档案，所以我们认为它适用于6月4日的规定。根据我的理解，这条规定适用于最后那份文书，那份文书的封面上写明了它来自日本的官方文书。

韦伯庭长：这事很麻烦。如果是你决定写上去的话，那即便不是日本政府的官方文书，也可以随意地写；换句话说，在你从日本政府那里拿到它的时候,证据就应该要在封面上表现出来。

塔夫纳检察官:阁下,这份文书显示:

"内务省警察部长临时会议"。

除此之外,欧内斯特·丹利先生的证明还显示了他从何人手中获得了这份文书——这点也将能够成为文书来源的证据。我们唯一的目的,就是避免做6月4日本法庭规定的那些"已经决定了可以不勉强做的事",关于这一点,本法庭的意见是这么说的:

"检方的目的就是要避免需要提供成千上万的证明和鉴定书。"

韦伯庭长:你又说到别的方面去了。我们现在不说那些做过的决定,现在只是谈论这些你已经有了证明书的案子,已经知道了证明书的必要性,但是还没有给辩方复印文书。我们不是在谈论关于免除你获得证明的问题,而是在讨论你从哪里获取这些证明的问题。

塔夫纳检察官:假如阁下您在休庭回来后说的那番话不适用于我们现在谈的这种情况,那我觉得我说的是对的,是吗?

韦伯庭长:我已经说了,任何事情都不能影响本法庭已经做出的任何决议。

弗里曼辩护律师:尊敬的法庭,我是佐藤贤了的美国辩护律师詹姆斯·弗里曼。鉴于文书的真实性和关联性,我代表被告佐藤,对这份提交为证据的文书提出反对。从文书的封面上看,很明显,这份文书不是佐藤在1938年8月25日和8月29日所做的演讲。文书的序言表明,这份文书是由另一个人编写的,而不是被告。我引用序言中的内容:

"除了在内容和顺序上有些微的改动,佐藤贤了的两次演说几乎一致。以下就是两次演讲的合集。当然,本合集中措辞方面的处理由作者负责。"

这些演讲都是即席发挥的,被告并没有时间将其记录下来。

帕金森检察官:我反对辩护律师的这番言论。记录中没有可以表明这种情况的记录。

弗里曼辩护律师：我是说封面上就有这样的信息。

韦伯庭长：接受文书作为证据，但是你提到的我们也会考虑。也许他说他会对措辞负责的时候，意思就是他对这份文书是源自口头演讲而不是其他书面文书负责。这个问题我们会进行衡量。你的反对无效。

弗里曼辩护律师：好吧，我能继续吗？那我的建议是，检方被要求在这份文书中告知本法庭，谁是文书的作者？材料的来源又是什么？这样才合理。

韦伯庭长：我想检方会尽力告诉我们作者是谁的。

帕金森检察官：我们会尽可能确认，阁下。

韦伯庭长：需要做一些努力，因为不知道谁是作者的话，我们也许会裁定这份文书无效。再说一次，我说的只是我自己的意见。不管它有什么证明价值，我们都接受这份文书。

法庭副书记官：检方第1685号文书收为证据第270号。

（上述文书被登记为检方第270号书证，并收为证据）

帕金森检察官：我可以接着念吗，阁下？

韦伯庭长：你还没宣读完证书。

帕金森检察官：（宣读）

我——欧内斯特·丹利，特此证明：

1. 因为我是盟军最高司令部国际检察局文书部门主管，所以我持有、监护并管理着国际检察局从被俘敌军处获得的原始文书和拷贝文书。

2. 第1685号文书是在盟军最高司令部指挥的行动中从日本内务省获得的敌军原始/拷贝文书，之后便交给了我，自那之后一直由我负责监管。

欧内斯特·丹利（签名）

韦伯庭长：因为没有日本政府的证明，所以在这一点上你必须说服我们：当你拿到这份文书的时候，它的封面上就已经宣称这是一份源自敌方的文书，为了做到这点，你可以只宣读你拿到文书时就有的那些内容，省略所有后来添加的东西。

帕金森检察官：我们现在要提交这份证书作为第270号书证的一部分。

韦伯庭长：我认为"佐藤演说摘要"并没有在证书中体现出来。

帕金森检察官："佐藤贤了演说摘要"……

韦伯庭长：不不，只要宣读你从敌方那里直接拿到的文书，这样我们就能自己判断这份文书的来源是否就是其宣称的那个。

帕金森检察官：我能请求法庭暂时宽恕一下吗？我们有的只是一份原始的卷宗，是用日文写的，阁下。

韦伯庭长：那和宣读证书的重要性是一样的。如果辩方愿意，他们可以过来帮你，而且他们还可以告诉你，关于你念的或是将要念到的这份文书，他们是感到满意的——不过他们没有义务那么做。

帕金森检察官：我明白辩护律师不会帮我们这个忙。所以……

韦伯庭长：嗯，你可能需要随身带一位日文翻译来指导你。

弗里曼辩护律师：尊敬的法庭，我很遗憾我不能帮检方这个忙。我的被告说这份文书里的很多话都不是他说的。

韦伯庭长：嗯，你还是就念文书拿到时上面就有的内容吧，让辩方来更正——如果需要的话。

帕金森检察官：尊敬的法庭，由于已经提出的这个问题涉及要用日文宣读（文书），这种情况在后面的几份文书中可能会再次出现，所以我需要指派一名会讲、会朗读日语的人，这样我才能继续。

布鲁克斯辩护律师：尊敬的法庭……

韦伯庭长：布鲁克斯上校，我认为现阶段你不该提出异议。

布鲁克斯辩护律师：我不是反对……

韦伯庭长：这是个麻烦的问题，暂且交给检方和本法庭来处理会更好一点。你的权利会得到充分的保留，等我处理完帕金森检察官的事，你再陈述你的想法，或是再说你想要本法庭做什么。

布鲁克斯辩护律师：我是想……

韦伯庭长：帕金森检察官，请你去找位翻译好吗？

帕金森检察官：我已经请了一位了，阁下。

韦伯庭长：我看到这儿有3位。你是要让他们中间的随便哪一个为你服务吗？

帕金森检察官：是的，阁下，随便谁都可以。

韦伯庭长：摩尔少校和他的两位同僚。

布鲁克斯辩护律师：尊敬的法庭，那正是我打算要提议的，我不是要提出异议。

语言仲裁官（摩尔少校）：尊敬的法庭，这份给我们的文书是一本有关中国事变的处理的合集，涵盖的时间是从1938年1月16日至1939年12月30日。这本合集包括了180页写在或是打印在内务省纸上的文书，其中的一些是安全部门的机密文书。

韦伯庭长：你能从这180页文书里找到任何与第270号书证有关的内容吗？

语言仲裁官（摩尔少校）：这里有一个，阁下，是1938年8月25日的文书。现在我们还不能说这就是那个演讲的翻译，但从标题来看我们推测它是。

韦伯庭长：不要做任何的推测。对照第270号书证，摩尔少校，看看前10行内容是不是能在你提到的这180页文书中找到。

语言仲裁官（摩尔少校）：译员将朗读前10行文字。

（原始日文文书被交给了一名正式译员，该译员翻译如下）

译员："陆军省报道班班长佐藤贤了大佐演说摘要，1938年8月25日至8月29日内务省警察部长临时会议。

佐藤大佐在两个场合上发表讲话，内容近乎一致，但可以找到几处演讲顺序和内容上的不同。"

布鲁克斯辩护律师：他念的是错误的文书。

韦伯庭长：他念的是正确的文书，请不要插嘴。

译员（继续）："但是，两次讲话都已经在此合并成集，记者对此文书的文本负责。关于处理——有关处理事件之政策——在此事件中——"

语言仲裁官（摩尔少校）：尊敬的法庭，阁下，我们已经宣读了一部分打印文本的内容，接下来是手写文本，但手写文本当场翻译出来非常得困难。

韦伯庭长：我很满意了，我的同僚们也觉得已经有足够的证据表明，这份文书是源自它所宣称的敌方文书，所以你可以念了，帕金森检察官。

语言仲裁官（摩尔少校）：尊敬的法庭，我有个问题：我们是不是不该再用日语来念了，而应该用英语念。

韦伯庭长：是的，你应该用英语念了。

帕金森检察官：（宣读）

陆军省报道班班长佐藤贤了演说摘要，1938年8月25日至8月29日，内务省警察部长临时会议。

除了在内容和顺序上有些微改动，佐藤贤了的这两次讲话几乎一样。以下就是两次讲话的合集。当然，本合集中措辞方面的处理由作者负责。

关于中国事变的处理方针

对于当下这个事件，我相信，在座各位作为引导公众维持各地秩序与和平，让人们理解此次事件目标的领导者，对于政府处理此事的政策有不少疑惑的地方；我也相信，这些人在执行任务的时候是最为不满的。为此我也是感同身受。实际情况是，最高当局本身也不是十分清楚处理中国事变的政策。那些师团长、旅团长们也问过我同样的问题，他们也希望能出台一个明确的政策。

但是在实际当中，这是个非常难回答的问题。在日清战争中，我们所要做的就是将清军从朝鲜半岛上驱逐出去；在日俄战争中，我们要做的就是将俄国在南满的势力清除干净，并且肃清俄国军队。这两场战争都有一个非常简单的目标，但是当下的这个事件却很不一样，也异常复杂。

现在的这个事件，第一，目的非常复杂，而且这个目的始终处在变化中。所以说，作战的目标是不确定的。即使目标是确切的：

（1）操纵军队在大陆上作战；

（2）没有现代的国家体系，中国正处在一种畸形状态，它好像一条蚯蚓，不论被怎样切碎，每一个部分都能继续存在下去；

（3）英苏两国是中国的靠山，明里暗里地援助中国，严重妨碍到我方的行动。

去年7月卢沟桥事变——也就是当下冲突爆发之时，日本的态度是就地解决此事，不将这个事件扩大为两国冲突。尽管如此，中国方面还是没有停止他们的骚乱，又制造了北平广安门事件和上海大山事件[1]。最终，我们的政府在8月15日凌晨1:30，向全世界发表声明，阐明了我国的意图。声明主旨如下：

怀着在亚洲建立永久和平的希望，日本政府长久以来致力于同中国结成友好联盟。然而，对自身国力过度自信，并且忽略日本真正实力的南京政府，却与共产主义势力联合，采取反日立场，并且羞辱我日本帝国，以此向我国挑衅。

---

[1] 即大山勇夫事件——译者注。

近些年来，中国人已经再三挑起不光彩的事件了。这一次，他们又在永定河上导致了一起不光彩的事件的暴发。卢沟桥事变和他们对通州许多日本居民贸然采取的恶行，人神共愤。华中、华南地区的日本居民，他们的生命和财产安全面临严峻危机，这些同胞不得不暂时撤离出他们多年来平静居住的土地。

但是，出于耐心和自尊，日本非常不愿意事态扩大，并一再恳求南京政府要怀着就地和平解决事态的愿望，停止他们的敌对行动，不要妨碍我们解决事态的意图；南京政府对此却毫不理会，反过来，他们还准备以武力对抗我日本帝国，并最终在上海炸毁了我方的一艘军舰。

事已至此，忍无可忍的日本对中国的轰炸做出了回应，并为了要求南京政府重新考虑局势而采取了一定的措施。

这个措施只不过是想将中国的反日活动连根拔除，从根源上铲除类似的不光彩事件，从而实现日、中、"满"三国间的友好合作。无论如何，日本毫无领土方面的野心。

上述声明可以说是战争宣言。和日清、日俄两场战争很重要的一个不同点是：当时，我们的动机不是要推翻中国政府，而是为了要让南京政府重新考虑形势而赶走叛军；行动的对象则是中国的陆军。

所以说，这次事件的动机从一开始就是很模糊的。为了要求南京政府重新考虑形势——不管要多长时间，如果他们就是不考虑日本要怎么办？

作为要求他们重新考虑的一种手段，有一点非常重要：日本要通过废除中国背后的英苏援助——消除英国的经济援助及苏联的军事援助——这两个国家的行为就像新罗在背后支持熊袭族叛乱一样——以此让中国明白日本真正的实力。

作为一次在事件爆发当时的行动，我们的主张是要扫清平津地区——这是介于"不扩大"方针和全面行动政策之间的策略,通过打击中国的第二十九路军,并将他们赶到永定河以南地区,这样,冀察问题也就自然解决了。

因此,我们行动的地域不得不扩大,我们的部队也将渗透——之后到上海,然后是占领南京。这之后,柳川[1]兵团就能在(空白[2])出其不意地登陆了。

再说一些和我们战争准备有关的事。所有为可能的对苏战争而准备的弹药,到了占领上海,进攻(空白[3])的时候都已消耗殆尽。在一场战争中,对于战争物资——尤其是弹药和战机,消耗是很巨大的。而且,战机的有效期也仅为1年左右,它就是科学精髓集结的最高体现,始终需要有最高端的配置和最强大的动力;而弹药,不仅是战争中花销最大的那一部分,也需要密切注意其有效的时段。世界上还没有哪个国家是在弹药方面做了完美的准备后才宣战的。因为在上海战役中一时缺乏弹药,导致我们的士兵面临危殆。当然,为了行动需要,这些士兵在各个区域分散行动也可能是一部分原因。当前,军事物资生产力已经大为提升,所以没有了类似的必要性。但在我们已经开战之后,我们一定不能忘记要做好对苏战斗的准备。就像"张鼓峰事件"一样,我们无法判断对苏全面开战的时间表。不相信所谓的苏联会侵略日本,这是大忌。如果把同苏联可能的战争纳入考虑范围,那我们现有的生产能力是远远不够的。另一方面,在涉及外汇和货物进口方面,我们现在也正面临着麻烦。

接下来,我想和你们说说1月16日的日本政府声明。基于8月15日的日本声明——我之前提到过这个——考虑到被蒋介石

---

[1] 即柳川平助——译者注。
[2] 日文庭审记录为"钱塘江"——校者注。
[3] 日文庭审记录为"罗店镇"——校者注。

的部队包围,广田外相提议让德国大使进行调停,并表达了我方希望和平,希望在反共战线上实现日、"满"、中合作的意愿。之后,德国大使于11月末回复广田外相说:"中国方面似乎很渴望认同日方的提议。这份提议有没有什么变化?"

德国大使同广田的首次会谈是在8月底,也就是攻陷罗店镇之前。现在已经是11月底了,攻陷南京在即——当前的形势已经有了重大变化,很显然,不可能再基于之前的条件进行谈判了。

因此,就在12月22日,广田外相向德国大使做了如下回复:

当前形势已发生了重大变化,已经不可能再把中国认可的那个条件作为停战的基本条件了。如果中国方面能够大致认可以下条款,我们将准备直接进入谈判程序。如果中国方面反其道而行之,我们就不得不从一个新的立场来处理事件了。

条款:

1. 中国放弃容共、抗日、反"满"政策,与日、"满"两国合作,实行反共政策;

2. 在日本认定的必要地区设立"非武装区域"并设立"特殊机构"(广泛的自治组织);

3. 日、"满"、中经济合作,缔结密切的经济协定;

4. 中国赔偿日本的损失。

后来到了年底的时候,我方坚决要求中方给予回应,并要求中方派一个代表团,或是就在日本,或是在上海,基于上述条款内容进行停火谈判。

当然,我们觉得,中方回应可能会推迟到1月10日左右。我国政府准备的条款的具体内容如下:

具体内容:

1. 中国必须正式承认"满洲国";

2. 中国必须放弃其反日、反"满"的政策;

3. 中国必须在华北和内蒙古建立"特别区域":

   A. 为实现日、"满"、中三国共存、共荣的目标,必须在华北地区设立合适的机构,并赋予该机构广泛的权力。此机构将特别致力于实现三国间的经济联合;

   B. 必须在内蒙建立一个反共的自治政府,其国际地位将与外蒙一致。

4. 建立反共机制,中国必须在执行反共政策方面同日、"满"合作;

5. 须在华中的日占区建立"非武装区域"。中国要与日本就维持上海的和平秩序和经济发展进行合作;

6. 日、"满"、中三国要在关税、贸易、防空、交通运输以及开发自然资源的沟通方面达成必要的协议;

7. 中国要对日赔偿(在我方中有反对意见);

8. 中国必须承认日军在华北、内蒙古及华中地区指定区域内为维和而进行的驻防之条款有效;

9. 在同意上述条款前不会进行停战协议的谈判。

在中国切实执行上述具体条款后,我国政府会秘密计划取消安全驻防之条款,并在中国之发展事务上予以合作和援助。我相信,你们所有人都对这种不痛不痒的条款和条款明细感到愤怒。议会中也有同样的倾向。

韦伯庭长: 我们休庭到 13:30。

(于是,休庭)

(下午法庭再次开庭)

法庭执行官: 远东国际军事法庭现在再次开庭。

韦伯庭长: 帕金森检察官。

帕金森检察官： 我刚才只是念完了第 4 页的最后一段。（宣读）

但是，一直到 1 月份，中国方面也没有就上述原则作出任何回应，更没有派遣代表来谈判，根本就没有任何诚意。在我政府内部，自年底开始，就有人建议召开御前会议，所以我们在 1 月 11 日召开了御前会议。我知道，那时，陛下已经决定要进行持久战，直到中国放弃。

但是，在 1 月 14 日前后，中国方面据说是做出了如下的答复：

"中方正准备开启同日本的和平谈判，但日方提出的条款过于抽象，我方很难答复。"等等。

那么也许你会说，假如我们向中国提交了上述具体的条款，又会怎样呢？但这并不是最佳的策略；只有在谈判条款是抽象的条件下，磋商和谈判才具有其价值和必要性。

事态就这样发展着，最终，我国在 1 月 16 日发表了声明。这份声明——在我看来——本应该在年末，也就是在攻占南京前就发布。

攻陷南京，也就是敌方的首都，对外国势力没有起到预期的影响有两个原因：一是轰炸"帕奈"号炮艇事件；第二就是上述声明发表的延误。声明发表延误的一个原因，就是在对华政策上陆军中有不同的意见，而且在当时，近卫内阁也濒临倒台。

既然中方没有诚意——就像前文已经提到过的那样——陆军认为，推翻蒋政权是第一要务。为了做到这点，要继续在日占区进行密谋。

首先，不同于日清、日俄这两场战争，这个事件主要不是基于军事行动，而是一场主要依靠政治行动的战争。

所以我们在日占区的计划——通过让王克敏在华北建立政权，在最终攻占南京后即开始计划执行建立一个新兴政权的工作。

从总体上看，那些在中国有影响力的人物持这样一种观点：如果日本能致力于推翻蒋介石直到最后一刻，他们就有义务站出来，并在新兴的政府当中出一分力量；但如果日本同蒋介石妥协，他们就会因汉奸罪被杀。所以，在日本方面做出"永不与蒋介石方面妥协"这一最终表态之前，这些人是不会做出决定的。

在这一点上，我很赞同这些人的做法，也正因为如此，日本有必要就其对华的基本政策做一个澄清。

这也就是1月16日声明发布的原因——因为之前一直政策不明了。但是，声明的内容，尽管有打算之后以内阁官房长官讲话的形式再做一个必要的解释，还是引起了麻烦——被人认为缺乏清晰度。

一开始，陆军省和海军省的外事部门主要官员刻意隐瞒声明中的原则，时间达一月之久。在充分估计了蒋介石在日本宣布与其决裂后会采取的态度后，当时的声明清楚地表明了日本将对其采取的措施。但是，上述声明的一部分在内阁会议讨论中被删除了——理由是太长。因此这份声明的重要结论表述如下：

在攻陷南京后，帝国政府为了仍然给中国国民政府以最后重新考虑的机会，一直等到现在。然而，国民政府不了解帝国的真意，竟然策动抗战，内则不察人民涂炭之苦，外则不顾整个东亚和平。因此，帝国政府今后不以国民政府为对手，而期望真能与帝国合作的中国新政权的建立与发展，并将与此新政权调整两国邦交，协助建设复兴的新中国。帝国政府尊重中国领土与主权以及各国在中国的权益的方针，当然毫无变更。现在，帝国对东亚和平的责任日益加重。政府期望国民为了完成这一重大任务而更加发奋。

全文结束。上面就是声明的全部内容。其核心就是：

1. 不承认蒋介石政权为中国的中央政府，换句话说，这意味着日本不会再与蒋政府进行停战谈判；

2. 建立新的政府。日本将全力支持这一新政权。

这份声明也有不妥之处，因为它没有澄清我方对汉口政府的态度，或者换句话讲，无论形势怎样，蒋介石都必须投降。

这一点——我之前讲过——在声明的草稿中是有陈述的。无论如何，要是现在的汉口政府投降，我们将其作为中央政府进行接触当然是不合适的；但是，像对待亲日地方政权那样与他们进行接触就没有可能了吗？这一点，五相会议时需要好好考虑一下。

另外，声明中提到的"帝国政府今后不以国民政府为对手"这一点，最初是由陆军提出来的，草稿中的表述是："帝国政府今后不再承认蒋介石政权为中国的中央政府。"因为外务省的反对，这一条被修改了，外务省原来的提法是："从首都南京撤出的国民党政府已经失去了其统治能力。因此，日本不会再同这样的政府就解决争端问题进行谈判。"

关于这份声明对中方的影响，中国人是这么表述他们的态度的："给日本的回复并不意味着中国试图逃避和平谈判。我们的政府已就日方提出的条款进行讨论，但由于外国在华权益问题非常复杂，我们只能要求日方给出更为具体的条款。同日本和平相处是我们的希望之所在，等等。"我认为，这就是中国今后将其对外政策导向对其有利方向的计划。

现在我想同各位仔细探讨一下攻占汉口后的事情——再也没有比这更难预测，也更加不确定的事了。去年的这个时候，还没有人会想我们要派部队去占领汉口。这也许不叫预测，但是，距离主要军事行动的结束不会太久了；不过，这根本不意味着这次事件的终结。

接下来是预测蒋介石会不会在汉口被占领后投降的问题。关于这个问题，我们的应对态度是：

1. 如果汉口政府不投降，那它就是个反日的地区政府；对于这样一个政权,是放过他们,还是予以彻底歼灭,这是个问题。

2. 如果投降——投降的意思是蒋介石要无条件服从日本,中国也必须放弃其支持共产主义及反日政策,当然,也要加入日本的反共阵线。在这种情况下,我们应该采取哪些方法和措施,将这个在汉口新成立的亲日政府,同华北、华中已有的亲日政权结合起来呢?是将其建成一个联省自治政府?还是另外建立一个能够将这个政府包含在内的强势政权?还有很多其他方式可以考虑。无论如何,汉口被占领后,建立中央政府的时机就将成熟,而这个中央政府必须要有能力赢得华中和华南的信心,也必须能得到全中国人民的欢迎。和"满洲国"情况不同,日本方面不会掌管这个政府中的任何部门,但会最大限度地扮演领导角色(这是去年秋天内阁会议上所决定的计划大纲)。

日本在华北和华中的政府机构会将华北完全地置于日本的控制之下——就像"满洲国"一样——形成一个日、中、"满"三国防御区域,同时也需要为国防目的开发自然资源。

华中的重要性不比华北,但它会成为日本经济实力发展的重要基地。所以首先要确保在华北实现我国的目标。

内蒙古也将和华北一样成为一个反共地区,也有必要在这一地区建立一个自治机构;我国部队当然也会在必要的地区驻军,协助中国武装机构——保安队——来维持这个地方的和平与秩序。当然,也有必要确保内蒙古准备对苏作战,但现在就对苏作战会对日本极为不利——那样我们就不得不把部队分开,在南北两线同时对中苏开战。如果对苏作战是不可避免的话,日本就需要在军备和生产力都得到扩大之后,再另行挑选一个合适的时机——这个时间点应该是在昭和十七年(1941年)以后。

这还关系到外交政策,但我们会在一定程度上承认英国的权益,并让它切断同蒋介石的所有联系;最重要的是,我们要进一步强化我们同德意两国的《反共产国际协定》。

接下来一件重要的事情,就是对我国政府准备执行的对华大陆政策进行更新的问题。对已经开始掌管满洲的日本来说,为了向中国内陆进发,就需要激励我国人民加倍的努力。我们国家为什么会在最初的殖民政策上失败,一个原因就是国力的缺乏,尤其是生产力的缺乏——关于这一点,最近的例子就是南满洲。那时候,日本没有能力完全掌控那一地区,最终导致满洲事变的发生,这都是因为生产力不够的缘故。

西伯利亚远征军——我国军队向贝加尔湖进发的最终结果是什么?结果也和上面一样。

工业管理上的改变——从自由发展到国家控制——这一定不会是一个暂时的现象。我们民族的发展,想通过自由经济的方式实现,完全没有可能,只有通过强制执行《国家总动员法》才能达到这个目标。

我谈论的内容偏离了主题,但是,要是我们在当下这个事件爆发的六个月前就实施《国家总动员法》,那对我们的行动就极为有利了。

当然,这在现实中已经是不可能的了。就日俄战争来说,我们的人民在日清战争后不久就已经明白,对俄战争已不可避免。一名退役陆军中佐(陆军省负责战争动员的官员),早在1903年(明治三十六年)6月(宣战六个月前)就宣称,有必要出台一项动员法令,内容与现在的《国家总动员法》相似——对于这样的做法,我是极为赞同的。

在当下的这个事件中,去年8月,我国就关于强制执行《国家总动员法》的部分条款颁布了敕令。那时候,资源局(非执行机构)还没有完全建立,而且,这个部门和企划厅之间又存在着误解,所以最终导致了10月25日联合机构的建立。9月的临时议会又通过了《工业动员法》；今年1月，又最终发布了《工厂管理令》。这些都可以说明，我们政府的行动是有多么的迟缓。

现在我们回到主题。在我们国家，对于政府机构以及政党问题、全日本国民精神总动员中央联盟等，还是有革新的必要的。这些问题也许只能通过泛亚细亚运动（民族运动）才能得以实现，也将对引导更年轻的一代具有重大意义。

今年2月，报上发表了一篇关于士兵回家乡的文章——确实有一些士兵已经被送回了家乡，但要告诉你们的是，这之后，政府又逐步发出了动员令，而且好像又有流言在传，说这是在准备同苏联作战。对于这一点，我想说几句。

连续的镇压只会导致中国人坚定他们抗日的决心，所以陆军省认为，最好的方案就是在每一个城市被占领后都关注一段时期，给中国人一个从内部腐坏的机会。鉴于此，就先把一部分预备役部队送回国。但此后，因为需要改变行动计划，这个方案也就自然而然地终止了。这件事也和1月16日发表的建立新政权的声明有一点关系。

亲日的政府都在华北和华中，他们之间的联系在津浦铁路战略要点——徐州被切断，这让很多事情都变得极其不便。为了确保我们的事业，于是开始了对徐州意料外的进攻。一方面，蒋政府和亲日政府有天壤之别，为了打击蒋政府，就必须确保这个据点的安全；另一方面，对于巩固亲日政府的必要性，我们的压力变得很大。所以，与其空想，我们有必要使用大规模的部队。当然，正如之前所述，也要对部队换班的计划进行调整。

最后，我想再就有关和平谈判的传闻说两句。有种传闻甚嚣尘上，说英德等国将居中调停日中间的冲突。不过，我前面也提到过，对于这次事件，我帝国已在1月16日的政府声明中充分表述了我国的基本态度。而导致这些传闻出现的情况，看起来是因为第十个中期年度(一月、三月,在四月)[1]显现了令人失望的贸易数据(预计的进口总额从30亿日元降至25亿日元),同时,强化经济控制也变得必要——这一点也终将会实施;当然,内阁成员宇垣和池田,也对开启和平谈判颇有疑虑。这些看起来似乎都是导致传闻出现的原因。但在我看来,这些都是已经被证实了的事情。

今后,我国仍然需要相当大规模的预算,尽管我们一定要为增加军事供应做好准备,但我们必须克服困难,所以我认为现在不是提和平谈判问题的时机。

最近,蒋介石派某人到日本来试探和平谈判的可能性,而这人也正在对前文提到的和平条件的细节进行处理,以作为其谈判的基础。考虑到他的态度,我听说中国将:① 放弃其反日政策;② 大体上承认"满洲国";③ 承认内蒙古自治政府;④ 反对在华北、华南建立非军事区域;⑤ 反对日本在华驻军;⑥ 反对立即加入《反共产国际协定》;⑦ 支持反共产国际政策;⑧ 同意与共产党切断联系;⑨ 希望免于赔款;⑩ 支持经济发展;⑪ 蒋介石将在和解后下野。

根据我所听到的,中国的态度就是这些。当然,真实情况我不知道,但中国避开了日本明确提出的目标;而且,在汉口即将遭受猛攻之际,这份基于中国想法的协议要求得太多——当然,我们的内阁会议是不会听中国人的。

最后,我希望重申1月16日声明中提到的关于我国政府对此事件的基本态度。自去年8·15声明发表以来,情况已经有了变化;在那之后,根据现在形势的变化,也很难说不再有任何的变化。但是我认为,建立一个新的政权这一点,是我们应该坚定不移的。

---

[1] 日文庭审记录为"今年第一季度(从一月至三月)"——校者注。

弗里曼辩护律师：尊敬的法庭，我请求本法庭允许，我想让摩尔少校说明一下，这份文书的来源文书是否有正式的公章？

韦伯庭长：除非有额外的证明，我们假设它没有正式的公章。

帕金森检察官：我现在要提出国际检察局检方第1093号文书。这份文书的标题是："关于帝国同国际联盟各机构终止合作关系事宜。"

韦伯庭长：有证明书吗？

帕金森检察官：有一份丹利先生签字的证明。

韦伯庭长：检方拿到了证明，为什么辩方就不能？

帕金森检察官：如果他们是要同样的证明，那他们可能拿到。

韦伯庭长：你准备同意他们说的，如果他们用的是你们的证明，你们也会接受？我相信你不会那么做。你应该证明每一份文书的来源都是日本政府，或者是做不到。

帕金森检察官：在这个案子里，阁下，我要引用的内容来自与丹利先生证明书有关的文书的封面。换句话说，原始材料就是日文的，日文文书上的标题就是我刚才提到的这个，标注的日期是1938年11月2日，枢密院会议记录。

韦伯庭长：暂时这些就足够了。你正式提交了吗？按例允许。

法庭书记官：检方第1093号文书被收为第271号书证。

（检方书证被收为证据）

帕金森检察官：（宣读）

关于帝国同国际联盟各机构终止合作关系事宜，1938年11月2日，会议记录，枢密院会议记录。

1. 关于帝国同国际联盟各机构终止合作关系的问题，1938年11月2日，周三，10点08分开始，天皇陛下莅临会议。

出席人员：

议长平沼、副议长原。

内阁大臣：首相近卫、海军大臣米内、司法大臣盐野、文部大臣荒木、递信大臣永井、农林大臣有马、铁道大臣中岛、厚生大臣木户、内务大臣末次、陆军大臣板垣、拓务大臣八田、外务大臣有田。

顾问官：金子顾问官、樱井顾问官、河合顾问官、石井顾问官、有马顾问官、窪田顾问官、铃木顾问官、石塚顾问官、清水顾问官、藤泽顾问官、林顾问官、南顾问官、田中顾问官、奈良顾问官、荒木顾问官、松井顾问官、菅原顾问官、松浦顾问官。

缺席人员：

皇室成员：雍仁亲王、宣仁亲王、崇仁亲王、载仁亲王。

内阁大臣：大藏大臣兼商工大臣池田。

顾问官：黑田顾问官、铃木贯太郎顾问官。

委员会委员：

法制局长官船田、法制局参事官森山、外务省条约局长三谷、厚生省次官广濑、厚生省卫生局长林、厚生省劳动局长成田。

报告员：审查委员长原。

书记官长：书记官长村上。

书记官：书记官堀江。[1]

平沼议长宣布会议开始：

将要讨论的议题为：关于帝国同国际联盟各机构终止合作关系事宜

对初审时的有关议题不再详述，直接要求审查委员长做情况汇报。

---

[1] 日文庭审记录中还记载"书记官高辻"——校者注。

报告员原：

　　为配合最近提交枢密院商议的"关于帝国同国际联盟各机构终止合作关系事宜"一事，我们奉命建立了一个审查委员会。在10月27日召开的委员会会议中，在听取了首相和有关官员的阐述之后，委员会又继续进行了审议。

　　帝国早在1933年3月就已通知退出国际联盟，尽管两年后退出国际联盟才被正式予以承认，但自那之后，按照退出公告发布时所发表的帝国诏书中的目标，日本政府还是很乐意同国际联盟就各种和平、人道方面的事务进行合作。

　　当前，有政府代表参加，或是个人以私人身份加入的国际联盟机构有：国际联盟常设委任统治委员会、鸦片交易咨询委员会、鸦片中央委员会、社会问题咨询委员会、艺术科技联合委员会、经济委员会、卫生委员会、东方传染病信息部，这些人也与国际劳工组织有来往，也参加了国际法庭；他们还参加了两个由国际联盟赞助的大会：全球裁军大会和世界经济大会。

　　随着中日事件的爆发，中国政府于1937年9月12日向国际联盟提交了正式的申诉。自那以后，受中国活动的影响，国际联盟大会及国际联盟理事会做出决议，认为帝国对抗中国的行为，与《九国公约》中的涉华和反战法案直接抵触。

　　国际联盟不仅承诺给中国道义上的支持，还鼓励每一个成员国为中国提供个别支持，并且指控日本军队轰炸毫无防卫能力的城市，并使用毒气。国际联盟采纳了各式各样旨在谴责帝国的解决方案，但由于多国的中立态度及国际联盟本身的无能，这些方案对日本的影响力有限。结果，中国充分利用国际联盟全体大会的时机，加剧了反对日本、帮助中国的情绪。利用国际联盟集体力量作为压力，中国竭尽全力试图压制帝国。

　　最终，按照中国政府的请求，理事会批准《国际联盟盟约》第17

条适用于中日事件，还特别指出，非国际联盟成员国也将和成员国一样承担责任。根据此条款第一项的规定，帝国也接到了要约邀请。1938年9月30日，根据政策，日本政府拒绝了这份要约；国际联盟理事会则根据《国际联盟盟约》同条款第三项之规定，对此采取了这样的解决方案：要求国际联盟会员国根据《国际联盟盟约》第16条之规定，由各成员国单独对帝国进行制裁。国际联盟的这个决定委托各国自行实施制裁措施，许多国家——比如波兰、比利时、秘鲁等——都知会日本政府，他们现在无意对日本采取任何制裁措施。尽管进行实际的制裁并不在预期之内，但只要理事会做出这样的决议，日本与国际联盟就将完全对立。所以，从国家名誉的立场出发，今后帝国不再容许同国际联盟各机构有进一步合作。因为帝国将遭到世界各国的轻视，在退出国际联盟后，我们草拟了这份关于停止同国际联盟各机构合作的方案，并提交本会讨论。

在得到帝国的批准后，国际会议帝国事务局局长将把这个决定通知国际联盟秘书长。至于那些参与国际联盟各机构事务的人员，倘若是政府代表，则终止其在这些机构的职务；若以私人身份在参与这些机构的，则根据自己的意愿辞职。国际联盟各机构费用中由日本承担的部分，今后也不再继续支付；那些在国际联盟任职的工作人员，则允许他们自行决定去留问题。

而有关帝国被授权管理南洋群岛的问题，不管帝国退出国际联盟后会有什么影响，我们都将根据《国际联盟盟约》第22条以及委任统治条款的规定，继续对这些岛屿进行法定管理。在这件事（指不再与国际联盟各机构进行合作）上我们采取的措施同法定管理状态无关；因此，关于《国际联盟盟约》第22条第7项之规定，帝国将继续向国际联盟理事会进行例行的年度汇报。今后，政府将不再派代表参加常设委任统治委员会的各种会议——因为它也是国际联盟的一个机构，而在这个委员会中的日本委员也不再继续参会。

在对此事件采取这样的行动后，帝国政府将不再继续参与通过国际联盟执行的国际性事务。遵照已发布的圣谕，我们将在各类世界和平计划中予以合作，但这和我们不再参与那些旨在维护公共和平、创造人民福祉的国际性事务并不矛盾。为此，内阁长官们已经向大家说明得很清楚：对于采取适当措施来达到维护公共和平、创造人民福祉这一目标，我们不能疏忽大意，但要达到这个目标的途径是通过外交渠道，而不是那些国际联盟机构。

关键是，国际联盟理事会基于中国的请求，根据《国际联盟盟约》第16条之规定同意对日实施制裁，因此，帝国同国际联盟已有的，甚至在我们退出国际联盟后仍然存在的合作关系，将立即终止。尽管帝国退出了旨在为世界和平做贡献的国际联盟，万分遗憾的是，现在又必须切断同各国际联盟机构的合作关系。我们认为，考虑到国际联盟同帝国的冲突关系，我们别无选择。天皇陛下在日本退出国际联盟时发表了圣谕，他表示，他的愿望不会因国际政治形势的变化而改变，而政府当局也将始终遵循陛下之意愿，并周密考虑应对此事的措施。事实上，我们仍然会致力于通过外交途径，而不是国际联盟机构，在各类国际和平和人道主义事务方面进行配合。

在政府官员的声明中加入了我们的信仰，并期待他们能在此事件中刻苦努力，调查委员会已经以不记名表决的方式通过了这个方案。

这就是调查委员会报告的全部内容。

平沼议长：

如果没有其他需要做进一步讨论的，我们将省略第二稿和终稿，直接进行投票表决。同意这个议案的请起立。（所有人都起立）

平沼议长：

不记名表决通过。今天的会议到此结束。

天皇陛下退场。

会议于 10:20 结束。

(签名)议长：平沼男爵。

书记官长：村上。

书记官：堀江；高辻。

冈本敏男辩护律师： 关于这份记录我想说几句。在第 271 号书证中，枢密院顾问官中有一位姓南的议员，那是南弘顾问官，不是被告南次郎。

韦伯庭长： 我们已经注意到那不是南次郎。清濑博士。

清濑辩护律师： 关于今天上午在本法庭所念的第 269 号证据，我有几句话要说。这份证据由两份单独的记录组成：一部分是宇垣外相上奏天皇陛下的资料，另一部分则是有田外相在枢密院会议上的报告资料。但在这些记录的日文文本中，却声明这些资料是用来做注解的，而不是英文文本中所说的"报告"。我已经就这个问题同语言部门进行了讨论，他们也赞同我所说的"'资料'一词需要解释清楚"这一点。我相信检方也会同意我这个观点。

韦伯庭长： 摩尔少校。

语言仲裁官(摩尔少校)： 尊敬的法庭，阁下，这里有一些误解。毫无疑问，在我看来清濑博士说的是对的，印象中仲裁部也同意清濑博士的观点；部门的态度是——尊敬的法庭——检方本应该有机会在仲裁部门阐明他们的态度，然后再由仲裁部门向本法庭提交决议。

韦伯庭长： 同意给检方这个机会，过会儿我们再来听汇报。帕金森检察官。

清濑辩护律师： 庭长阁下，对不起，我想插几句。在检方宣读书证的时候我想咨询仲裁员一些问题。

韦伯庭长：我们相信你是诚实守信的,清濑博士。

帕金森检察官：尊敬的法庭,我现在要提交国际检察局第605号文书,并附有第一复员局通讯秘书提供的真实性证明。这份文书的标题是："华中派遣军形势预测简报",日期为1939年7月24日,由华中派遣军参谋长吉本贞一发送至陆军大臣[1]山胁正隆处。文书证明宣读如下：

国际检察局第605号文书来源及真实性说明。我,石桥兼雄,特此证明,我在日本政府中担任的职务为通讯秘书,因职务关系,我对所附日期为1939年8月3至7日的文书负有保管责任,文书具体名称为：中国派遣军[2]机密日报。我还要证明,所附的记录和文书均为日本政府的官方文书,是第一复员局官方档案的一部分(也包括引文的文书序号——如果有的话——以及在档案文书中,文档所提所有的常规地点之官方名称)。1946年7月5日于东京签署此证明,正式签名：石桥兼雄;见证人：小林靮而[3]。

还有丹利先生的一份相似的证明。

韦伯庭长：那个不用念了。

帕金森检察官：我能提交作为证据吗,阁下?

韦伯庭长：按例允许。

法庭书记官：检方第605号文书被收为证据第272号。

(检方第272号书证收为证据)

帕金森检察官：我可以请求本法庭允许让曼斯菲尔德检察官帮我

---

[1] 应为"陆军次官"——校者注。
[2] 日文庭审记录记载为"华中派遣军"——校者注。
[3] 音译——校者注。

念这份证据吗？

韦伯庭长：曼斯菲尔德检察官。

曼斯菲尔德检察官：

华中派遣军形势预测。日期：1939年7月20日，华中派遣军司令部发布，吉本贞一（华中派遣军参谋长）发送。具体发送至：参谋次长6份，陆军次官6份，第十一军司令官1份，华北方面军司令官1份，波集团司令官1份，备份8份（预留给军司令官、参谋长、副参谋长及部门负责人），共计23份。

决定：为迎接持久战，华中派遣军将逐步创造条件，使自己能长时间地存在，并通过在空中和地面上的直接行动，对敌人的战斗力进行不间断的打击和摧毁。

与此同时，依靠灵活的政治资源和计策，削弱敌人的抵抗精神和物资生产能力，特别是有关的政治和经济组织。有必要建立一个新的中央政府并对其进行培植，这样，中日事件的基本解决方案就能很快制定出来了。

珍宝纲要[1]

1. 华中派遣军继续执行其任务，坚守大部分已占领地区。在第十一军所管区域内，将努力集中我方的军力，以利于抓住每一次机会，粉碎周围的敌人。在派遣军所管区域内，特别是"三角地带"，我们将致力于实现完全的和平与稳定。为此，我们考虑实施一次局部行动，对占领地周围的战略要点进行打击。我们应该尽量避免任何恶化的国际形势，恶化的国际形势将对事件的解决产生不利影响；但很有可能的是，考虑到新中央政府的建立和成长以及蒋政府垮台的预期时间，在昭和十五年（1940年）初之前，我们都

---

[1] 此处为英文记录错误，应为"措施纲要"，翻译部门在后面的庭审中做出更正——译者注。

无法进行撤军行动。不过,派遣军将时刻准备应对国际形势的任何变化。

2. 陆军航空部队将与海军航空部队合作,在占领区及周边地区地面行动的配合下,对敌人的空中和地面军力予以打击;同时对占领区及其周边的战略要点进行进攻,为了让敌军和平民感到恐惧,也将对内陆地区的战略要点进行攻击,以让这些人萌生反战和平的情绪。

至于深入内陆地区的行动,为获取有重要战略意义的空军基地,我们将实施有限的行动。

3. 为使这一地区能够完全的自给自足,同时为国防获取必要的资源,派遣军将根据国民经济的原则,考虑进行有限的行动。

4. 派遣军将致力于进行舆论宣传,实施怀柔策略,特别要澄清并传播新中央政府所提倡的各种原则和信条。此外,我们还将进行更为活跃的反共思想运动,通过对人民进行改造以赢得他们的感情。这样,我们就可以在新中央政府的旗帜下对人民进行安抚和组织工作了。

曼斯菲尔德检察官:我被告知——尊敬的法庭,标题是"措施(measures)纲要",而不是所打印的"珍宝(treasures)纲要"。

韦伯庭长:嗯,这里确实是"珍宝",不过这儿的意思很明显。

曼斯菲尔德检察官:(宣读)

5. 我们将建立一个以汪精卫为首的新中央政府,并对这个政府的发展提供积极支持。

6. 我们将积极实施各类战略:

(1)关于军事事务,我们会调和所有正规军和非正规军,利用他们完善并加强新中央政府的自卫能力。

（2）政治上我们会根据第5条中的政策执行各套方案。

（3）经济方面，我们要肃清那些由第三国支持的援蒋活动，并对敌国内部必要资源的生产和流通制造障碍，特别是军需品、生活必需品、出口货物等。我们还将继续封锁长江，并努力将英国在长江沿岸的影响力排除出去。

（4）关于思想问题，我们会以亲日反共、反英、和平兴亚为基础，组织并进行人民运动。

7. 关于所有外国的租界，特别是上海的租界，我们会积极采取措施，与中央配合并鼓动中国人；为此，预计可能会利用军队的力量。

8. 考虑到事件现阶段的特殊情况，中央应配合有关当局，加强自身开展经济和外交项目的能力。具体为：

（1）对于由派遣军管控的经济体系和地区自立项目，要建立一个能将这些项目付诸实施的机构。

（2）要在质量和数量上同时加强该地区的外交渠道，这样，上海的外交工作开展就能更加积极、活跃了。

说明：

1. 我们承认，现在派遣军所面对的敌军势力正快速减弱，他们不仅无法组织起积极的攻势，也正慢慢地坠入溃败的境地。

造成这种局面的主因并不是敌军损失了其战斗能力，而是本应该得到加强和支持的前线部队，抵抗能力却被削弱。

比如，国民党部队中的大多数将领对这场抗战的未来失去了信心；军官损失惨重，且意志消沉；国民党与共产党之间的恶劣关系；关于和平问题的内部矛盾上升；和平和反战情绪在人民中盛行；蒋介石没能得到足够的第三国的支持，特别是英国和苏联的支持；财政和民生物资的缺乏；通信系统被毁以及遭到破坏的后方机器生产被切断；所有这些都在另一份题为《中国部队战斗力研究》

的报告中有详细的描述。我们判断，在这样的条件下，即便再给敌军一段时间，他们也不可能恢复、准备好自身的反击能力。那些在第一线的军官和士兵，特别是年轻的士兵，在经过多年的灌输教育后，很多人陷入了抗日救国的简单误区，在被花哨的宣传教育所误导之后，这些人对最终的胜利抱有坚定的信念；甚至在最高统帅部门，一些军官盲目地相信那些从前线来的错误报告和国内外那些以讹传讹的消息，并强迫他们自己承认这些报告和消息，目的只是为了自我安慰，而最终的结果是，他们对自己的失败心知肚明。所以，前线敌军不仅不会全线溃败，而且，只能是在直接打击下完全被摧毁，别指望他们会自己投降。即便是那么无知，那么顽固不化的人，随着时间的推移，当他们清楚真相后也会改正自己对形势的错误判断。如果国民政府在人民中失去威信，它的控制力会被削弱，那么很容易想象，那些清楚中国失败真相，但还没能意识到自己希望停战的人就会逐渐站起来，并最终形成一股新的大趋势，加大团结的力量，并提升自身的能力。简言之，我们希望那股作为敌军抗日力量源泉的军事战斗力能够逐渐衰退，而汪精卫"和平救国"运动的发展以及物资缺乏的现状也将导致"倒蒋"的突然出现——而这种情况的出现，也将导致军事战斗力的衰退。

2. 在上述这些条件下所进行的和平运动，即便我们只是通过这些手段来试图达到战争的目的：单纯的策略性行动，对歼灭敌军部队做出计划部署，在多地区对敌军进行经常性的打击，等等，甚至是在西藏边境，我们也不可能实现我们最终的战争目标，原因是对方是一个有着特殊国情的国家：辽阔的土地，丰富的资源，众多的人口，以及不统一的现代国家结构。所以，鉴于我们已经占领了中国重要的地区，也对国民党的主力部队进行了严重打击，我们没必要再进行更进一步的战略性作战行动，也不必对当前的国际压力有任何回应。

关于我军的进攻，应该局限于那些能给敌军施压的，或是打击他们反击意图的行动；为了维持占领地区，特别是"三角地带"的和平与稳定，或重回到我们战略计划中的部分行动里去。另一方面，通过攻势——包括政治手段和谋略——我们应当尝试打击敌人在后方的抵抗核心。为处理敌人在占领区，特别是长江下游"三角地带"的残余势力，我们将派遣合适的部队；此外，我们还将联合占领地区，通过建立防御设施和通信设备来组织和加强中国各维和机构，并且执行坚决的、不间断的镇压，通过这些方式强制维持和平和秩序。

直面敌军抗日核心的第十一军应尽可能安排大规模的游击战，这样，他们就能随时粉碎那一地区进行抵抗的敌军，加速他们第一线作战部队的瓦解。为先于敌军行动，并对其予以打击，以此扫清扰乱和平秩序的中心，我们预计会进行局部的进攻行动。

陆军航空部队在海军航空机组的配合下，一同参与占领区及周边的地面行动，对敌人及其军事设施予以摧毁，并对内陆地区的战略要点给予打击。关于打击内地战略要点这个问题，有关它的价值问题看法五花八门，但一个重要的影响是，它催生出反蒋和厌战的情绪，这一点，无须赘言。

只要蒋政权还在，只要中国人民的抗日情绪还普遍绷紧，使用空袭，特别是会造成无辜平民伤亡的空袭就很有可能加剧这种抗日情绪，但随着中国人逐渐认识到在这场持久战中的不利处境，加上紧张的反蒋情绪和厌战情绪，我们相信，这些都将急速加剧空袭的效果。因此，对于进攻内陆地区的行动，我们希望这些行动能够在敌军中引起精神上的恐惧，而不是直接损害他们的人身和武器装备。

我们会等着看他们因为极度恐惧陷入神经衰弱，然后开始疯狂的倒蒋运动和停战运动。所以，我们需要软硬兼施，在空袭的同时,也要投放生活必需品和宣传册子。

3. 如果我们日本帝国下定决心,竭尽全力来解决中日事件,那么,就像我之后会讲到的,一部分敌军力量将会为了扰乱我们的神圣目标而与苏联共产主义联手,并占领东亚大陆一些重要的部分。但他们的实际能力却做不到这点,也无力引领大趋势,所以,对于发动能带来丰厚果实的"圣战",我们不用担心会有很多的困难。但毫无疑问,为了让此事件的最终解决方案"生米煮成熟饭",我们有必要防止国际形势的过于动荡。敌军的反抗组织现在正站在崩溃的边缘,伴随着新中央政府的诞生——这一点预计很快就会实现——这场让我们付出惨重代价的"圣战"也即将落下帷幕。因此,日本帝国要不惜一切代价来完成它的使命,防止在这个极端重要的行动中有任何闪失。考虑到新中央政府建立和发展的预期时间,以及国民党军队——也就是第二期整编部队抗日行动的失败,以及各种其他的情况,无论付出多大代价,在1940年初,也就是预期的蒋政权垮台的时间点,在此时间前,我们都不该重组,甚至撤销华中派遣军。

4. 蒋介石用"抗战救国"作为幌子,通过向共产党妥协的方式来巩固自己的霸权地位。抗日期间,蒋利用他的老对手——山西军、山东军、旧东北军、广西军和四川军,将他们作为自己的武装力量,有时候甚至"借刀"日本,利用日本的炮火摧毁他们的战斗力。根据判断,当前共产党也在国民党的控制之下,也无力在当前形势中创造出一股新的潮流。

那些受宣传教育多年影响的普通大众,特别是年轻的知识分子,已经有了热烈而深沉的民族意识和抗日情感。所以,尽管是件很遗憾的事情,但我们还是必须承认,中国在政治上的抗日力量依旧非常强大。如果未来发生重庆政府分裂的情况,那分裂的原因绝不会是国民党和共产党之间的摩擦,而很有可能是主战派与主和派之间的一些冲突导致的,所以就更不用说整个共产党原本就是一个主战派了。所以,如果我们想要创造出一个和平的大趋势,就很有必要给予汪精卫一切可能的支持——因为汪的口号是"和平救国",并希望将我军占领地区作为实现这一目标的重要舞台。尽管事实是——正如我已经指出的那样——共产党现在正被蒋介石利用着,我们要更加努力地执行"思想"行动,来反击共产主义——因为任何计谋都有可能导致蒋政府的分裂,而为新中央政府的建立找到一个理由又是重中之重。因此,如果和平主义者掌握了政权,那么现在这个只靠着"抗日救国"作支撑的蒋介石政权必将垮台。和其他主战派团体一起,共产党也将倒向苏联那边,并在西北地区建立根据地,连同外蒙古一道配合,继续对抗我们的兴亚阵营。

这就是为什么中日事件不能单靠武力解决的原因,也是为什么在事件得到完全解决之前花了那么多时间的原因。所以,以建立东亚新秩序为目标的日本,必须长时间在现有的占领区驻军,并在鼓励亲日中央政府自然成长以及自身经济重建方面投入力量。

5. 为了应对持久战,我们陆军在强有力的武装部队的支持下,要确保所有政治、经济以及文化条线的安全,并在占领区进行各种工程建设。同时,陆军也有必要考虑前线必需品的募集、生产和供应措施,如果可能,将必要的资源运回祖国。

此外,为夺取江西和湖南两省的矿产资源,陆军需要为军事行动做必要的准备。

6. 中国已经失去了绝大部分的港口,同时所有口岸均被我军封锁,所以现在中国收不到任何海关税收——这点毋庸多说。因为遭受多次打击后放弃领土的关系,中国从货物税和盐税中获得的收益已经显著下降,而为了支撑急速增加的军费开支,中国现在不得不依靠外国贷款。中国主要的出口物资——茶叶、木材、桐油、丝绸以及矿业的生产严重下滑，运输这些物品也变得非常困难——因为很难保证能获得外国的贷款。因此，外国贷款现在完全成了一个政治问题，也只有英国才会向中国提供贷款——因为它在中国的外国利息财产性收入中有共同利益。所以可以说，英国所提供的物资和财产支持是可以控制敌人反抗能力的唯一要素；鉴于此，为了摧毁蒋政府在经济和财政上的反抗能力，我们完全有必要迫使英国放弃其支持蒋介石的行为，但这么做，极有可能会让英国在华的利益受损——因为支持蒋让其获得了好处——假如我们态度坚定，让功利的英国看到放弃支持蒋介石的好处，然后英国就会改变它的政策。

7. 尽管从事件开始已经过去了整整两年，但为什么中国还是没能组织起反击？！原因恰恰就是她一直用"抗日救国"的口号向中国人民灌输激烈的民族意识。

所以，如果我们想要重庆政府垮台，我们就要设法让中国人民疏远蒋介石；我们应该通过控制、抓住和利用藏在中国人民内心最深处的民族意识，开发出他们从事政治活动的能力；这也是为什么主张宣教和笼络是我们长期重建任务中的基础的原因。此外我们也需要立即草拟和澄清新政府的原则和纲领，为宣教、笼络打基础。由于我们的"亲日"和"反共"宣传并没能深入中国人心，所以今后需要使用更好的创造性手段来进行宣传。

8. 毫无疑问，外国租界正扰乱着纪律和秩序的巩固，还对经济和财政产生着不利影响。对这种情况采取严厉措施予以打击，不仅是陆军完成其使命，维持其存在的最好方式，也是让第三国放弃支持蒋介石政策，将中国和中国人从"依靠欧美"的噩梦中唤醒的最好办法，特别是，为了加速完成汪精卫的工作，要立即对上海的租界予以清理。

这些观点给我们带来的结论是：外国租界问题是有关建设东

亚新秩序，创建东亚联盟问题中最重要的问题之一，我们相信，这个问题的解决将构成中日事件解决中的重要一环。所以，因形势所需，我们必须坚定积极使用武力的决心。

9. 毫不犹豫地说，为了实现事件中的军事目标，我们的政治活动，特别是外交和经济活动，尽管在战略方面已大有进步，但还远远不能令人满意，不仅没能利用已有的成果，也没能将胜利延续下去。所以，我们要说，我们的当务之急，就是要让我们在占领区的政治活动变得更为积极、有效；除了兴亚院的联络机构，还特别有必要在陆军建立一个经济参谋部，将熟知帝国实际经济情况的能人囊括其中，此外，还特别有必要对帝国在上海的外交机构进行强化——包括质量和规模上的强化。为在占领区建立更加积极有效，也更能自给自足的军队，同时也为了增强经济效益——与我国经济紧密联系的经济效益，这些步骤都是我们所应该采取的。

韦伯庭长：帕金森检察官。

帕金森检察官：我现在要提交国际检察局第623号文书，标题为："蒙疆地区特别调查计划"，日期为1938年6月19日，由日本驻蒙兵团参谋长石本虎三发送至陆军次官东条英机，并附有第一复员局通讯秘书提供的真实性证明。证明书内容如下：

国际检察局第623号文书来源及真实性说明。我，石桥兼雄，特此证明，我在日本政府中担任的职务为通讯秘书，因职务关系，我对这份文书及包含（空白）页，日期为（空白）1938年的附件负有管理责任，文书具体名称为：中国机密日报，第73卷。

韦伯庭长：我可以把你的意思理解为他证明了一份包含了很多很多空白页的文书，是这样吗？

帕金森检察官：那只是证明的格式，我认为对这份证明应该这样解读，阁下：这是从《中国派遣军秘密日报》中的一卷里面摘录出来的。

韦伯庭长：他应该说明有多少页。

帕金森检察官：尊敬的法庭，证明书针对的是题为《中国秘密日报》的合辑，而这份文书就是从中摘录的，所以证明人提到的是《中国秘密日报》第73卷，而不是合辑中具体的页码。换句话说，他的证明不只是针对我要提交的这部分，而是全部的合辑。

韦伯庭长：好的。你最好继续，帕金森检察官。

帕金森检察官：我现在请求提交这份文书作为证据。

韦伯庭长：好的，按例允许。

法庭书记官：检方第623号证据被采纳为书证第273号。

（上述文书登记为检方第273号书证，并收为证据）

韦伯庭长：嗯，你已经没有时间念完这份证据了，这份证据很长。我们现在休庭，周一9:30开庭。

（15:55开始休庭）

1946年8月12日，星期一
日本东京都旧陆军省大楼内远东国际军事法庭

……

（法庭在休庭后于9:30再次开庭）

……

法庭执行官：远东国际军事法庭现在再次开庭，并准备听取一切问题。

韦伯庭长：除大川和松井由辩护律师代表出庭外，其余被告全部到庭。松井现在住院中，我这里有巢鸭监狱医生给出的证明，这份证明也将被记录在案。

帕金森检察官。

帕金森检察官：尊敬的法庭，在本法庭周五休庭之前，我准备宣读"蒙疆地区特别调查计划"。这份文书内容涵盖了日军在华北某些轰炸行动。（宣读）

蒙疆地区特别调查计划。文书编号：蒙疆发第 98 号（绝密级）。日期：昭和十三年（1938 年）6 月 19 日。发送人：日本驻蒙兵团参谋长石本虎三；收件人：陆军次长东条英机。

根据附件计划，我们正在筹划上述调查。首先，我希望邀请您，如果您的手下有愿意参与这个项目作为督察员的，请于 7 月 10 日之前通知我。

另：参与者（督察员）不必全程参与我们的调查，可以在呼和浩特或包头离开，或者加入我们的调查，等。

蒙疆地区特别调查计划，日期：昭和十三年（1938 年）4 月，计划制定：兵团参谋部莲沼。

1. 本计划之目的

此计划之目的在于考虑打击外蒙古的战略行动，并具体调查蒙疆重要地区的战略地形；同时，该计划还将对已取得的一般原材料做实地勘察，实际上也就是调查自然资源情况。

2. 本计划之大纲

（1）实地勘察已获得的原资料，通过对未知地区进行调研来获取尽可能多的新资料，并对那儿附近做一个准确的、综合性的地理评估；

（2）将主要调查方向放在阴山北部地区，对该地区做整体性和局部性地理评估，为各类行动做好准备；

（3）关于资源，对已获取的原资料进行检查，特别是农业和畜牧业的条件；

（4）为获取精确的定位信息并对航海图进行修正，由测量工程师进行天文观测和飞机测试；

（5）以参谋部调查班为主体，调查小组包括选定的官员和各界专家。调查小组为一个整体，但必要时将分别行动；

（6）调查时间从昭和十三年（1938年）8月末至同年10月中旬，故要对调查时段进行事先安排；调查报告将在调查完成后的两个月内完成；

（7）调查所需费用将从陆军参谋部调查部门安排好的预算中支付，特殊情况除外。

3. 本计划之明细

（1）附件一：调查行动地图；

（2）附件二：调查事项及负责人名单；

（3）附件三：调查小组的组织、仪器设备、物资供应及燃料供应情况；

（4）附件四：调查准备工作概述；

（5）附件五：调查报告编撰概述；

（6）附件六：调查所需费用。

南京航空兵团信息记录，日期：8月12日，海军航空兵团行动概况

1. 轰炸南昌

昭和十三年（1938年）8月7日，我们冒着暴风骤雨轰炸了南昌的新旧机场，但无论是在新机场还是旧机场，无论是在空中还是地面，我们都没能发现敌方的飞机，高射炮射击得也不是很猛烈。

除机场外，我们还轰炸了南昌火车站及车站南面的弹药库，焚毁了一些地方。

2. 轰炸吉安樟树镇

尊敬的法庭,刚刚译员告诉我他们没有第二部分,就是"驻南京航空兵团信息记录",他们请求拿到那部分内容,这样才能翻译。

韦伯庭长:嗯,你最好继续读下去。

帕金森检察官:我可以继续?

韦伯庭长:可以,检察官,也没多少了。

帕金森检察官:阁下,我是不是可以理解成……

韦伯庭长:就剩1页多的内容了。他们应该不需要暂停就可以翻译。

帕金森检察官:好的,阁下。(宣读)

南京航空兵团信息记录,日期:8月12日,海军航空兵团行动概况

1. 轰炸南昌

昭和十三年(1938年)8月7日,我们冒着暴风骤雨轰炸了南昌的新旧机场,但无论是在新机场还是旧机场,无论是在空中还是地面,我们都没能发现敌方的飞机,高射炮射击得也不是很猛烈。除机场外,我们还轰炸了南昌火车站及车站南面的弹药库,焚毁了一些地方。

2. 轰炸吉安樟树镇

9日,我方轰炸吉安机场。空中、地面均未发现敌军战机。另一支部队抵达樟树镇,也没在机场看到敌机。所以该部队轰炸了战场上的货运汽车和弹药库,其中一些被炮火摧毁。

3. 轰炸武汉三镇

11日,飞过台风过后留下的碎片云,海军航空部队对武汉三镇

实施突然空袭。我们在空中未发现敌机,但在地面发现有少量敌机。我方进攻部队对敌发动了彻底的突袭,在敌军武昌蛇山及汉阳龟山的防空炮台、防守位置及其他军事设施投下千百枚炸弹。在摧毁敌军中心城区之后,我方所有战机悉数返回。

"日苏事件"

（1）外务省情报部于昭和十三年（1938年）8月10日晚上10点,就有关日苏达成停战协定一事发布如下声明：

苏联外交部部长李维诺夫同日本驻苏联大使重光葵进行会晤,双方于8月10日晚间达成如下协议：

　　A. 双方需在11日正午（滨海省时间）停止军事行动。

　　B. 11日中午12时（滨海省时间）,双方列队；确定由双方部队代表商议协定履行之具体措施。

　　C. 根据陆军省11日晚18:00发布的通告,自11日上午起,整个张鼓峰附近地区进入平稳状态。

韦伯庭长：你有没有在蒙疆计划中提到那些附件,帕金森检察官？

帕金森检察官：没有,阁下。但是第273号文书——也就是第273号书证,除了蒙疆调查计划,还包括了——就像我刚才陈述的——某些轰炸行动,还有——我刚才应该说过——由同一支蒙军中止了之前的行动。

韦伯庭长：洛根律师。

洛根辩护律师：尊敬的法庭,这份摘要,也就是国际检察局第623号文书,明显是从题为《中国派遣军秘密日报》中的某一卷中摘录出来的,而那份文书还没有被收入证据。这份摘要形成的方式——尽管帕金森检察官已经解释过了,但在所提交的文书封面上声称这是一条发送于1938年6月17日的信息,没有任何一点提到它指的是后来发生的事件——实际发生于1938年8月的事件。

韦伯庭长：你是在请求本法庭的帮助吗？

洛根辩护律师：抱歉。

韦伯庭长：你是在请求本法庭的帮助吗？

洛根辩护律师：是的，阁下。我希望将这个合辑进行编号以供识别，这样我们可以核对日期。

韦伯庭长：你能给他们吗，帕金森检察官？

帕金森检察官：尊敬的法庭，原始文书已经提交给了本法庭的书记处。此外，检方7月2日提交的议案中已经包括了这份摘要的内容。

韦伯庭长：辩护律师可以到书记处检查那份文书，如果还需要更多的材料，可以在法庭上直接提出要求。

洛根辩护律师：尊敬的法庭，或许是我没有解释准确。这份摘要是从那边那整个合辑中摘录出来的，而那个合辑还没有编号，所以看这份摘要的时候我们不知道它是从哪儿来的。我们希望那份合辑也能在本案中编号。

帕金森检察官：本法庭已经在这份文书的封面上做了第273号的标记了。

韦伯庭长：鲍曼先生也是这么告诉我的。很明显这份文书是从我们下面的法官席传到检方席位上的。争论这些毫无意义。为什么我们就不能避免这些不必要的打断呢？

帕金森检察官：我可以继续吗，阁下？

韦伯庭长：可以。

帕金森检察官：我现在要提交国际检察局第643号文书，并宣读其中的摘要，摘要题为："蒙军扩军之基本纲要。"

韦伯庭长：按例允许。

法庭书记官：检方第643号文书收为第274号书证。

（检方第274号书证被收为证据）

帕金森检察官：阁下希望我宣读证明吗？

韦伯庭长：不用，除非辩护律师有合适的理由来要求。

帕金森检察官：（宣读）

蒙军扩军之基本纲要——1939年5月1日，蒙军指挥部

1. 此纲要用以说明蒙军建立之原则，并为蒙军的建立、训练及其他用途设定基本标准。

2. 依据蒙特命第十一号有关蒙古军制度章程，每一个负责机构将安排所有军管事务，包括军纪、战略、训练及应征、奖惩、马匹及武器供应等。

第一条

蒙军建立之基本原则，就是在日军司令官的指挥下保卫蒙古，并基于蒙古人的意识形态，成为蒙古人发展和觉醒的机动力量。

第二条

蒙军的建立和运用完全以第一条规定为基础，也就是军纪、教育、编队、训练、装备、安排及所有的其他事务，并将依据当前之紧急态势，采取符合蒙古人传统特色的措施，以完成该军队之内容，尤其是物质改善；诸如安排没有表现蒙军实质的外在形式等，类似的态度将被禁止。但对于加强蒙古传统卓越精神要素的训练，以及强调简单生活以使人忍耐艰难困苦，这两点是特别需要具备的。

第三条

蒙军建立的所有措施要符合改革的内容，而对军纪的强调则是所有这些措施的基础。领袖们领导下的通力合作，以及获得蒙古人民的支持和信赖，都是很有必要的。

第四条

关于教育和培训改革，有必要让整个蒙军，特别是领导，透彻地了解蒙军建立的原则，同时，用一种参与建立大东亚共荣圈的自

豪感来加强他们抗击共产主义的传统精神。

关于训练,要强调整团训练,尤其是要精于在荒野上进行长时间的突袭行动。

因此,要正确引导蒙古人强健的性格特点,强调领导培训的重要性。领导们也应该学习宣传和绥靖方面的知识。

第五条

关于编队和装备,主要的一点就是要在符合教育和纪律的前提下让他们变得强大,适应他们的特性,而不拘泥于正式的仪式;而且首先的就是要将蒙军建设完整,特别是领导的配备。

所以,这个计划将根据已确定的时间表强制推行改革;实现部队的完整安排,特别是在1940年底前实现教育机构和特别部队的安排和扩充,为1941年后的巩固和扩张做好准备。

第六条

1941年后,考虑到财政、人员,以及其他物质资源,整个蒙军的人数将扩大到1.2万人的规模;而且,除了巩固定员部队,增加师的数量,实行装备改革等,还将安排成立机械化部队,特别是反机械化部队和反毒气部队。

第七条

要让所有内蒙古人民参与到完成蒙军建立的目标中去;此外,对于加强所谓的骑兵队的是非问题,或者说是可能性,有必要准备对这个问题进行可能的快速调研,以期望吸收大量的年轻力壮的蒙古人加入。

密报　1939年7月6日,波集参电　第708号

收件人:陆军次官及参谋次长

寄件人:波集团参谋长

有关进入汕头港的第三国船只之管理规定,经与第五舰队商

议后决定,做出规定如下:

1. 第三国船只进入汕头,在汕头港卸货及运输乘客将被暂时禁止。但为方便第三国居住在汕头的居民,在下列条件下,允许每个国家可以有一艘船每周进入一次汕头,部分货物和乘客每周登陆一次汕头港。

(1) 第三国船只需在到达汕头港前24小时向日本海军高级指挥官递交准入申请。

(2) 准许在汕头港卸货的物品只能是第三国住汕头或汕头附近居民的生活必需品或书信,且需通过当局的检查。

(3) 关于货物装卸,需向日本当局提供物品清单。在指定地点经日本当局检查通过后颁发准入许可。

(4) 第三国国民登陆及登船之规定,限制如下:

　　a. 第三国登陆船须获得日本外交机构的证明文书。

　　b. 仅限获得日本当局许可的人员登船。

　　c. 进入汕头港后须在六小时内离开。

(5) 如有需要,日本当局将越过上述条款,实施封港。

2. 倘若海军方面允许第三国船只根据第1条规定进入汕头港,必须及时向陆军当局报告必要事项,不得延迟;在船只入港下锚时,由海军方面负责监视船只的行动。

3. 对于那些海军方面允许入港的船只,陆军方面将依据清单检查船上物品。允许运输、装卸的物品仅限于被认定为是第三国居民生活之必需品。

4. 关于进港船只,无视日方规定者,均禁止其卸载货物,且海军方面将会在陆军的配合下对此类船只进行监视和控制。

5. 海军与陆军携手合作,如有必要,在除上述规定范围外之领域进行互助。

帕金森检察官：能够请阁下稍等一会儿吗？

尊敬的法庭，我现在要提出国际检察局第1370号文书，这是一本小册子，题为"帝国海军在中国事变中的活动"（第二卷）。我们有证明表示，这本册子是由日本海军省海军军事普及部发布的。

韦伯庭长：按例允许。你打算念其中的多少内容？

帕金森检察官：尊敬的法庭，我想放弃宣读全册内容。它仅仅是海军及航空部队每日行动的明细，时间是从1937年7月至1939年5月。

韦伯庭长：你有什么想让我们注意的吗？

法庭书记官：检方第1370号文书收为书证第275号证据。

（检方第275号书证被收为证据）

韦伯庭长：好吧，我们当然也不希望你宣读这份文书，帕金森检察官。

帕金森检察官：阁下，检方的意思是：本法庭或许已经有了这样的司法认知：日本海军及航空部队在整个这些年里都非常活跃，但本法庭可能对这些行动的细节并不具有司法上的认知，所以检方觉得应该要有相关的记录，仅仅是记录而已。阁下您是否同意这点？

韦伯庭长：嗯，你没有指明任何东西，你说呢？

帕金森检察官：没什么特别的，阁下。刚才有人告诉我这份文书的前5页……

韦伯庭长：你最好明确一下，因为本法庭的法官们会觉得他们没有义务去追究这份文书，他们要追查的东西已经足够多了。中国代表注意到了第42页，特别是题为"天皇敕谕"的文章，但就你的观点看来，那没什么特别重要的。

帕金森检察官：关于这份文书，没有特别的地方，阁下。

韦伯庭长：嗯，既然你没打算念这份文书，我们也不要费这口舌浪费时间了。你最好继续其他的证据。

我注意到第1页的第三节，看起来是全文的总结，至少这部分要念一下,记入法庭的记录里。

帕金森检察官：刚才有人告诉我,这份文书的前 5 页不是这份文书的一部分,日本版里面也没有,但是包括了一个总结。如果法庭同意,我将宣读这份文书前 5 页的内容。

韦伯庭长：这 5 页内容有没有翻译成日文？

帕金森检察官：我知道的是没有,阁下。

韦伯庭长：嗯,那就别念了。现在读起来太长了,我们等不到这 5 页文书翻译完。

清濑辩护律师：庭长阁下,在我看来,有问题的这 5 页文书不是证据的一部分,而是检方准备的说明。

韦伯庭长：这个看法很合理。我想我们必须驳回那个总结了。

帕金森检察官：尊敬的法庭,现在我希望提出一份从《日本年鉴：1941—1942》节录出来的摘要,并请求法庭收为证据并标记为字母"A"。关于这本年鉴,我有内务省出具的真实性证明。

韦伯庭长：按例允许。

法庭书记官：检方第 1756 号文书收为书证第 276 - A 号。

（检方第 276 - A 号书证收入证据）

韦伯庭长：我注意到你有一份证书,证明这是摘自《日本年鉴》的。你决定什么时候去拿证明？

帕金森检察官：阁下,我面前的这份证书是针对《日本年鉴：1941—1942》的,换句话说,因为我觉得如果是某份文书的摘要,那么文书本身也应该有真实性证明。

弗内斯辩护律师：尊敬的法庭,我认为《日本年鉴》是一本由私人公司起草的书籍,根本不是什么官方文书。它确实是从内务省找到的,但我认为它就跟那些从内务省找到的其他书籍一样,不能接受其为官方文书。举例说,要是在内务省找到了《世界年鉴》,按这个理由,它就会被接受为官方文书,但事实上它显然不是。

韦伯庭长: 嗯,这个反对没有太多的价值。毕竟,这是《日本年鉴》,毫无疑问,对此我们并不怀疑。

弗内斯辩护律师: 这应该是日本时代出版社为日本外事协会准备的,而这两者都是非官方机构,两个都是私人公司。

韦伯庭长: 嗯,那可能是,也可能不是事实,我们没有证据证明它。但不管怎样,这个反对微不足道。

帕金森检察官:(宣读)

《日本年鉴》摘要(1941—1942年[第1000页])

1940年:

　　3月4日:日军占领山东省海州。

　　3月30日:汪精卫在南京建立"中华民国国民政府"。

　　4月4日:日军航空部队轰炸云南铁路。

现在我要提交第276号证据B部分,是《日本年鉴(1941—1942)》第997~998页的摘要,请求法庭接受其为证据第276-B号。

韦伯庭长: 按例允许。

法庭书记官: 检方第1756-D号文书收为书证第276-B号。

(检方第276-B号书证收为证据)

帕金森检察官:(宣读)

《日本年鉴》摘要(1941—1942年[第997~998页])

日本在华军事行动之综合成果,1937年7月至1941年6月

(大本营陆军报道部报告)

1. 估计中国被杀人数:201.5万人;中国部队损失(包括伤亡、被

俘等）：380 万人

战利品：

武器：48.225 7 万件

坦克、汽车、载货卡车：1 475 辆

火车、车头、车厢：2 449 件

战舰及船只：410 艘

2. 航空部队行动成果（包括诺门坎战役）

击落敌机 1 744 架

地面摧毁 233 架

敌方损失共计 1 977 架

3. 帝国陆军损失情况（包括诺门坎战役）

死亡：10.925 万人

损失战机：203 架

韦伯庭长：跟已经提交的中方数据比起来，这里的人员损失情况好像更加严重。

帕金森检察官：是的，阁下，确实是。

现在我要提交国际检察局第 454 号文书，即"小矶国昭首相在第 85 届议会召开前的演讲"[1]。

我从内阁秘书处总务部拿到了证明书，证明这篇演讲出现在了他们报告中的某一卷里。

韦伯庭长：按例允许。

法庭副书记官：检方第 454 号文书收为第 277 号书证。

帕金森检察官："小矶国昭首相在第 85 届议会召开前的演讲"，我被告知该演讲发表于 1944 年。（宣读）

---

[1] 即"小矶国昭首相第 85 届议会演讲"——校者注。

我出乎意料地接到了大本营的命令,要求我同米内大将一同组阁,并承担管理国家事务的重大责任。说实话我对此诚惶诚恐。在极端困难之情形下,为合陛下之心愿,我当竭尽所能。最让我高兴的是,我能有机会在这第85届议会上表明政府的态度。天皇陛下在今天的开幕式上发布了和蔼仁慈的上谕,令我等感动不已。遵照陛下圣谕,在您的配合下,我将承担战时重任,并努力尽早实现战争之目标;因此,敬请陛下放心。现在是决定帝国命运的关键时刻。

我认为,现在正是根据帝国前辈的伟大精神,展示我们辉煌永恒历史的时刻。我们必须保持我们的国体——这个世界上独一无二的国体。同1亿同胞一起,坚持必胜的信念;同时集中所有的力量——我希望集中全国的力量,加上全国的和谐统一,一起来摧毁英美,实现战争的最后终结——根据我军预料中的行动情况,这点将很快实现。这场伟大的东亚战争,就如陛下宣战诏书中明确表示的那样,是日本为保卫自己,同时也为实现重建大东亚之重要目标而被迫发动的战争。大和民族的命运,以及10亿亚洲人民的命运,都将由这场战争来决定。

我们国家受到过去一个又一个艰难困苦所激发出来的优良传统,事实上在此次战争的进程中也不时地显现出来。敌军对我国本土的进攻愈加频繁,且规模呈扩大趋势。当前,在这个对敌人登陆感到恐惧的时刻,我们应该集中一切力量,牺牲自己来保全国家的国体;对此,我们要重申作战的坚定决心,净化自我之后向神灵祈祷,并竭尽自己的所能。

在前线,我们的军队日夜奋战,面对敌军的"实质性打击"毫不退缩。他们的道德崇高,并且英勇作战,到处阻止敌人的进攻。在此,我要和你们一起,向帝国的这些战士们致以深深的谢意;同时,向那些在战争中失去生命的人表示深切的哀悼,向受伤的官兵们和失去亲人的家属们致以深深的同情。此外,我要向在如此困难的战争条件下依然辛勤投入生产和国防的1亿国民表达我的敬意;同时我也相信,前线的官兵们将会用自己的努力来回报我们的国民。

当前的形势已经相当严峻,日本的命运就取决于今天。为了打破今天的僵局,我们自然应该将国家政策的根本集中到取得战争目标这一国家事务上来;通过军民合作,将大本营与国家各部门紧密相连,用这样的方式彻底实现对进行战争的强势领导。这也是为什么最近设立"最高战争指导会议"的原因。

今后,管理国家事务的基本政策都由这个指导会议决策,这是已经决定了的事;而这个指导会议实为大本营和国家部门的综合体。所有的国家计划将据此决定开展。

为应对当前的战争形势,首要计划就是要提升战斗士气,并且为必然的胜利建立国家制度。不用说,战斗士气将会通过推动国体的理念得以提升;跨过一切艰难险阻,坚持世界上无可比拟的国家政体,这种坚定信念的根源就在于必胜的信念;对国家政体的坚定信念也是战争力量的最大源泉。没有人民意志的自由表达,提升战斗士气无从谈起。在当前这个决定性战役阶段,政府想要通过让民众了解国内外的真实情况,通过唤醒民众对战争责任的同感来分享爱国情怀。与此同时,政府坚信民众的忠诚并倾听他们的合理意见,希望整个民族以乐观的精神面对国家危机。

我们要保卫与天地共生的皇室统治,千百年来,这个统治已经成为上亿日本国民的民族信仰,成为人民的血与肉;当这种精神被唤醒之时,它就是延续千百年的民族个性,对外粉碎敌人的宣传,对内则成为人民对国家无私奉献的基本动力;同时,它也建立起一个坚固的国家环境。为了这必然的胜利,我们在建立国家体制方面有许多计划,但问题在于要采取有效、合适的措施打破现在的僵局，也就是要阻止那些假冒原创，或是墨守成规的创作。因此，通过恢复民众的决心，要求他们全力配合，我希望将更多的注意力放到提升民族的道德标准上。

当民众被要求全力以赴时，朝鲜和台湾——作为帝国强有力的一部分——也已经并正在为帝国的繁荣昌盛和实现战争的终结贡献着自己的力量，展示着两地区各自独有的特征。在此之前，他们已经作为特别志愿兵，在陆军和海军部队中干得非常出色。自从征兵制公布后，有那么多在朝鲜和台湾的我们的同胞正在加入这场圣战中并献身于国家安危，这是我们国家值得庆贺的事；同时，也需要考虑这些人的待遇问题。

国策的第二个要点是战斗力强化的问题。换句话说，也就是要求集中所有能够用于快速提升战斗力的国家力量，特别是航空部队的力量。在战争中采取主动，并且让战争朝着有利于我们的方向发展，关键就在于这几点：军工厂工人们的努力从没有像今天这样重要过。因为要将着重点放在这几点上，所以我们正尽力调动一切，包括人力、物资、钱款，以及其他所有的战争必需品。那些不能有效转变为战斗力的设备和工业活动应予以关闭，然后改变成必要的产业。从这些观点看来，我们已经采取合适的措施有一段时间了。无需多说，提升军火生产对增加战斗力很有必要，特别是对航空部队而言，而海陆运输的安全和完善也是相当的有必要。因此，政府打算采取最为合适的措施，通过打破瓶颈的方式来促进军需生产。

国策的第三个要点在于促进粮食产量的增加，保证国民的生活；战争期间必须保证国民生活达到最低标准——这点无须多言。截至目前，国民们忍受着艰难的生活条件，并始终为结束战争而努力——我们非常感动地发现，这正是源自我们健全的国民性格。政府现在正竭尽全力尽可能地改善情况——我们也认为，最要紧的就是稳定和改善人民的生活水平。同样,我们也知道照亮民众心智的必要性,这对唤醒战斗精神,提高实力也至关重要。

在内阁组建后,很快,政府就在消耗量大的地区,例如东京、大阪这些地方,采取紧急食品措施。特别是对易腐食品的生产、运送和分派,我们采取了临时措施,更改了价格政策,还实施了其他措施。一般说来,从日、"满"两国实际可得到的食物数量判断,我们不用担心国内的粮食产量。但不用说,提升粮食产量事关重大,同时,粮食问题也是胜利的重要因素之一;鉴于此,我们正向议会提交补充预算草案。

第四项重要国策是国家总动员的问题。在现今这种严峻的形势下,我们不能允许有任何没用的人,或是旁观者的存在,不管这人多大年纪,亦不论是男是女。1亿国民都必须为了胜利亲上火线,他们都必须为了实现自身应当承受的使命而奋斗。所以说,只有我们尽力了,才可以期盼上天的帮助。工业主义者们——企业家,公司雇员,工程师,农民以及渔民们——所有这些人,作为工业时代的战士,根据国民皆兵的精神,和那些精神状态还没有被唤起的被征募者一起,都必须竭尽全力完成自己职责,并且要努力达到最高的效率。只有当他们这么做了以后,他们才配得上"日本国民"这个名字,才对得起正在沙场上直面死亡的将士们。

至于强制性劳动制度以及劳工的分配和管理问题,政府准备在调研后进行调整和改进;同时将采取一切手段完善国家动员法。

第五项重要国策就是要加强国防力量。近来,本土的西部已经遭受了数次空袭;在这样的时刻,在政府和人民的共同努力下,损失已经被控制在了最低限度——这点给我了很大的信心。将来,无论空袭会有多么的频繁,政府和国民都应该以这样的战斗精神来保家卫国。今天的当务之急就是要加强重要工业生产设备的防御,并且加强防空袭措施;所以,立即设计并建立一套能够应对当前实际情况的防御系统是很重要的。城市的撤离计划正在实施中，有关居民们在空袭中的生命安全问题，完善我们的防空袭系统并增强防空演习——这两点是我们在周密计划下正全力以赴加以实践的。除了这两点，当然，我们必须全力保卫国家，政府已经说得很清楚：整个国家都必须准备战斗。政府也制定了具体方案加强内部防御的组织，并打算彻底实施该方案。

关于第六项重要国策，我想就科技的利用问题说两句。现在，战争开始变成了一场"科学战争"；据此，政府已经成立了一个特别组织，这个组织除了将日本的科技立即转化为战斗力以应对当前的军事形势，并计划快速、顺利地批量生产武器外，还旨在将海陆两军对科学技术的应用进行统一。除了这点，我们还在非政府领域鼓励发明、创造新式武器，并已经决定由上述机构处理该项事宜；通过这种措施，所有的日本科技就能很迅速地转变成战争物资。从科技角度上说，普通大众的技术现在也可以成为战争的一部分——我们对此颇为期待。

与国内政策相一致——上文已经提到过——日本战时的外交政策就是要加强同德国的亲密联系。在大东亚附属国的配合下，我们竭尽所能进行战争；与此同时，我们希望保持和中立国的友好关系。德国正在严峻的形势下进行战斗，并坚信自己最终将取得胜利——这种勇气让我非常钦佩。我坚信，德国将会克服现在的困境，并在不久的将来转变战争形势，朝着有利于它的方向发展。我热切祈祷它的成功。

大东亚地区的各个国家和民族，尽管现在的战争形势不容乐观，但他们没有表现出丝毫的懈怠；相反地，它们已经清醒地意识到实现重建大东亚这一使命的必要性。实际上，它们正加紧准备配合日本勇敢地战斗——这点给我了很大的信心。日本、"满洲国"两国的关系是密不可分的，这一点不必多说；而日"华"两国的关系,在"同生共死"的宗旨之下,也正变得更加紧密。日本的武装部队在华南和华北已经战斗了超过七年,而日本真正的意图就在于驱逐英美的影响,将中国从百年来的压迫中解放出来,并且重建一个基于道义和互助的大东亚。因为这个真实的意图已经逐渐渗透入中国人民的内心,日"华"之间的合作正稳步提升;至于泰国,因为内阁改组,新内阁在阿派旺总统的领导下,仍然根据盟约坚持继续战争的政策——当然,事情本该就是这样,但也可以说,这就是大东亚坚定团结的证明;自缅甸独立以来,已经过去了一年;在国家代表巴莫的坚强领导下,缅甸正克服着种种困难;缅甸健全的发展和它坚决进行战争的决心,给了我们很大希望;菲律宾人也很快就要庆祝他们独立一周年。在劳莱尔总统的直接领导下,菲律宾克服现在的战时问题——比如食物和公共安全问题——并稳步调整自身的战时体制;从这些方面来讲,菲律宾可以被称为是一个可靠的盟国。

我谨此向自由印度政府领导人萨布哈斯·钱德拉·博斯和他的追随者们,为他们在印度独立上的极度努力致以崇高的敬意;不用说,日本将给予他们更有力的支持,并在实现独立方面和他们进行合作。

关于东印度群岛,日本允许当地居民根据自身意愿参与政治活动;整个东印度群岛的居民赞成日本的真实意图,始终努力地进行着大东亚战争;他们也同当地军政府进行着密切的合作。鉴于此,我们在此宣布,为保证东印度民族永久的幸福,日本打算在将来承认他们的独立;这样,日本政府打算继续之前的大东亚策略,并且凭借着大东亚共荣圈精神的强势发展,日本期望不辜负大东亚各国的信任。因此,如果大东亚能以日本为中心,在必胜的信念下,进一步增进团结,集中精神和物质力量,热切地支持旨在重建大东亚的"圣战",我们坚信,我们可以摧毁美英的野心,并能永远地表达出我们自己的世界理念。

鉴于当前严峻的战争形势，我们特此表明政府同 1 亿国民共同战斗的意愿。我希望你们能懂得政府的决心，理解政府将领导 1 亿国民为结束战争而努力奋斗。为应对当前的紧迫形势并完善军备，政府已经提出了临时军事预算草案。我希望经过讨论后，这个预算，还有上文提到的有关粮食措施的预算都能得到通过。

韦伯庭长：我们休庭 15 分钟。

（10:50 至 11:05 休庭，之后再次开庭如下）

法庭执行官：远东国际军事法庭现在再次开庭。

布鲁克斯辩护律师：我是小矶国昭的辩护律师布鲁克斯。

韦伯庭长：怎么了，布鲁克斯上尉。

布鲁克斯辩护律师：我想请求法庭驳回第 277 号证据，反对的理由如下：我相信检方的意图是要展示前政府的一贯政策，但我反对这份演讲。这份演讲是 1944 年首相在其就职仪式上发表的，他是根据上谕和议会高层发布的命令而做的演讲……

韦伯庭长：不要做陈述，这些我们都知道。只要说明你的理由。

布鲁克斯辩护律师：我是说，我认为这份证据同辩论的问题无关，因为在证据的封面上，还有第一段和最后一段中都显示，他接到了陛下的命令，要求其与米内大将共同组阁，以承担管理国内事务的职责，而这并不是改变政府，而是同一个政府的延续，他只是承担义务。接着他在那一段又进一步讲到："遵照陛下圣谕。"第一段和最后一段……

韦伯庭长：现在，请总结你的反对意见，文书中的内容我们也知道。

布鲁克斯辩护律师：我想指出两个例子。他说，当他开始演讲的时候，他的目的是要表明政府的态度，但政府并没有改变。然后在结尾，他说他已经表明了政府的意愿。这不是他的意愿，而是一个自始至终都在那里的人的意愿。

关于现阶段谈论的中国事变,我在起诉书中没找到任何对于小矶国昭的指控,所以我认为,应该以与案件不相关,也不能证明检方想要主张的"这是新政府延续上一个政府的政策"为由驳回这份证据。

韦伯庭长:粗看这好像是任何一任首相在战时都有可能做出的演讲。但如果这是一场侵略战争,小矶——如果他做了这个演讲,他就是教唆了这场侵略战争,而教唆者是主犯。但在起诉书中他没有被控教唆进行侵华战争。你能给我们解释一下吗,帕金森检察官?

帕金森检察官:关于起诉书——阁下——附录 A 第二部分是这么写的:"1937 年 7 月 7 日后,日本对中国的侵略进入了一个新的阶段,这时候日本军队入侵到中国长城以南的地区,日本政府采取、支持并继续着对中国的侵略政策。在这之后的所有日本政府都采取了相同的政策。"

韦伯庭长:第二项指控好像提到了这点。

帕金森检察官:是的,阁下。

韦伯庭长:省略不相关的部分,起诉书中写道:"所有被告伙同他人作为领导者,参与制定或执行了一个共同计划或是阴谋,并对他们自己或其他人在执行这一计划中的所有行为负责。"实施战争就是在执行计划,我这么理解。

罪状二又继续写道:"除了别的之外,这个计划的目标就要使日本在部分中华民国地区取得经济方面的支配地位,并为实现此目标而发动侵略战争。"附录 A 中所有的明细项目都和这项罪状有关。但没有特别提到这篇演讲,是那样吧?

帕金森检察官:演讲是作为一个整体包括在内的。

韦伯庭长:反对无效。

十一、证人戈特证词:见证日本全面侵华

帕金森检察官:尊敬的法庭,周四上午我传唤了证人朝见一男到庭,但他之后又退下了,现在我请求撤回这位证人,并请求让季南检察官接手下面的程序。

韦伯庭长:辩护律师有什么要说的?

洛根辩护律师:我们对撤回证人无异议。

韦伯庭长:撤回证人。季南检察长。

季南检察长:我传唤下一位证人,约翰·戈特。

(约翰·戈特,作为检方传唤的证人,宣誓后作证如下)

直接询问(由季南检察长询问约翰·戈特证人)

问:请说一下你的名字和住址。

答:约翰·戈特,住在纽约市东63街340号。

问:你是应国际检察局的要求从美国到这里来作证的,是吗?

答:是的。

问:可以说一下你的年龄、职业,还有简单说下你的教育和工作经历吗?

答:我1896年12月3日出生于宾夕法尼亚的费城,后在公立学校就读,并在费城的天普大学法学院学习了两年。

一战时,我在美国海军服役了两年——主要是在欧洲水域——最后一年在巴黎的美国海军法律部,那时正值凡尔赛和会召开期间。之后我在印度待了一年,主要是写作和学习。

1921年3月我到了中国,住在北京,并在中美通讯担任总编辑达两年之久。1924年起我担任国际新闻社的首席记者,并一直工作到1942年我被日本方面交换为止。在那次日美新闻记者交换过程中,我于1942年8月回到了美国——直到此次出庭前,我都没有离开过那里。

问:除了国际新闻社外,你是不是还代表着其他的新闻机构?

答:是的。1927年到1940年,我还是《伦敦每日快报》的记者。

问:因为工作关系,你还担任了驻华北记者团的团长,是吗?

答:是的,是这样的。我是驻华北记者团团长。

问:你会中文吗?

答:因为从1921年第一次到中国起我就学习中文,所以对中文有足够的了解。

问:你会不会日语?

答:几乎不会。

问:你能简单陈述一下你在这些机构的工作和职责吗?包括你在北平的中美通讯社担任总编辑的工作。

答:实际上,我的工作需要我具备有关中国历史、习俗、地理、经济和政治的背景知识。当然,因为军事事务在中国事变中变得极端重要,所以我也有这方面的了解。在我所做的准备工作以及向《伦敦每日快报》、国际新闻社以及中美通讯社发送的讯息中,所有这些都是必需的。

问:你在中国的20年间,你的工作要求你,并且你也确实同中国政府以及其他政府的在华官员进行了自由会谈,是不是?

答:那是我的日常工作,参加正式的新闻发布会,安排私人访谈,还有主要同中国或其他政府官员保持联系。

问:你可以简要地说明一下关于你在这些报社或者类似机构中所做的与事件有关的调查报告吗——如果有的话,能不能用非常简略的方式说明一下?

答:和其他记者一样,鉴别所收到的信息,这当然就是我的职责所在。在事件发生期间,自然要将这些信息传回伦敦或是纽约,这是非常重要的。另外一些材料也会通过邮寄的方式寄给那些机构。

问:你在国际新闻社任职期间,有没有日本的报纸订阅、印制国际新闻社发出的报道?

答:1930年代后期,《读卖新闻》是国际新闻社的订户;另一份日本的报纸——关东的《满洲日报》也是国际新闻社的订户。

问:那最后,关于你的资格问题:在日记和便笺方面,你都做过些什么——如果有的话?

答:我从1925年开始写日记,除此之外,我还有一份手写的东西,我把它叫做"记录",里面记载了我参加的或者所知道的每一个重大事件。

问:这个日记现在还在吗?如果在,请告诉我们它在哪儿?

答:这份日记我随身带到了这里,带到了东京。

问:这份日记包括的是现场记录,以及所有事件发生时的有关情况,是不是?

答:是这样的。

问:关于那些涉及日本的中国军事事件,你是发布这些新闻的作者,是不是?我撤销这个问题。你是不是写过一本关于日本在中国及亚洲地区军事行动的书?

答:是的。

问:书名是什么?

答:《日本为亚洲而战》。这本书的美国版是在纽约出版的,英国版是在伦敦出版的。

问:你在美国就相关的主题发表过演说,是不是?

答:在过去的三年中,我在美国的40个州,以及墨西哥和加拿大,就有关远东局势问题发表了演讲和评论。

问:当你回到——在你离开美国前,以及回到美国后——你不久便受雇于(美国)全国广播公司和哥伦比亚广播公司,是这样吗?

答:我现在是美国联合通讯社的广播评论员,这个通讯社是美国全国广播公司和哥伦比亚广播公司联合组建的一个短波电台。

问:你之前来过日本吗?

答:来过很多次了。这么做也是必需的,因为我需要更好地了解日本以及华北那时候所发生的事件之间,它们的经过和政策关系,而华北属于我的工作范围。

问:在1931年9月18日之前,也就是在发生于奉天的所谓满洲事变以前,你对日本军队和日本的军政官员,以及中国官员的观察到了什么样的程度?

答:实际上,我同中国各部门、各级别的官员一直不断有联系;同样地,在我任职于北平的那20年里,我进进出出日本大使馆,几乎每天都如此。此外,我也同日本驻北平大使馆的武官有定期的联系。

就在奉天事变[1]发生的前几个月,张学良将军在北平建立了自己的军事总部。这是个很重要的指挥部,因为张学良将军在中国被认为是"副司令","副司令"指的是所有中华民国国民军的副总司令;除此之外,张学良将军还是在满洲级别最高的中国官员。就在北平的那个军事总部,我与张将军本人定期见面,也和他的许多部下,特别是唐纳德先生,也就是张将军的澳洲籍政治顾问有定期接触。

除了和那些中国、日本的媒体人有联系外,当然,我也和很多外国使领馆的工作人员有接触,所以经常谈论起那些影响中日两国的国际趋势,或者是那个领域方面的事。

问:奉天事变[2]爆发时你在哪里?

答:我在华北,在北平。

---

[1] 指九一八事变——校者注。
[2] 指九一八事变——校者注。

问：你是不是去了奉天？

答：没有。在美国国内的编辑们要求我待在北平，报道张学良将军军事总部的新闻。这么做是有必要的，因为那个总部——无论他们设置在哪里——它在向军队发布整体命令，以及进行谈判方面都起到重要作用，所以，在满洲都没那么大影响的军事总部，却在北平引起很大反响。

问：你提到反响，有没有什么特别能引起你的注意？

答：在1931年11月初的那几天，中国的官员同我反复地讨论满洲所发生的事件，还有那可能会传遍整个华北的恐惧情绪。中国官员对日本的行动会扩大至整个华北的担忧加剧，因为他们告诉我，那时还是上校的土肥原贤二将军就在华北。

问：你记不记得有一起向溥仪皇帝寄送炸弹的事件？

答：有人向在天津日租界的溥仪皇帝家里寄送了一个藏有炸弹的水果篮子，我被告知这件事情的时候正在北平。

问：戈特先生，你是否还记得这个事件所发生的日期？

答：1931年11月8日。

问：你在调查这件事方面都做过些什么？

答：我和溥仪皇帝的弟媳（溥杰之妻）是朋友，所以我就从北平打电话到天津给她。她告诉我说，他们收到了那个炸弹，但是炸弹没有爆炸；除了对寄送炸弹的原因感到困惑和受刺激外，这个事件对他们没有造成任何的伤害。当然，我关心的是这个事件是不是计划中的另一次"满洲事变"，但我发誓我没找到任何证据证明这个结论。

问：你是不是去了天津？

答：这之后的10天至两周内我没有去过天津。但在此期间，在10月10日那天，当张学良的弟弟、天津市长张学铭来电说天津爆发了一场不可思议的战斗，那时我正好在张学良将军的司令部。

问：你去没去过天津，如果去过，你见过任何国家的士兵进行任何形式的军事行动——军事活动抑或是行军么？

答：对于和寄到溥仪皇帝家里那个炸弹有关的天津神秘行动的报告，我有意试着去查证此事。美国驻北平助理海军专员布朗上校和我一起去了天津。

问：你大概是什么时候到那里的，看到了哪些军事活动？

答：日期大概是11月20日。

问：哪一年？

答：那是在1931年。布朗上校和我在中国官员和警官的陪同下到了位于天津市内主干道的壕沟，壕沟的后面矗立着路障。我在街上看到死去的中国士兵和警察的尸体，也看到了被炮弹完全炸毁的财物。

问：和中国军队交战的是谁，他们是从哪儿来的，如果你知道的话？

答：陪同我和布朗上校的中国军警官员在早几天亲眼看到与中国交战的这些人身着便装出现在天津的日租界，向中国的军警射击。

问：前中国皇帝溥仪是仍然住在天津，还是搬到了其他地方？如果你知道的话，能不能告诉我们他搬到了哪里，和谁一起搬走的？

答：1931年11月10日，我在张学良将军位于北平的指挥部，那时有消息传来说溥仪皇帝乘坐日本船只被带到了满洲的大连。

问：就在溥仪离开去到大连之前，土肥原是不是就在华北，在北平地区？

答：我得到的所有的中国官方消息都让我确信，他那时确实就在那一地区。

问：现在休庭，13:30再次开庭。

（12:00至13:30休庭）

（法庭在13:30再次开庭）

法庭执行官：远东国际军事法庭现在再次开庭。

韦伯庭长：本法庭在8月14日周三那天不开庭，除非有紧急情况迫使。检察长。

（约翰·戈特，作为检方传唤的证人，重新入证人席并作证如下。）

直接询问（由季南检察长询问约翰·戈特证人）（继续）

问：整个1932年你是不是都在北平或是北平周边地区？

答：我在1932年1月31日离开北平到了南京。

问：你是怎么从北平到南京的，乘坐的是什么交通工具？

答：我乘坐火车到了位于长江北岸的浦口，这个地方和南京相对。

问：在途中你都看到了什么能够引起你注意的事，如果有的话？

答：在坐摆渡船穿过长江的时候，我亲眼看到五艘日本战舰抛下了锚。我注意到就在日舰泊船的地方和南京老虎山炮台之间，有一艘美国的驱逐舰。

问：你是说这是在1932年1月31日看到的事？

答：是的。

问：你在南京停留了吗，还是继续往南边去了？

答：我继续前行到上海，并在第二天，也就是1932年2月1日到了那里。

问：那你到了上海后，是不是听说了前一天发生在南京的事情？

答：中方正式告知我说，那些日本战舰炮击了南京的老虎山炮台。

问：进攻炮台的日期是什么时候？

答：在2月1日期间。

问：1932年？

答：1932年。

问：你1932年2月1日到上海时，那里的形势如何？你能说说你都看到了什么吗？

答：我到上海时，那里的形势很紧张，也很复杂。日本海军和中国的第十九路军之间已经爆发了巷战。

问：在虹口或者说在上海的公共租界日本部分执勤的是哪一支日本军队？

答：就是人称海军陆战队的那一支部队，那也是日军在上海永久性驻扎的一支驻屯军，他们在虹口——也就是公共租界日本部分有永久性的办公大楼和工厂。

问：日本海军陆战队是不是在那儿？

答：这支海军陆战队就是英美人认为的海军陆战队，换句话说，他们是用于登陆目的的海军。

问：在你到了上海之后，有没有接近过这里面的任何一支部队？

答：有。我立即前往受战斗影响的区域，也就是在虹口和位于闸北边界的中国界地。

问：你能简要地描述一下，在你1932年2月上旬到达上海后，你在受战斗影响的地区都看到了什么？

答：在起初的那些日子里，虹口的公共租界和闸北的中国定居点之间，道路两边都有日本先遣登陆部队人为设置的路障。在随后的日子，日本陆军抵达上海，在公共租界登陆，进而以公共租界作为进攻中国的基地。

问：有对任何防御工事进行过炮击吗？

答：日军使用了大炮、坦克、战机和军舰。

问：他们用这些做了什么？

答：我亲眼看见日军的驱逐舰向在黄浦江口的吴淞要塞开火。每天，我都会看到日机轰炸闸北，而根据我所了解的情况，闸北当时可能还有千余名中国平民居住在那里。

问：你描述了遭日本战机轰炸了的吴淞要塞的情况。你能不能告诉我们，要塞这边是否予以了回击，或者说你有没有看到回击？

答：看到日本炮击要塞的时候，我并没有看见有任何回击，我没有听说有谁去检验是否有过回击。之后我和美国陆军军官们一起去了那个要塞,他们告诉我,就凭那些枪支是不可能对此有任何回击的。

问:作战双方有没有利用过任何的军用机场?

答:我每天都和日本陆军一起出去到交战区,每次我要到交战区,都要经过至少一个大型的日本军用机场,那里停放着大量的飞机。

问:那些都是日本飞机?

答:都是日本飞机。

问:你在那儿有没有看到中国的飞机?或者你知道那里有没有?

答:我本人从没见到有任何的中国飞机在那个地区,不过我知道他们有一些。

问:这些飞机仅仅是侦察机还是轰炸机,你能简单地跟我们说一下吗?

答:这些都是轻型战斗机和轻型轰炸机,就像我在中国城里看到他们使用的飞机一样。

问:在城市后方的农村地区,你看到任何被破坏的迹象吗?

答:由于轰炸,我看到中国城里至少有 10 天日夜都在燃烧。我当然看见了被摧毁的楼房。

问:具体地,你在这些农舍周边有没有看见任何的中国平民的尸体,如果有的话,这些尸体当时是什么样的状态?

答:在被烧毁的中国农舍前,我看到身穿平民服装的中国农民的尸体,他们死去的时候,手被反绑在了身后。

问:战斗停止了吗?如果停止了,是什么时候停的?之后又发生了什么?

答:到了 3 月中旬,是 1932 年的 3 月中旬,中国军队已经被击退到离上海周边农村很远的地方,而且日中两军之间形成了一次短暂的休战。

麦克马纳斯辩护律师:尊敬的阁下……

韦伯庭长:麦克马纳斯先生。

麦克马纳斯辩护律师：我对这一系列的证词提出异议，理由如下：首先，这是一个累计证据——一般证据和一般提问都在本法庭问过了；第二，检方提出这个案子已经有三个月了，但迄今为止共同谋议还无法成立。鉴于它与任何一位具体的被告都无关联，我对此提出反对。

如果这位证人具体知道是关于哪一位被告的，我请求本法庭要求检方将证人的证词限定在某位被告的某个具体行为上面。

韦伯庭长：我已经说过，被告，或者说他们中的任何一个人，与正在作证的情节之间的联系，可以发生在证据的任何一个阶段。关于证据累计的问题，这对本法庭来说确实是个问题。在本法庭认为已经对某个证据听够了的时候，它就是累计证据。我认为在本案中，我们希望证据能够比现在的这个更加简练，但受到我同事想法的影响，我不能说这是累计证据。

季南检察长：庭长阁下，对于辩护律师代表所有这些被告提出异议，我表示反对。如果他们愿意承认战争是针对中国人民的，从本质上这是一场侵略战争，并且战争发生在我们所起诉的时间范围内的大部分中国领土上，如果被告们愿意承认这些，我们非常乐意停止这个听证。我们不理解，检方已经做了让步，每次在那种情况下，总是我们首先试图为审判提供方便。

韦伯庭长：反对无效。

直接询问（由季南检察长询问约翰·戈特证人）（继续）

问：你看到的这场战事的下一步行动是什么——如果你称之为战事的话——还有地点？

答：实际上我没有见证战事的下一步行动，那时我已回到北平，然后近距离关注着中国国民军副总司令张学良将军的司令部。

问：关于这场战事，下一所谓的"事件"是什么？

答：那是所谓的"山海关事件"。

问：大约发生在什么时候？

答：在1933年1月的头两三天。

问：事发时你在哪里？

答：我在北平。当时我就在北平。

问：在谁的司令部，如果你能想起来的话？

答：我不大明白这个问题，阁下。

（法庭书记官又重复了最后那个问题）

答：我在张学良将军位于北平的司令部。

问：这个事件的报告在北平是不是人尽皆知？

答：是的。

问：描述一下都发生了什么？

答：在山海关火车站站台，日本陆军声称有中国人投掷了一枚手榴弹——这是直接进攻——军事进攻山海关城的借口。日方使用了火炮和高射炮，山海关城最终在1933年1月3日投降。

问：你描述说山海关毗邻长城。在那里，哪些城市被中国的长城分割开来？

答：长城将满洲和中国完全的分割开来，长城的北边是满洲，南边是河北。

问：这是不是你所知道的，或听说的中国长城以南第一个遭日军进攻的地方？

答：这是日本军队第一次在长城内，也就是在华北的领土上发动攻势。

问：据我所知，一条铁路从北平到奉天，在那时，这条铁路的运营和控制在某个地方被分割开来。这么说对吗？你能不能描述一下当时的情形？

答：九一八事变后，京奉铁路在山海关被切断。北边的部分，从山海关到奉天由日本管控；南边的部分，从北平到山海关，由中国管控。

问：那么，在这个管控的分界点上有没有部队在那里？

答：有。尽管山海关火车站就在长城内，但因为从满洲出发的日本列车会开到那儿，所以车站那里有日本的军队。中国的火车也会开到在山海关的同一个车站，所以同一个车站也有中国的士兵。

问：在你提到的1933年，在那一地区是不是有事件发生？

答：直到这次事件发生前，山海关的中国指挥官一直报告说一切平静。

问：这个火车站再度爆发事件是在什么时候？

答：我想是在1933年1月1日的傍晚。

问：你是不是亲自从北平赶到了事发地点，还对后续发展做了观察？

答：在1933年期间，我去了很多次北平以北地区。

问：告诉我们你看到了什么？

答：我亲眼看到日本的火炮轰炸中国的城寨。我和中国的军队一起坐在壕沟里，看着日本的机关枪向中国的村子扫射。我亲眼见过的就有两次，一次在密云，一次在通州——美国的教会财产也遭到了日机的轰炸。

问：行动中使用战机吗？

答：我看见日本的战机参与了行动。有一次，我和一个新闻同僚一起乘坐汽车，我们被这架日本战机追了几个小时。

问：这些士兵是在地面作战，还是在壕沟里作战？你能告诉我们有关这方面的事吗，先生？

答：这是场堑壕战，一种旧式战斗。北平和长城之间的华北平原被百英里长的壕沟分割成了网状。中国军队控制着这些壕沟。有一次，就在我到一个壕沟之前，一架日本战机低空飞过，向在那里的中国人投掷炸弹。我看见了尸体，也见到了伤员，并且同他们谈话。

问：在你从看到这些——看到这次战斗的地方回到北平后，你是不是在日本驻北平大使馆进行了提问？

答：我一直都那么做。

问：你问了日本大使馆新闻发言人什么问题？

答：我问他，就我提到的这次轰炸，为什么日本方面要那么做，还描述了我所看到的情况。日本民众和军方发言人常见的说法是："我们对此事一无所知"，他们不置可否，也不会给出任何解释。

问：这次战斗最后是不是以签订"塘沽协定"而结束？

答：是这样的。

问：那个已经包括在了本案中的一个文书里。之后——撤回这个问题。你知道停战协定是哪一天达成的吗？

答：1933年5月31日。

问：在此协定生效时，这个结果是不是在北平公布了？

答：大致的条款和情况都公布了。

问：在这个协定在北平附近签订后，你看到了什么？

答：有两次我亲眼看到所谓的中国叛军部队进入塘沽协定划定的非军事区内。

问：你和那些部队有过交谈吗？你知不知道这些部队的控制者是谁？

答：那些军队是在两名中国将领的指挥之下，一位是方振武将军，另一位是刘桂堂将军。那些部队从日本控制的区域进入非军事区，在穿过了这个非军事区后，又在日本控制区不见了。就在北平的中国官员承认对此事件感到非常疑惑之时，我和一位新闻同僚一起进入了那个区域。我和这两支部队的官员交谈，除了给我反对蒋介石、反对国民政府的口号外，他们没有告诉我他们在那一地区出现的原因。我再次看到了刘桂堂将军的部队是在1937年7月8日早上，就在离卢沟桥战役几英里的地方。

问：那之后有没有看到什么冲突之类的？

答：之后的一年，或者说更长的时间，北平北部地区都保持着和平的状态。我也许应该加一句：军事方面的平静，我的意思不是说政治上的平静。

问：1935年6月9日你在北平吗？

答：在。

问：那时候发生了什么？

答：1935年6月9日，颁布了所谓的《何梅协定》。何应钦将军时任军政部长[1]。

问：在1935年《何梅协定》签订之前，你有没有通过官方渠道收到有关调兵或威胁调兵的报告？

答：在北平的中国官员提醒我注意日本的报纸，上面说即将从大阪派遣一支大规模的军队到华北去。中国官员随后告诉我，他们受到日本的威胁说，除非他们签订协议，否则日本就要完全军事占领那一地区。那些中国官员又进一步告诉我，他们被警告说，在这件事上不要去向英美求助。

问：就你刚才提到的这些新闻发布会，你做过记录吗？你在国际新闻社有没有向全球报道过这些事？

答：一般我都会做记录，然后写新闻稿，那个地区的其他记者也是这样的。

问：在那段时期，你还看到日本在北平地区进行过什么活动？

答：除了签订《何梅协定》，心理战一直在持续进行着。

问：我想打断一下。请你告诉我们，根据给你和新闻社的报告，《何梅协定》实质上是什么，它是正式的协定，还是只是一个口头谅解？

答：人们普遍接受的是，这个协定是日本提出的，并得到中国同意的一系列要求的总和。它是什么样的特定形式，是书面的还是口头的，

---

[1] 即北平军分会代理委员长——译者注。

这些我不知道，我知道的是之后怎么执行这个协定的。协定导致的结果是，河北的省会从天津被迁到了保定。

问：保定在哪儿？

答：保定在北平以南约100公里处，也就是说在北平以南地区。除此之外，河北省主席于学忠将军也被迫将驻防在其省会的部队撤走。

问：那么，根据协定的条款，河北省的省会显然是被迁到了离北平以南100英里的地方，是不是？

答：是的。

问：那是在1935年的某个时候？

答：是在1935年。协定还导致了一个结果，就是撤销了第三十二军军长商震的职务。他和他的部队也同样被迫往北平以南地区迁移。

问：那么，我的理解是，中国的军队正往南迁移？

答：具体地来说，那是中国国民军，不是各省的军队。

问：在这些部队离开往南迁移之后，有没有其他部队取代他们？

答：留下来驻防在北平的还有冀察政务委员会委员长宋哲元将军领导下的第二十九路军。

问：就你所说的，河北省省会南迁之后，有没有什么替代机构？日本是不是进驻，或者之后去了那里？

答：之后日本没有进驻那里，但这为他们向宋哲元将军施加更大的压力，更大的政治压力提供了可能。

问：我提醒你注意，在1935年11月，在北平周围发生了散发传单的事件。你能想起来吗？

答：那时候有汽车在北平的主干道上快速行驶并扔下含有呼吁五省人民向中国国民政府要求自治的传单。

问：是不是有飞机从空中飞过？

答：日本飞机也从空中飞过，向北平城内扔下类似内容的传单。

问：有关这五省联盟，或者建议联盟的问题，宋主席有没有签过什么协议？

答：在 1935 年的大部分时间里，中国官员告诉我，日本已经向宋哲元将军施压。施压的内容就是要他抛弃中国国民政府，担任所谓的华北自治政府的领导人。日本的计划就是让绥远、察哈尔、河北、山东和河南[1]五省并入这个华北自治政府中。

问：那将包括多大的领土面积和多少人口？

答：将涉及 60 万平方公里的中国领土，那里居住着 1.7 亿中国人。

问：这个协议通过了没有，还是有了替代协议——替代解决方案？

答：宋哲元将军从来没有向日本的压力和其他的压力屈服。不过，有日本提出的替代方案。

问：那个是不是导致了另一个自治或者说所谓的自治政府成立？

答：1935 年 11 月，日本建立了一个名为"冀东防共自治政府"的傀儡政权。

问：这个事情就是发生在你作证中提到的这些威胁和压力之后吗？

答：就是在这之后马上发生的。

沃伦辩护律师：尊敬的法庭，我们知道一些引导性问题已经得到了本法庭的允许，但是我们还是想对接二连三的引导性问题提出异议——检察长几乎所有的证言都是这个。我们希望提出反对。

季南检察长：阁下，我只是在指出书里面那些能够很好地证明和确立历史和区域事实的日期。在很多情况下，不直接指明这些日期是很愚蠢的，这样我们才能在本案中厘清这个事件。当然，在让这位证人出庭前我就知道他要说些什么，否则我也不会传唤他。在我们呈现他的证词之前，要是不能和他仔细地重温这些事件，我恐怕没法尊重本法庭的意思。但我不认为我所问的任何问题里有任何的暗示，我给出的所有这些证言都是因为这是我第一次来到东方，而这位证人已经在这里

---

[1] 庭审记录为河南，但应为山西——译者注。

居住了25年。

韦伯庭长：嗯，有限的引导性问题不仅是允许的，也是在处理这类证词时所必需的。如果你不用引导的方式，而用精确的方式询问证人，他可能无法想起那些我们不得不让他从笔记当中回忆起来的日期。然后结果也会是这样。

沃伦辩护律师：尊敬的法庭，这位证人不仅有自己的笔记，也正在受到引导。我们认为应当对此做些处理；但如果那是您的裁定，我们也认可，阁下。

韦伯庭长：我还没做出裁定。但我再重复一下，如果季南检察长不做引导，这位证人将必定不得不提到他的笔记，那样的话我们也无法节约时间，也将会得到同样的回答。

反对无效。

问：这个新的所谓的"冀东防共自治政府"首府在哪儿？

答：首府在通州，在北平以东15英里。

问：这个新政府大约管辖着多大面积的领土？

答：这个政权的领导人是殷汝耕。他亲口告诉我说他的领土有大约1万平方公里。

问：在日本同这个政府达成了协议之后，你有没有去过冀东地区？

答：去过很多次。

问：你在那儿看到了什么？

答：我在那儿看到了日本在通州的驻军，由日本方面招募、指挥以及训练中国的宪兵队。

问：你怎么知道他们是由日本方面训练的？

答：我在那儿见到了日本的长官，也和中国宪兵队本身进行了交谈。

问：在这个新的所谓的"冀东防共自治政府"建立之后，你有没有注意到在贸易和航运方面有什么变化？

答：冀东政权涵盖了从"满洲国"到北平的地区，所以它有一条很长的海岸线，众所周知，它成了毒品走私和货物走私的中心。

韦伯庭长：我们休庭15分钟。

（14：45 至 15：05 休庭）

（再次开庭如下）

法庭执行官：远东国际军事法庭现在再次开庭。

韦伯庭长：检察长先生。

直接询问（由季南检察长询问约翰·戈特证人）（继续）

问："冀东防共自治政府"的领导人是谁？

答：是一个叫殷汝耕的中国人。

问：你能为大家拼写一下吗？

答：殷-汝-耕。

问：你有同他交谈过吗？

答：交谈过很多次。

问：你对那里的领土本身和人们的风俗习惯熟悉吗？

答：熟悉。

问：在你同殷主席谈话的过程中，有没有说到有关那一地区共产党员数量的问题？

答：我对政府名头中"反共"二字感到迷惑不解。之前从未有日本的傀儡政府用这两个字作为政府名，所以我问了殷汝耕，"为什么用反共这两个字？"，他的回答是，在整个冀东地区——如果有的话——有很少数的共产党人。

问：你提到的这个新政权或者说新政府大约在1935年6月之后的某个时间成立——它的统治持续了多久？

答：这个政权在1935年11月就职，一直这样持续存在到1937年8

月，日本正式封锁北平为止。

问：你见过被告土肥原吗？

答：见过。

问：他在你提到的这个时间段，也就是1935年，是不是也在那里？

答：在1935年期间，我所有的中国同事都坚持认为土肥原将军就在那个地区。

问：你在1935年的时候亲眼见过他吗？

答：在1935年期间，不论我还是我的同事都没有见过土肥原。

问：那么，你在那一地区实际见到他本人是在什么时候？

答：我在1936年2月17日和3月2日见到土肥原并和其交谈。

问：那么是你找他的，还是你独自受到邀请，或者和其他人一起受到邀请去和他谈话的？

答：第一次的时候，1936年2月17日，外国记者们受日本陆军武官辅佐官的邀请，去他办公室见土肥原将军。

问：那么你能告诉我们采访都包括了哪些内容，能不能简要地叙述一下？

答：从新闻记者的角度来说，这次采访没有产生任何的结果。我们自然提到了那些我们所见的事，也就是我们知道正发生在华北的事——军事活动和政治干扰——但是从土肥原将军那里，除了一个不置可否的答复，我们什么也没得到。当时的中国流传着这样一个报道，说日本计划将溥仪皇帝从满洲接过来，恢复他在北平的旧皇权，以此来巩固当时的"满洲国"和华北统治。我个人很希望就此对土肥原进行采访。

问：你是在日本政府还是日本其他机构的帮助下才实现了这次采访？

答：那时候，日本陆军武官辅佐官是高桥坦少佐。他的办公室在日本驻北平大使馆，就是他邀请我们这些记者去见土肥原将军的，然后我们就在他位于日本大使馆的办公室进行了采访。

问：他是不是建议——你有没有要求见土肥原，或者他有没有建议新闻记者去见土肥原？

答：采访是在我们没有提出要求的情况下，由日本助理陆军武官安排的。

问：除你之外，还有没有其他报社的代表参与了这次采访？

答：几乎全球各大报纸和通讯社的代表都参加了这次采访：美国的大通讯社、伦敦时报、路透社、德国报纸、日本报纸……

问：这次采访进行的时候有没有现场翻译？

答：采访由一位日本陆军武官辅佐官办公室普通译员负责将日文翻译成英文。

问：那人叫什么？你知道吗？

答：他叫冈木彻[1]。

问：我提醒你注意1936年11月初。你现在能想起来那时有什么不寻常的事发生吗？

答：美国的记者们收到一份前往日本大使馆或者说陆军武官办公室的邀请，出席1936年11月4日黎明的军事演习。

问：那你参加了吗？

答：这些演习是在北平以西约10英里处的山丘上进行的。特别是其中有一次，正好就是在我加入的北平国家高尔夫俱乐部所在的那座山丘上进行的。那天上午，我在自己的高尔夫俱乐部，成了土肥原将军的客人。

问：那么在这些演习中，你能不能简单地描述一下，都使用了哪些武器？

---

[1] 英文庭审记录为"Paul OKAGI"，而日文庭审记录所载人名的音读为"OKAGI Touru"（无汉字表述）。此处根据日文庭审记录进行了音译——校者注。

答：山上有模拟机枪和步兵的阵地。日本坦克、大炮、烟幕弹，所有武器都被运用到了模拟战斗中。很多在北平的日本平民也受邀出席，这其中有穿着护士服的女护士队，当然，也有日本的报刊记者。

问：来看一下 1937 年的 7 月 7 日，特别是傍晚，你印象中能想起什么事件，或者是提醒你自己要注意的？

答：1937 年 7 月 7 日，我作为嘉宾参加美国大使纳尔逊·特拉斯勒·约翰逊的餐会。这是在北平。其他嘉宾包括那时还是上校的约瑟夫·史迪威将军，以及美国海军的约翰·马斯顿将军，他那时也是上校。

问：你是通过这个餐会认识了史迪威将军，还是之前就已经认识他一段时间了？

答：我跟史迪威将军从 1921 年起就很熟，凑巧的是，我今天到这儿来正是他的建议。

问：你能想起来那次会议特别提到了些什么吗？

答：那时还是上校的史迪威后来担任了驻华美军武官。马斯顿上校后来担任美国大使馆卫队——美国海军陆战队卫兵营的指挥官。我们得到正式消息说，日本大使馆警卫队计划在北平以西地区进行演习，不仅是演习，而且还是夜间演习，这在外国驻北平的军队当中即便不是个例，也是相当不寻常的。

问：就算没有进行深入的探讨，但你、史迪威上校和马斯顿上校在 7 月 7 日餐会上是不是也就这个主题谈了些什么？

答：这个事件太不同寻常了，约翰逊大使、史迪威上校、马斯顿上校和我谈了很久，也谈了这事的可能性。

问：不寻常是因为要进行这些演习，还是因为这些演习发生在晚上？

答：第一个不寻常的地方是演习是在晚上进行的，第二，演习地点是在北平以西地区，那里有一座重要的铁路桥跨过河面。为了那些外国在北平的驻军,中国政府在北平以东地区预留了一个国际性的靶场,那里才是外国驻军经常进行演习的地方,而不是在北平以北地区。

问:接下来你得到史迪威上校的消息是在什么时候?

答:史迪威上校在第二天,也就是1937年7月8日8:00给我打了电话。

问:他为什么打电话给你?

答:用他的原话说,他说:"日中正在宛平交战。你最好过去。"

问:以北平为中心,宛平在其什么方向?

答:宛平在北平西南方约10英里处。

问:你接到电话后做了什么?去了宛平还是就待在原地?

答:那时候,从我在北平的家里就能听到炮火声,自然地,我和另一位记者一起坐车去了宛平。

问:说一下和你一起去的那些人的名字。有多少人,都是谁,职务是什么?

答:我和时任《芝加哥每日新闻报》的记者,现在是《纽约先驱论坛报》的记者斯蒂尔先生一起从北平出发。在宛平,当时还是少校的戴维·巴雷特上校加入了我们,他也是史迪威上校手下的助理陆军武官。

问:卢沟桥在宛平的什么地方?

答:宛平西墙外几百码处有一条河,卢沟桥就横跨那条河。

问:卢沟桥就是之前所描述的进行夜间演习的地方吗?

答:就是同一个地方。

问:在你到了宛平,就是你说的和巴雷特上校和斯蒂尔先生一起去的这一次,你都看到了什么?用你自己的话描述下当时你观察到的情况。

答:我们发现宛平的东大门已经关闭。中国的哨兵在城墙上放哨,我们用中文向他们喊话,问晚上都发生了什么。他们回答说日本进攻了宛平。我们问:"日本人在哪儿?"他们示意穿过百码宽的沙径去铁路路堤。我们于是决定自己去找日本人——巴雷特、斯蒂尔还有我。我们从宛平城墙角开始,当时那里有机关枪响,所以我们就退回去了。之后我们穿过了一块无人地,又通过一个在铁路路堤下的隧道,到了日军的机关枪哨岗。我们被带到了日军战地指挥官那里。当我们沿着路堤走的时候,我们看到日本士兵在仓促挖掘射击的地点,好让他们的头不高于路堤。日军战地指挥官无论如何都拒绝给我们任何信息,并打手势让我们穿过——爬过路堤,掉头回宛平,回中国人那边去。

斯蒂尔、我,还有巴雷特,于是只好回到北平,但在那天晚上临近黄昏的时候,我和斯蒂尔又回到了宛平。我们成功抵达了宛平西门,打算试着入城,从中国的官员那里打探到消息。在那里我们被告知,日军向宛平的指挥官发出了最后通牒,除非他在 19:00 前投降,不然又将开始炮击。

问:那是几号?

答:1937 年 7 月 8 日。

问:在最后通牒或者说命令的期限内,中方投降了吗?

答:就在中国官员过来邀请我和斯蒂尔先生一同入城的时候,日军的炮击在 7:00 准时开始——因为中方拒绝投降。第一声枪响就在 7 月 8 日的 7:00,步枪和机关枪向下游的卢沟桥方向射击,之后日本的炮弹开始进入城内。

问:有没有停战?

答:有停战。我在 7 月 10 日回到了宛平,又是和巴雷特上校一起的。

问:你能不能说说你看到的交火后的情况?如果有的话。

答:7 月 10 日,我们检查了军事指挥部和民事指挥部——县长办公地点的受损情况,这两个地方都被炮火彻底摧毁了。

问:那么有关那些受到炮击的楼房,你能不能告诉我们这些楼房在城墙外是否能看得见?

答：这些都是只有一层楼的中国平房,如果在城外,在城墙外面是看不到的。

问：你知道通过宛平城大街的都是什么类型的装甲车,如果有的话?

答：7月30日,就是中国军队撤退、日本进城后的那天,我和斯蒂尔进入了宛平。在主干道两侧的每一幢楼房,墙上都有一排排连续不断的弹孔,很显然是日本坦克在经过那里时用机关枪扫射的。

麦克马纳斯辩护律师：庭长阁下,我现在能请求将证人最后一个回答的后半部分从庭审记录中划去吗?

韦伯庭长：根据惯例,我们拒绝这个请求。

问：你能介绍一下,8月8日,北平有什么进一步的军事行动吗?

答：1937年8月8日,我在北平,看到河边正三将军和他的军队正式进入北平,作为胜利者占领了北平。

问：是不是安排了一名军事长官来负责北平事务?

答：北平的重要街巷都张贴着用中文写的布告。他们宣布北平已经处于日本的戒严之下,河边将军是军事长官,并威胁说要杀死那些违抗者。

问：就在你所说的8月8日进入北平,日军在北平街道上前进的时候,你有没有看到他们的武器装备?

答：在河边将军正式的胜利游行中有步兵团、装甲部队、机械化大炮、坦克……

问：这之后北平之外有没有军事行动?

答：有军事什么?

问：军队从那里向哪儿进发?

答：之后日本陆军兵分三路前进:一路从北平南下顺着平津铁路到山东,另一路顺着平汉铁路前行,还有一路沿着平绥铁路往北平西北方向进发。

问：这些是演习还是游行？或者你会怎样来描述这些行动？

答：根据和我每天——一天两次交流类似事件的日本陆军发言人的说法，这是一场重要战争。根据我们从各个渠道收集到的最可靠的消息，在卢沟桥事变打响战争第一枪后的八个星期里，大约有16万的日军在领土——在华北的领土上战斗。

问：有关这支部队的类似行动，你有没有和任何一位日本官员交流过？

答：他们对日军在此次行动中的胜利非常自豪。日本陆军驻华北新闻发言人叫平冈闻造，他给我看了他自己的数据——日本人是如何前进的，1937年日本军事推进的速度——根据他的计算——比1904—1905年日俄战争推进的速度快3倍。

问：1937年8月31日，你是不是和其他人一起在那个地区采访了一位著名的日军将领？我不是问在哪里，我暗示一下是在北平的周边。

答：我和其他欧洲、美国的记者被一位日本新闻发言——日本陆军新闻发言人带到了怀来。

问：请你拼写一下。

答：怀-来，在北平西北方约100英里处，在平绥铁路线上。尽管在采访的几天前我就被板垣征四郎将军的部队带到那里，但我不认为板垣将军事先已经知道了我们要去采访他。我们是在1937年的8月31日上午，在怀来采访到他的。板垣将军很直率地谈及他用军事手段所完成的事情，之后有人向他提了个问题："你有没有可能会转向南方，往黄河方向去？"记者们都对他回答说"有可能会这么做"感到很惊讶。当然，我们感到惊讶是因为在那些天，这仅仅只是一个事件，而不是一场全面战争。

问：你对这次采访的主题有没有做过记录，你能说下这次采访的记录有没有在报上公布？

答：我带着我的笔记回到了北平，自然而然地，我发了封电报，当然,这封电报要经过日本陆军的审查;那次负责审查的是平冈大佐,他也是那次采访板垣将军的翻译。

问:就像你说过的,你有没有去过其他被占领的中国地区?我所说的占领意思当然就是被日本军队占领。

答:1937年7月至1941年12月,我作为日本陆军认可的美国战地记者,去过华北所有的被占省份,包括和日本陆军一起走过的约2万英里路程,也跟随着日本陆军航空队飞行了1万英里。

问:你能简要说一下你在中国那一地区所看到的战事情况吗,什么都可以?

答:我,当然,会去城镇和村落看看,其中的一些被枪击、炮火和空袭完全地摧毁了,另一些则遭受严重的财产损失。村庄里没有一个活物,不仅仅是没有活人,连活着的家畜都没有,什么都没有留下,只有死尸。我看到无数的平民被打死,死的时候手被绑在背后。我是说我看到的是尸体,不是他们实际被打死的情况。

韦伯庭长:我们休庭,明天9:30开庭。

(16:00开始休庭)

1946年8月13日,星期二
日本东京都旧陆军省大楼内远东国际军事法庭

……

(法庭在休庭后于9:30再次开庭)

……

法庭执行官:远东国际军事法庭现在再次开庭。

韦伯庭长:除大川、松井和平沼由辩护律师代为出庭外,其余被告全部到庭。我有巢鸭监狱医生助理出具的平沼入院治疗的证明,这份证明也将被记录在案。检察长。

（约翰·戈特，作为检方传唤的证人，重新入证人席并作证如下）

直接询问（由季南检察长询问约翰·戈特证人）（继续）

问：你是不是在保定府？

答：是的。

问：你是不是在那里同日本的官员有过交谈？当时美国陆军武官也在场。

答：1937年秋天，我和日本陆军新闻发言人、史迪威将军、美国陆军武官以及其他欧洲陆军武官一起去了保定府。从一份从日本陆军那里得到的官方声明中我们得知，仅在保定府一战中就有1万名中国士兵被杀。

问：那份声明是什么时候发表的？

答：在1937年10月左右。

问：你能不能向本法庭说明一下，从卢沟桥事变发生至1941年期间，你同多少名日军将领有过交谈？

答：实际数字超过40名，其中一些人还在内阁的陆军省任职。

问：有多少人在日本内阁陆军省任职？你能说下他们的名字吗？

答：我能想起来的有寺内将军、杉山将军和板垣将军。

问：这些人在上述时间段是不是在日本任职，率领并掌管着日本的军队？

答：这些将领的级别从日本陆军华北派遣军司令官到前线分区指挥官——我就在他们的任职地和他们交谈。

问：你能不能说出你在战争期间，在中国交谈过的其他日本陆军高级将领的名字？

答：已故的本间将军、已故的山下将军、岩村将军和饭田将军，还有其他好多我想不起来了。

问：在你和这些日本官员交流的过程中，他们有没有阐述过他们的战争目标？

答：这些日本官员一再向我重申，日本陆军的战争目标，不是要获取领土，而是要消灭、粉碎并杀死中国国民党的军队。

问：你是不是去过山西省？如果是，是在什么时候去的？在那儿看到了什么？

答：在1938年、1939年和1940年，我去过山西很多次，在那里我同英美的传教士交流，他们告诉我中国的基督徒因为去这些教堂做礼拜而受到迫害。两名英国传教士受到日本军队的严厉监禁，就因为他们将中国的伤员带到了他们的教会医院。英美传教士们告诉我说，有许许多多日军强奸中国女性的案例。日军向中国当地官员发出正式命令，要求他们提供妇女供日军使用——这种做法司空见惯。在山西的省会太原府，日军在主城门树立了一座纪念碑纪念阵亡的日军将士。每一个经过那个城门的中国人都被迫走下汽车或是人力车，向日本战争纪念碑致敬，换言之，他们通过那个城门只能走路，不能坐车。

问：你能告诉我们有关"新民会"，或者叫"东亚协会"的事吗？它们是什么组织？是干什么的？

答：在华北，日本陆军和日本的普通民众组建了所谓的"新民会"，在华中建立的叫"东亚协会"。这两个都是大规模的宣传组织，该组织试图对大量的中国人进行管控。他们进行胜利游行——日军的胜利，强迫店主、劳工，还有其他的中国人一起参加游行，即使是年幼的孩童，四岁、五岁、六岁的孩子也要和他们的老师一起游行。这类游行通常以一场群众大会作为结束，结束的时候要用日语，而不是汉语来高喊"万岁"。驻北平日军所属的报纸报道了一次类似的群众大会，还放了一张大会的照片。在照片边上是带标题的报道，声称有2万中国士兵在日军攻克某个华北城市时被杀。

问：你是否知道，那个报纸是由日本人还是中国人控制的？

答：那份报纸完全由日本陆军华北派遣军新闻班掌控。

问：在战争期间你所去过的那些地方，关于报纸和电台的控制是一种什么样的情况？

答：所有电台，不仅由日本控制，实际上主要的官员也都是日本人，还有些低职位的中国人。报纸，当然更是彻底由日本陆军所控制，全部在日军的指示和监视之下。所有的新闻社都同样置于日本的掌控之中。

问：对事件的本质做类似调查是不是你工作的一部分？

答：是的。

问：回到中国青少年和工人，还有其他人游行的问题上。关于庆祝日本的胜利，这些游行都是在什么时候进行？

答：这些游行事先都经过了缜密地安排。在日本官员们意识到某个中国重要城市即将被他们攻陷时，他们就开始筹划，有时甚至会宣布，为庆祝某个特别的胜利，将于哪一天举行游行和群众大会。

问：有关中国的学校和对它们的使用，还有教学方式上的变化，你都观察到了什么？非常简要地说一下。

答：特别是很多中国的大学，都在日本的轰炸中被毁了。我见过轰炸现场，像天津的北洋大学。其他的大学和学校都被日军用作兵营，或者是像国立北平大学那样被宪兵队用作拷问室。在北平有个清华大学，是用美国减免的庚子赔款所建的；在被日军占领后，罗斯福纪念体育馆里塞满了日军的战马。

问：在学校的教学力量和教学内容上，你观察到的有什么变化吗？

答：所有主要学校和高校都被迫接受日本的教师。英语教学被禁止，用日语代替。课本都经过了重新修订，在日本印好后送到中国使用。

问：你是不是和白鸟敏夫有过交谈，如果有，请告诉我们交谈的时间和地点，还有谈话的内容？

答：那是在北平的时候，嗯，我推测是在1940年的某个时候。我们谈了共荣圈的问题。我说了我看到的那些已经发生了的事，白鸟先生则提到某些中国人很真诚，换句话说，就是非常愿意同日本进行合作。在我说到日本方面在描述这类事件时所用的英文表达是错误的时候，白鸟先生说不，错在你们这边，你们需要一本更加符合大东亚概念的英文词典。

问：你是不是有和铃木贞一交谈过？

答：是的，1939年9月27日，就在这里，在东京。我提到了关于和日军共事的中国人的问题，铃木将军说，他们承认他们无法将蒋介石总司令拉拢到他们这边，所以针对中国的战争将持续下去。

问：在那期间，除了对中国人外，你有没有观察到对其他国家的人民进行严格控制的情况？

答：在华北地区有很多白俄罗斯人，那些白俄罗斯人有中国护照，但在日军占领那些地区后，这些护照立即被宣布无效。因此，日军在每个主要城市都建立了一个名为"白俄部落"机构，每一个白俄罗斯人都需要申请新的护照。在"白俄部落"的最前面，就是一位日军军官。

受到失去护照的威胁，这些白俄罗斯人每月都被迫向自己所在的"白俄部落"贡献一定数量的金钱。除此之外，那些男性白俄罗斯居民还被迫加入军事组织，在日本人的军事监管下，身穿制服，全副武装并且接受训练。

问：在你所描述的这个阶段，有没有迹象显示在中国有宪兵队的存在？

答：我在远处亲眼看到宪兵队在已被占领的华北地区行动。

季南检察长：尊敬的法庭，除了有关日本在战争过程中的经济侵略这个问题外——这是另一阶段要处理的问题，检方对这位证人的本方询问已经结束。在本法庭的允许之下，我们请求暂停本方询问，进入交叉质证阶段，由这位证人对这些问题进行作证，这样的话，豪克斯赫斯特先生——他有几个关于这个阶段的问题要问——就能按照上一位证人,也就是鲍威尔先生的作证程序那样进行下去,不知本法庭是否同意。

韦伯庭长: 辩方有没有什么要说的? 马蒂斯先生。

马蒂斯辩护律师: 尊敬的法庭,就我所能确定的,辩方对此无异议。

韦伯庭长: 好。接下去进行交叉质证,检察长。

季南检察长: 我知道这位证人已经可以就他在本方询问中作证的这些事件进行交叉质证。

韦伯庭长: 这个阶段有没有要交叉质证的? 马蒂斯先生。

马蒂斯辩护律师: 尊敬的法庭,我是被告板垣和松井的辩护律师马蒂斯。

交叉询问(由马蒂斯辩护律师询问约翰·戈特证人)

问:戈特先生,在这里作证过程中,你是完全靠记忆想起了这些事,还是靠你所拥有的笔记或是便笺中的内容回忆起来的?

答:主要靠记忆,有时候是靠回忆。

问:你在作证中所使用的便笺,是在事发当时做的,还是事情发生后做的?

答:所有的事实情况都是直接从我的日记和一些打字稿中摘录出来的,这些打字稿是我现场做的,按年代顺序排列。

问:那么,有一些是打字稿,一些是手写稿?

答:是的,是这样的。

问:你作证时放在你面前的这些便笺,是你自己准备的还是其他人准备的?

答:这份便笺确实不是我自己打出来的。

问:好,那就是说这份便笺是别人打的,不是你自己亲自打出来的。那么是在哪里打出来的呢?

答：是在国际检察局。

问：是你口述的吗？

答：是根据我当时所做的原始便笺打出来的。

问：我的问题是，这是你口述的吗？

答：内容摘自我工作时所写的便笺，以及和季南先生讨论案件时所做的便笺。

问：我的问题仍旧是，这是你口述的还是其他人口述的内容？

答：这份便笺结合了我和季南先生的口述内容。

问：在季南先生询问你的时候，宣读了他手头上有的一摞手写稿，并告诉本法庭，在你作证的时候，你手边没有这份稿子的复印件。

答：是的，我没有。

问：那么，戈特先生，关于你在这里所做的证词，正如你自己所说，你叙述的很多事情并不是你亲眼所见的。是不是这样？

答：我没有亲自经历所说的全部事件。

问：一般说来，关于你在这里作证的这些事情，有多少是你亲眼见证的，又有多少是其他人告诉你的？就一般来说，比例是多少？

韦伯庭长：本法庭不想知道那些比例，那对我们没有任何帮助。证人在说那些从传言中听到的事情时，已经说明得很清楚了。

问：那么，你说到一个时间——我想是 1937 年 8 月 31 日，你说在那天你对板垣将军进行了一次采访，在采访中你问他中国军队是否有可能转向南方到黄河流域去。他是如何回答的？

答：我问的是日本军队是否会转向南方到黄河流域去。他的回复是："有那个可能。"

问：戈特先生，你是在哪个时间段同这些日本军官交谈的？是在什么时间？

韦伯庭长：我肯定证人没法回答这个问题。没有证人能回答这样的问题。

马蒂斯辩护律师： 季南先生在向这位证人提问有关事件时，就是说的"一段时间"。

韦伯庭长： 那可以有很多种解释，但没一个解释会对我们有用。

问：在你和不同的日本军官进行谈话期间，板垣将军是不是一直在中国？

答：我不知道。

问：那你知不知道，事实上，1937年3月1日至同年的8月，板垣将军在广岛担任指挥？

答：我第一次认识板垣将军是在1937年8月31日，在怀来。

问：在你所提到的这些事件所发生的时间段内，松井将军在中国是在哪个时段？或者说他究竟在不在中国？

答：我本人对松井将军的情况不了解。

问：那么就是说，你从未和松井将军有过交谈？

答：从来没有。

马蒂斯辩护律师： 我的询问完了，尊敬的法庭。

韦伯庭长： 弗内斯少校。

交叉询问（由弗内斯辩护律师询问约翰·戈特证人）（继续）

问：戈特先生，你在中国的20年间，你作证说你去过日本驻北平大使馆很多次。那么，在那时间段内的大部分时候，日本公使馆是在上海，而在北平和南京仅仅是一些外交官员，是不是这样？

答：公使馆，或者说是大使馆，就是在北平的外交机构，直到1941年一直都被叫做大使馆。

韦伯庭长： 本法庭现在休庭15分钟。

（10：30至10：50休庭）

（再次开庭如下）

法庭执行官： 远东国际军事法庭现在再次开庭。

韦伯庭长：弗内斯少校。

弗内斯辩护律师：我请求重新念一遍最后那个回答。

（法庭书记官又念了一遍最后那个回答，如下）

答：公使馆，或者说是大使馆，就是在北平的外交机构，直到1941年一直都被叫做大使馆。

交叉询问（由弗内斯辩护律师询问约翰·戈特证人）（继续）

问：在有关你作证的这个阶段，大多数在北平有公使馆或大使馆的大国，在上海和南京也都设有相同的机构，是不是？

答：是的，但是大使们会来回往复。

问：你作证说在九一八事变后，那时，为了报道张学良将军的指挥部可能进行的谈判，你一直留在北平。那么，在那时候，满洲和北平周边地区都在将军的控制之下，那个地区是一个拥有充分自治权的地区，可以与日本就那些为冲突埋下根源的事件进行直接谈判，是不是这样？我正在引用《李顿报告书》的内容。

韦伯庭长：我建议你用十几个字再把那个问题说一遍，我觉得根本不需要那么多的介绍，你可以用简短的问题从他那里得到你要的回答。

问：在九一八事变发生时，满洲和北平周边地区是一个拥有充分自治权的地区，可以与日本就那些为冲突埋下根源的事件进行直接谈判，是不是这样？

答：就像我说过的那样，张学良将军是中华民国国民军副总司令。但是，当地事务是由中国人——有能力的中国人和日本人进行谈判的。在九一八事变发生时，就有中日纷争调停委员会。

问：那么，类似的谈判是直接同少帅进行的，而不是指的中央政府，是不是？

答：他们只是讨论当地问题，不是谈判。

问：那么你就是不同意《李顿报告书》中"那个地区是一个拥有充分自治权的地区,可以与日本就那些为冲突埋下根源的事件进行直接谈判"这一说法了?

答：在我看来这种说法是一种推测,而不是一个事件,而我当时处理的是事件,是实实在在发生的事情。

问：那你是否认同《李顿报告书》的这一结论?

答：我是很久以前看的《李顿报告书》,所以现在没法说同不同意。

问：你作证说在你1931年11月20日到访天津时,你就之前所发生的事情采访了中国的警察和军官。那你有没有从日本方面获取任何的信息呢?

答：我同日本驻天津总领事进行了会谈。

问：那么他都跟你说了什么?

答：总领事的回答始终是:"现在的形势很复杂,我们也在静观其变。"

问：他有没有告诉你,事件之所以会发生,是因为中国的派系斗争,而日本军队是被迫开枪的?

答：他没那么说。

问：还是引用《李顿报告书》的话,整个事件是非常模糊的,是不是这样?

韦伯庭长：嗯,接受所有同僚的意见,我不认为他的意见能增加或是降低李顿调查团研究结果的重要性。

弗内斯辩护律师：我撤回这个问题。

问：天津事件的处理结果,就是中国军队从日租界附近撤走,是不是?

答：日本方面很可能坚持要求中国必须撤出那一地区。

问：那么,他们是不是从那里撤走了呢?

答：我个人并不清楚这件事。

问：日军在这一次有没有进驻天津？

答：当时日军在天津有一支永久性的驻屯军。

问：他们在那里是条约赋予的权利，但是没有其他的日本军队入驻，是不是这样？

答：他们是根据条约上的权利驻扎在那里，但如果你指的是在接下来的短时间内，在接下来的几周时间里，这么说很可能是对的。

问：我的意思是那次事件之后。

答：那我不知道。

问：嗯，你说你在1月31日到了南京之后，看到河上有5艘日本战舰。那时候河上也有其他国家的战舰和日舰一起，是不是这样？

答：我个人只记得有美国的战舰。

问：那么，日本和美国，还有其他国家，都有权——都有条约赋予的权利，可以将战舰行驶至上游，是不是？

答：是的。

问：那么，在你看到日本舰只的时候，他们是不是已经下锚了？

答：乘坐渡船从浦口到南京大约需要一个半小时。我第一次看到日本战舰的时候，他们还在运转着。等我们过了河，我才看到他们抛下了锚——就像我已经说的那样。

问：那些是什么类型的船？

答：我记得是小型的驱逐舰，可能是内河炮舰。

问：一直到你离开南京后，你也没听说过有炮击的事情，是不是？

答：当我第二天到了上海的时候，我听说了这件事。

问：是2月1日还是2日？

答：2月1日。

问：那次炮击事件发生在2月1日的上午，是不是？

答：对。

问：你并不知道日本的舰船是否在你看到它们之后有过行动，也不知道在炮击发生时它们是否正在途中,是不是?

答:我不知道。

问:你知道炮击的原因吗?

答:我没法直接回忆起这件事,这个新闻是由国际新闻社一个在上海的记者报道的。

问:那你也不知道中国从要塞向日本的难民开火,日本领馆和舰船还击的事了?

答:我从没听说那时候有日本的难民在船上,或者是日本难民集中在南京任何地方,我从没听说过那种事。

问:这是在《李顿报告书》中的日本新闻报道文书和明细。说总共发射不超过八枚炮弹,即使在中国的报道中也是如此,是不是?

韦伯庭长:弗内斯少校,要削弱《李顿报告书》中的调查结果需要提供非常强有力的证据。你不戴耳机是听不到我说话的。

我知道要削弱《李顿报告书》中任何的调查结果需要提供强有力的证据。

弗内斯辩护律师:我撤回这个问题。我引用的《李顿报告书》的这个部分,不是检方宣读的那个部分,尊敬的法庭。

韦伯庭长:是整个《李顿报告书》都是证据,你可以利用。你可能认为《李顿报告书》可以反驳或是确认这位证人所说的内容,但对我来说,这是在浪费时间。

问:那里没有人员伤亡,是不是?

答:我不在南京现场,也没有写过新闻报道,除了被人告知要塞遭到炮击之外,我想不起来任何事情。

问:关于第一次上海事变:日军登陆部队少于1 000人,是不是?

答:我没法知道确切的数字。

问:你是要说1 000人左右吗?

答:只能是估计,如果日本也是按照其他国家的做法的话。

问：日本在上海驻扎这样一支登陆部队是在条约权利之内的,是不是?

答：是这样。

问：中国国民军第十九路军是一支粤军,是不是?

答：指挥官蔡廷锴将军是南方人,但我不知道他是哪个省的。

问：这支部队是不是和中国大多数的部队不一样,它有自己的地域性? 是不是来自广东的?

答：我还是只能说,这支部队来自南方的某个省。我没法知道每一个中国士兵是什么地方的人。

问：这支军队的指挥官以及军队本身,都完全置于蒋介石中央政府的控制之下,是不是?

答：我没法就他与中国国民政府的关系作证,但我可以观察到,他的部队在离南京——离政府几百英里的地方,所以,国民政府确实是控制着它的。

问：所有的战斗发生的地点都局限于闸北附近——中国驻军地区,一直到吴淞要塞那里,是不是?

答：那是早期的战斗。慢慢地,中国军队被排挤到离那个周界好几英里外的地区。

问：大概是 7、8 英里吗?

答：日军在侧翼包抄并最终击败中国军队后,事实上是在离上海好几英里外的长江登陆的。

问：多少英里?

答：我只能凭自己在那个地方走过的经历来做估算,可能是两小时的车程。

问：在击退中国军队后,日军一直在限定好的区域之内,并没有推进至中国界内,是不是?

答：是的。

问：你作证说那次战斗在3月中旬结束。3月4日，日本当局通过英国大臣告知中国，他们愿意在国际联盟大会提出的条件的基础上进行谈判，是不是那样？

答：我想不起来具体的细节，因为我的工作是和军队在一起。我们还有另外四名记者负责其他几个方面。

问：你是什么时候离开上海回到北平的？

答：大概是1932年3月15日。

问：就是在那个时候日军开始要撤退的，是不是？

答：是的。

问：从你离开上海，到1932年5月5日签订停战协议这两个月间，你那时并不知道停战协定谈判的具体情况，是不是？

答：不知道。

问：你作证有关日本炮击城内中国地区的事。中国军队也向日本官员和私人建筑进行了炮击，并将战舰停在河中，在河中发射水雷，是不是？

答：那些事情发生时，上海已被拖入战争状态了。

问：你还作证说吴淞军队在遭到日军驱逐舰炮击后并未还击。那么毫无疑问，中国军队是在那些要塞，炮击时也没有被包围，是不是？

答：是的。

问：在上海战役爆发之前，在上海和整个华北地区，有武力反抗日本的骚乱，是不是？

答：上海的情况我不了解，在华北，那里没有武力抗日的示威。

问：但是有骚乱，是不是？

答：只有有限的学生进行游行。

问：即便在九一八事变发生后也是如此，对不对？

答：我想我们正在讨论的是九一八事变后上海和华北的情况。

问：但那之后那里依然只有学生游行，是不是，就是在九一八事变之后？

答：嗯，在九一八事变发生前那里没有示威活动。

问：那么，在上海战役爆发时，在上海有3万左右的日本侨民，还有大量的财产利益——船只，纺织厂，等等这些——是不是？

答：那种说法差不多，但我没有这方面确切的数字。

问：在1927年1月，为了保护本国国民，英国军队在上海登陆，是不是？

答：他们1927年时就在那里，但我不知道他们是不是1月份登陆的。

问：他们是在1927年的某个时间登陆的。

季南检察长：尊敬的法庭，我不喜欢反对——不喜欢用反对来打断询问——但我实在没看出这个询问的关联性，也和这位证人在本方询问中作证的内容无关。所以，我提出反对，因为这是不合适的交叉质证。

弗内斯辩护律师：阁下，我认为这件事是这位证人作证事件的先例，所以是合适的。

韦伯庭长：在质证中做引申是不合适的。

弗内斯辩护律师：没有更多的问题了——就还有一个问题。

问：在九一八事变发生时，重光葵是驻华大使，不是驻上海总领事，是不是？

答：我知道在上海事变期间，也就是1932年2月，重光先生是大使。

问：总领事是村井先生，是吗？

答：是的，阁下。

弗内斯辩护律师：没有更多的问题了。

林辩护律师：我是被告桥本欣五郎的辩护律师林逸郎。

交叉询问（由林逸郎辩护律师询问约翰·戈特证人）（继续）

问：证人先生，根据史迪威上校告诉你的消息，参与1937年7月7日晚上演习的日军有多少人？

答：我作证的内容里没有说史迪威上校告诉了我这个消息。餐会时提到的消息是说日本驻北平大使馆警卫队计划进行夜间演习。那时候这支队伍可能少于600人，但我没有这方面的直接信息。

问：根据他告诉你的报告，史迪威上校是从哪里获得演习的消息的？

韦伯庭长：按照证人的说法，他没告诉他，所以这个问题的依据错了。

林辩护律师：那我再问另一个问题。

问：那你在宛平城外采访的日方指挥官——7月8日采访的，就是试图从他那里得到消息的那次，是用的英语吗？

答：他不是用的英语，他说的中文，我、巴雷特上校、斯蒂尔先生也都说的中文。

问：卢沟桥事变的停战协议是在7月7日达成的吗？

译员：7月9日。

答：我猜想是那天，因为10日停战的时候我在宛平。

问：这个协议是松井和秦德纯达成的吗？

译员：松井将军和秦德纯。

答：哦，秦德纯将军——哦，不对，北平市长——我想不起来是和谁一起达成的了。这个协议是日本有关方面和中国当局在北平达成的，不是在宛平。

问：证人先生，你知道协议的内容吗——所说的这个协议？

答：不，我不知道。

问：那么证人先生，对于发生在中日之间的，时间从7月10日至1942年8月7日的事件，你也根本没进行过任何询问，是不是？

译员：1942年。

答：我没有进行询问的必要。在那期间我亲眼看到日军的行动。我看到了北平郊区遭到炮击。

问：你作证说亲眼看到的那次战斗是在7月8日爆发的吗？

答：在宛平，是的。

问：证人先生，同年的7月26日你在哪儿？

答：在北平。

问：那么你知不知道在北平广安门发生的事件？

答：我就在那里。

问：这次事件是不是因为中国军队非法进攻日军导致的，是由中国军队引起的？

答：这次事件发生在晚上，在北平的西门。晚上，一辆日本卡车驶入城门，战斗由此开始。报道说有人向卡车投掷了一枚手榴弹。我那时正好在那里。这个事情很混乱，好像没人确切地知道到底发生了什么，或者说实际上正在发生什么事。

问：在这次袭击中，樱井德太郎少佐受伤，而他的一个翻译死亡，这事你知不知道？

答：是的。就我知道的是，樱井少佐从大约25至30尺高的城墙上跳到了地面。

问：货运卡车从广安门通过是根据和秦德纯达成的协议才这么做的，这事你知不知道？

答：尽管休战一直在持续，但当时的形势很紧张。有日军与中国军队对峙，并一直在宛平周边地区加强军力的现象。

问：证人先生，你认识秦德纯将军吗？

答：据我所知，我从未与秦德纯将军交谈过。在他任北平市长时，我可能在正式的场合上见过他。

问：你知不知道7月27日中国军队第二十七师大部进攻丰台的事？

译员：进攻在丰台的日军。

答：我不知道那是第二十七师，也不知道是大部队。我只知道那是在丰台发生的一次事件。

问：那时候秦德纯将军是根据蒋介石委员长的指令行事的吗？

答：我不知道他和中国总统是什么关系。

问：你知不知道在7月29日有超过300名日本人，包括妇女和儿童，在通州被强奸并被杀害的事？

译员：请稍等。你知不知道在7月29日，有超过300名日本侨民，包括老人、幼童和妇女，在通州遭到中国军队的强奸和屠杀的事？

答：我本人知道这件事。那天，日本大使告诉我在通州发生了麻烦事。我去了通州和通州附近，看到日本的飞机飞来飞去，投掷炸弹。我看见炮弹爆炸，听到城内有交火声。在一个能看到通州的地方，我亲自和一位负责守卫冀东地区的"冀东防共自治政府"的中国宪兵交谈。那是受雇于日本，并由日本武装起来的宪兵队成员之一，他已经受伤了。我带他坐着我的车回到了北平城门。他解释说，那天，冀东宪兵队反叛了他们的日籍官员，向日本——日军在通州城内的驻军发起了进攻。日本驻北平大使馆和日本陆军对在通州之乱中被杀的日本妇女、儿童和男人的数量进行了估计，事发好几天后我才从他们那里得到了这个估计的数字。通州城封城，禁止一切外人入内实际上达一周之久。在城门第一天开启的时候，我和铃木小分队——一支军队一起进入通州，我加入了他们，并看到了由于中国傀儡宪兵队和日本通州驻军之间的战斗所造成的破坏。

林辩护律师：我的问题结束了，庭长阁下。

韦伯庭长：布雷克尼少校。

交叉询问（由布雷克尼辩护律师询问约翰·戈特证人）（继续）

问：证人先生，你在作证时说到有关《何梅协定》时，说在协议颁布后,河北的省会从天津迁到了别处。你的意思是不是说这是根据,或者说符合《何梅协定》的条款内容?

答:就像中国人跟我解释的那样,这跟日本的坚持要求密切相关,日方坚持要求于学忠将军所率领的部队,以及之后的河北省主席迁出北平地区。

问:但我想知道的是,证人先生,无论你提到的日本的坚持是什么,根据你的理解,这是不是《何梅协定》的其中一个条款?

答:我本人并未就任何条款做过证明。我只能对我接触的中国官员告诉我的事情,以及之后我所看到的结果作证。

问:在你说的那些结果中,你说各路中国派遣队往南撤退,但你又说,别的中国军队进入了日本撤出的地区。你能否告诉本法庭,在《何梅协定》执行后不久,大约有多少中国军队驻扎在平津一带?

答:没有中国军队代替两支撤出平津地区的部队,没有这回事。这两支部队分别是商震和于学忠部,他们往南转移。那时在北平保留了宋哲元部,在天津,我想是张将军的部队。

韦伯庭长:现在休庭,到 13:30 开庭。

(12:00 开始休庭)

(下午再次开庭)

法庭执行官:远东国际军事法庭现在再次开庭。

韦伯庭长:布雷克尼少校。

(约翰·戈特,作为检方传唤的证人,重新入证人席并作证如下)

交叉询问(由布雷克尼辩护律师询问约翰·戈特证人)(继续)

问:证人先生,关于你所作证的,你知不知道在《何梅协定》签订时宋哲元领导下的第二十九路军军力如何?

答:我没有任何官方的数据,个人估计在 2.5 万人左右。

问：那你知不知道事实上日本在那一地区的驻军力量只在1 500到2 000人之间？

答：如果你指的是北平地区，不包括天津，那可能估计得差不多。

问：如果包括天津的话，你估计是多少呢？

答：我不认为我估计出来的数字对大家有任何的价值。可能是在1万人以内，但这纯粹是猜的。

韦伯庭长：对方的相关军力如何，少校？

布雷克尼辩护律师：我是想，阁下，这会涉及重要性的问题。而且——如果我可以这么说——对于"日本在这一地区发出威胁和警告，很明显背后有军事力量的支持"这种说法，也会涉及对这种说法的可信度问题上。

韦伯庭长：好吧，我们知道它们最后会变成什么样子了。

布雷克尼辩护律师：是的，阁下。但是我的委托人——梅津将军并不涉及可能发生的那些事，只涉及《何梅协定》。但我现在只能先放一下这个问题。

问：证人先生，宋哲元先生担任"冀察政务委员会委员长"这个职务，是由蒋介石委员长任命的吗？

答：是的。

问：所以，他就是中央政府在那一地区的代表吗？

答：部分时候是何应钦，他是中国在那一地区的军政部长。宋哲元将军是这个省委员会的主席——就是你说的这个。

问：你说过，《何梅协定》中的一个结果是第三十二军向南撤退。我请问你，事实上往南撤退的是不是第五十一军？

答：根据我能想起来的，商震将军是第三十二军的指挥官，也就是南撤的这支部队。于学忠将军所率部队的编号，我以前知道，现在想不起来了。

问：商震将军事实上是其中的一位下属——抱歉——商震将军实

际上是宋哲元将军的下属之一,是不是?

答:商震将军的级别当然要比身为委员会主席的宋哲元将军低。

问:我希望弄清楚这事。你还是没能说清楚这些部队南撤,省会迁移还有其他你提到的事件,是包含或者不包含在《何梅协定》的条款之中?

答:我可以很明白地说,中国官员告诉我,这三个步骤是那个协议的结果。

问:抱歉,但我还是不得不给你压力。我已经再三问你,你是否知道这些事情是不是包含在这个协议的条款中。你总是回答说它们是这个协议的结果。

韦伯庭长:为了对证人表示公平,我必须说,他已经确认他不知道那些是不是在这个协议里面。

布雷克尼辩护律师:如果是这样,那我满意了。

问:在 30 年代,《何梅协定》的签订是重大事件之一,是不是?

答:是的。

问:那我请问你,作为华北地区的记者团团长,具备担任那一地区军事和政治事务专家的资格,还能和中国各个渠道的许多官员保持联系,这样的一个人,竟然不知道协议的条款内容,这是不是一件很奇怪的事?

韦伯庭长:这个问题不需要回答。这纯粹是后面的评论问题。

问:你知不知道梅津将军在协议签订之时的官方职务?

答:我猜梅津将军在那里是为日本军队执行特殊任务。

问:但你能相当肯定何将军在那时是中国的军政部长?

答:我能。

问:我提醒你注意自己的证词。你作证说中国官员告诉你,他们受到日本的威胁说除非他们同意这个协议当中的要求,否则日本就要对那一地区实施全面的军事占领。当然,我提的还是《何梅协定》。是谁发出的那些威胁？

答：我本人并不知道。我只知道在中国人提到日本人的时候，他们指的是所有向他们施压的日本人，无论他们是谁。

问：你就不能给我们哪怕其中一个日本人的名字？

答：这些事情实际上并不是正式的谈判，是私底下的行为，那些日本人也不会承认，日本的发言人也不会承认；中国人也不会急切地去承认，他们仅仅是提到那些给他们施压的日本人群体。

问：你能不能告诉本法庭他们施压的对象是谁？

答：我猜施压的对象是正式签订协议的人。

问：当然，你认识何应钦将军？

答：认识。

问：你和他讨论过这个事情吗？

答：在1935年期间，我和何应钦将军讨论过当时的概况，也就是日本向华北施压的情况。

问：在那些谈话中，他并没有告诉你威胁他的是谁，威胁的内容是什么，是吗？

答：当时正在压力下的中国官员向记者透露别人跟他说的事，这当然不可能。

问：我理解为你的意思是"不"。

答：是的。

问：证人先生，你说到你为了到本法庭作证，特地从美国赶来，是不是？

答：是的。

问：你出席本法庭作证期间，收到了什么酬劳？

韦伯庭长：我必须要说，这个回答不会给本法庭带来任何帮助，而且我们也不想要这个回答。

布雷克尼辩护律师：如果阁下您这么认为，那我当然会撤回这个问题。但我想说的是,在我们美国的司法实践中,显示证人在事件中的利益问题不过是检举证人的一种重要方式。

(对于布雷克尼少校所做的这番说明,季南先生表示无法理解,同时这种表示被翻译成了日语)

韦伯庭长:好,关于利益问题,你显示证人的利益无非就是为了证明其偏见,而你想必已经有了不少能表明他有特殊利益的事实。如果布雷克尼少校你能告诉我,这位证人因为得到了某种酬劳而有了特殊利益,我会允许你问这个问题。

布雷克尼辩护律师:在我被打断前我的话还没说完。我重复一遍,阁下,试图证明证人所得到的不仅仅是一般的作证费,以表明证人在作证时有金钱方面的利益,这在美国是通用的惯例。

韦伯庭长:在这层意义上,金钱利益必须起因于诉讼的结果。你肯定不能说这个案子是获得酬劳的结果。如果你能,你才可以问这个问题。

沃伦辩护律师:尊敬的法庭。

韦伯庭长:沃伦上校。

交叉询问(由沃伦辩护律师询问约翰·戈特证人)(继续)

问:戈特先生,你说你是华北地区新闻记者团的团长。你能不能告诉我们,这是否你的同行授予你的荣誉头衔?

韦伯庭长:我们都知道这个的意思,也知道这个不是被授予的。这里不是新闻学院。

沃伦辩护律师:尊敬的法庭,通过对这位证人的询问,他们试图通过表明他是"华北地区记者团团长"来增加其可信度。我只是想调查一下,看看这是不是真的。不过,我会继续。

韦伯庭长:我认为他们的意思是"团长"。

问:戈特先生,1932年2月1日南京事件之后,你描述了轰炸的景象,更确切地说,你说你听说了日本方面轰炸南京的消息,那你能不能告诉本法庭,当时日本是否试图占领南京城?

答:他们没有。

问:那么,仅仅四年前,也就是1927年,英美战舰轰炸南京达几个小时,这是事实吗?

季南检察长:尊敬的法庭,检方反对这个问题,因为它和主要证词无关。这个问题的时间在被调查的事件发生之前,也没有和本案中的任何问题有联系。

韦伯庭长:问题要基于对证人的询问。

沃伦辩护律师:我撤回这个问题,阁下。

问:戈特先生,你在你的本方询问中多次提到土肥原将军。你这辈子曾和土肥原将军交谈过几次?

答:两次。

问:在这两次谈话中,你是不是都是去新闻发布会上采访他本人的,和其他记者一起?

答:是的。

问:那么,戈特先生,我理解为,除了在那些新闻发布会上听到的内容,有关土肥原将军或是他的行为,你完全没有个人的知识,是不是这样?

韦伯庭长:嗯,我们会假定如此。

季南检察长:尊敬的法庭,我反对,并要求辩方重新组织这个问题以免歧义。"个人知识"一词——这个问题是问及个人知识的。如果问题的意思是他从其他人那里看到或听到什么,我们没有异议。但我们认为,这人会对所问的这个问题感到困惑,除非在问题中明确"他个人知识"的定义。

韦伯庭长:我们假定他对土肥原仅有的个人知识就是他已经告诉我们的这些。

沃伦辩护律师：只要本法庭满意，那么我就满意了。这位证人用他的行为表明，他说他完全了解的那些事情，事实上是一无所知。这也是我想要表明的。如果本法庭满意，那我也满意了，阁下。谢谢。

韦伯庭长：史密斯先生。

交叉询问（由史密斯辩护律师询问约翰·戈特证人）（继续）

问：戈特先生，大约在三星期之前，在从这栋楼到东京第一酒店的路上我问过你，你是不是告诉我说，在本案中所有被显示的事实都是你所知道的，还说日本在中国和"满洲"做的这些事有足够的正当性，是不是这样？

韦伯庭长：这种抨击方法很奇怪。不过你继续。

史密斯辩护律师：那么证人可以回答吗，阁下？

韦伯庭长：嗯，我不知道他指的是政治还是法律上的正当性。我们关心的是法律上的正当性。我们不是一个政治机构，而是一群律师。我们对证人的政治观念不感兴趣。

史密斯辩护律师：尊敬的法庭，在这个问题中没有任何能够暗示我正在谈论政治的东西，当然这是交叉质证，是一个先决问题。

韦伯庭长：不管怎样他都不能背离争议点，而你应该明白这一点。

史密斯辩护律师：我不是在要求证人作伪证，我也不想再和阁下您继续争论。就像我已经说的，这纯粹是个先决问题。我就想调查一下，弄清楚他陈述内容的意思。

韦伯庭长：证人的询问是局限于事实而不是观点，那这个问题又是如何源自对证人的询问呢？

史密斯辩护律师：尊敬的阁下，季南先生为了证明这位证人在这些事件中是一个公正的专家，在本方询问开始部分花了大量的工夫。

韦伯庭长：你想通过这个交叉质证的问题表达什么意见？

史密斯辩护律师：尊敬的阁下，这个问题都定位于这位证人的可信度。这个问题并不针对他今天提到的任何事情。在我看来，我所知的任何一个国家的法庭都会允许这个问题，即便仅仅从证据的角度来看。

韦伯庭长：我们已经在这里采纳了一个规则，就是在交叉质证中限制提问事件之外问题。这条规则源自美国的诉讼规则。要是我们允许无限制地质证可信度，那就违反了这条规则；但是根据这条规则，质证可信度是一直允许的。

季南检察长：尊敬的法庭，作为检察长，我必须坦白地向本法庭说，我相信我们所有的法庭都会允许提问这个问题，这个问题直奔证人证词的中心。作为检方，我们充分尊重本法庭，但也希望本法庭能允许提问这个问题，并让证人来回答。

韦伯庭长：即使是检察长提出来，我们也不打算允许我们的规则被改变。检察长要受权益思量的驱动，而我们不必。如果我的同僚都不同意我的观点，那我会允许这个问题。

以多数票通过，本法庭允许提问这个问题。

季南检察长：作为检察长，我满怀敬意答复庭长阁下您，我所做的一切，仅仅是希望有一场公正的审判，而不是权益的思量，否则的话，我们就会希望再也不要有问题提出来了。

韦伯庭长：同样，本法庭每一位法官的所作所为，也是受到了公正审判这一考虑的驱动。

史密斯辩护律师：证人可以回答这个问题吗？

证人：既然你是用我的原话来提问，那能不能再念一遍引用的话？

史密斯辩护律师：你能向证人念一遍这个问题吗？

（法庭书记官又念了一遍这个问题，如下）

问：戈特先生，大约在三星期之前，在从这栋楼到东京第一酒店的路上我问过你，你是不是告诉我说，在本案中所有被显示的事实都是你所知道的，还说日本在中国和"满洲"做的这些事有足够的正当性，是不是这样？

答：就你在这个问题中所用的"正当性"一词，我从来没有在任何时候对你或对其他任何人说过。从九一八事变到现在，我已经写了大概有百万字的记录了，我还写过一本书；在美国，我向听众谈论这些不下500次，还上过广播节目。但你在这里面永远不会找到任何能证明这种说法的东西。

问：你能不能回想起来，三星期前，有一次你和我还有检察官帕金森先生一起坐着一辆军车到第一酒店？

答：记得。

问：那时你只是简单地被人介绍给我说是一名新闻记者，在刚开始谈论说你要在本案中作证的时候，你什么也没多说。是不是？

答：我根本不记得我们是怎么被人介绍的了。

问：你记不记得你告诉过我，当所有这些事情在中国和"满洲"发生时，你都在现场？

答：老实说，除了记得我们没说什么严肃的事外，我都不记得我都说了些什么了。

问：还是在同一次谈话中，你是不是还告诉我你很可能在这个案子中以辩方证人的身份被传唤到庭？

答：我记得我们谈论了——你被介绍说是辩护律师，我们还谈论了辩护问题。

问：你是不是能告诉我那次谈话都说了哪些辩护问题？

答：嗯，我只能坦白地说，直到你提起来，我都不记得之前有见过你，我只记得我们有辆车，然后你上了我们的车，之后我们就一路闲聊，除此之外我不记得还有别的。如果你没提起，我会说，之前没有见过你。

问：你否认你说过那时日本在中国和"满洲"的行动有正当性，是吗？

答：我否认，因为过去我不可能会这么认为，现在我也不会这么认为，无论什么时候我都不会有这种想法。

韦伯庭长：你得到足够的否认了吗？

史密斯辩护律师：不单单是那样，阁下，这事还牵扯到我本人。我乐意站在证人席上作证，而且如有必要的话，我会就有关那时所说的事情传唤帕金森检察官出庭。

季南检察长：我们赞成，阁下。

韦伯庭长：很明显就按你说的做。

史密斯辩护律师：不论本法庭希望在什么时候就那个话题审问我，我都会愿意站在证人席上。

韦伯庭长：没有什么能阻挡得了任何一位辩护律师在之后的庭审中传唤你。

史密斯辩护律师：尊敬的法庭，我想继续另一个话题。

问：戈特先生，你1931年的时候就很了解溥仪皇帝了吗？

答：1931年我没见过溥仪。

问：你第一次见到他是在什么时候？

答：1924年在北平，我出席了溥仪皇帝的婚礼。

问：你对他家庭内的其他成员也相当熟悉，对吗？

答：我认识他的弟弟和弟媳。

问：在1931年之前，你最后一次见到溥仪皇帝是在什么时候？

答：可能在1924年之后我都没见过他。

问：在1924年之后，你是不是因为他的知名度所以就一直追踪他的活动？

答：他是个有趣的人，也很有报道的价值，所以只要他发生重要事件，我当然都会进行报道。

问：你会不会说他是一个很有智慧，也非常有教养的人？

答：对于他的智慧，我并不了解。但我知道他很有教养，因为我认识庄士敦先生，他是一位著名的英国汉学家，担任溥仪的老师很多年。

问：你会说他是一个很有能力的人吗？

季南检察长：阁下，我反对这个问题，因为它既和任何问题无关，也不在交叉质证所允许的范围之内。如果我们还要在交叉质证这个层面继续对各个傀儡统治者进行分析，那这场审判将永远没法结束。我反对这个问题。

韦伯庭长：反对有效。

史密斯辩护律师：可以听我解释一下这个问题吗，阁下？

韦伯庭长：这个问题不被允许，这是显而易见的。

史密斯辩护律师：我没有再要问的了。

成富辩护律师：我是被告白鸟[1]的辩护律师成富信夫。

交叉询问（由成富信夫辩护律师询问约翰·戈特证人）（继续）

问：证人先生，刚才你说你在1940年在北平见过白鸟。是在那年的春天还是秋天？

答：我是说我推测是在1940年的某个时候。

问：那时候天气是冷的还是暖和的？

答：我不记得了。那时白鸟先生要么是在从罗马过来，要么是在去罗马任职的路上。

成富辩护律师：我想提醒本法庭注意第125号文书，在这份文书里有白鸟传记记录的说明。根据那个记录记载，白鸟到达东京，也就是从罗马回到东京，是在1939年的12月；我希望在这一点上让这位证人重新想起来，那是在白鸟从罗马返回之后。

问：在白鸟从罗马返回之后——在他从罗马返回外务省之后，他辞去了官方职务，而他那时就是以顾问身份去的北平。你还记得吗？换句话说，他只是候补，并且以这个身份去的北平。你记得吗？

---

[1] 即白鸟敏夫——译者注。

答：我不知道他去北平时的情况，但我知道的是，他是以日本外务省人员的身份来接待我和其他外国记者的。他是不是在候补名单上，没人告诉我们这个。

问：你知不知道，白鸟去北平是否是公差或者带有官方任务？

答：我再说一遍，我只能说我们受邀去采访作为日本外务省人员的白鸟先生。

问：这次北平的采访地点在哪儿？

答：就我能想起来的，是在六国饭店里。

问：那时的谈话只是简单的非正式谈话，是不是？

答：是的，这是一次非正式的采访。

问：在采访过程中，根据你此前在这里所做的证词，你说提到了共荣的话题，还说白鸟先生说，谈到"共荣"这个词，可以创造出一个新的英文单词，应该创造出一个更为恰当的词。那么，共荣是不是将英美视作敌人？就你的理解，"共荣"这个词是不是暗示了英美是敌人？

答：首先，这不是我作证的内容。我作证说白鸟先生说我们需要的是一本新的英文字典，以包含日本正在使用的那些英文单词。这只是针对一般的单词使用，并不特别针对"共荣圈"。

问：那么根据你的理解，白鸟当时使用的"共荣"一词是不是不能翻译、解读为将英美视作敌人？

答：这个单词在那一语境中是与"大东亚共荣圈"相关的，而这也正是我们谈论的话题。我们没有谈到美国和英国。

问：在先前的证词中，证人先生，你说一些中国人——有不少中国人赞同"共荣"的理念。那么，单从这一点来说，是不是可以说"共荣"一词含有非常和平的意义……

译员：稍作修改："一些中国人"应该是"相当数量的中国人"。

问（继续）："共荣"有和平的目的？

答：我都不清楚自己还作证说有相当数量的中国人认同共荣。

问：证人先生，你不是说白鸟有告诉过你这个吗？

答：哦，那是另一回事。白鸟先生告诉我有中国人认同共荣，和我自己在实际中发现的情况是两码事。

问：那我能不能说的更直白一点？我说的是，白鸟告诉你有相当数量的中国人已经认同了这个理念，还告诉你说他所使用的这个词，意思是它指的是和平的目的。难道你不是这样解读的吗？

答：你说的单词是指"真诚"还是"共荣"？我有点迷糊了。

韦伯庭长：我们现在休庭15分钟。

（14：45 至 15：00 休庭）

（再次开庭如下）

法庭执行官：远东国际军事法庭现在再次开庭。

交叉询问（由成富信夫辩护律师询问约翰·戈特证人）（继续）

问：我希望更加简洁地把我要问这位证人的问题整合一下。白鸟是不是告诉证人——告诉你，证人先生——一些中国人毫不犹豫地赞同或者认同共荣的理念，他还告诉你说，证人先生，也就是白鸟先生还告诉你，他想在英文字典里找到一个能够更加明晰地向英美表达这个意思的英文单词，是不是？

答：那不是我理解的白鸟先生的意思。

问：那么以你的理解，白鸟是要告诉你什么？

韦伯庭长：他已经告诉我们了。

问：你是什么时候认识白鸟的？

答：在20世纪20年代早期，白鸟还是日本驻北平大使馆一名初级秘书时我就认识他了。

问：证人先生，你是不是觉得白鸟先生从那时起就是一个和平的外交官？

韦伯庭长：你不用回答。

问：当你在北平见到白鸟先生时，你是不是觉得和他是旧相识？

答：他是日本官员，首先，也是最重要的是，他是我很多年前就认识的，但在此期间没见过的人。

问：我是在问你对他的印象，证人先生，你在这次会谈中对白鸟的印象。

答：嗯，我想我已经作证过这个问题了。

韦伯庭长：你不需要进一步回答。

成富辩护律师：我的问话结束。

韦伯庭长：克莱曼上尉。

交叉询问（由克莱曼辩护律师询问约翰·戈特证人）（继续）

问：戈特先生，你作证说在"冀东自治政府"成立时，冀东当地有一些共产党员。你能不能向本法庭说明下，那时的中国有哪些部分是在共产党控制之下的，或者说有哪些地方是受到共产党影响的？

答：关于这个问题，我个人并不具备相关经历。我只知道报告是什么，还有那时长江以南地区是这个情况。

问：那中国的共产党员在行动中有没有到达过北方？

季南检察长：尊敬的法庭，检方反对这条审问线路，因为它不并在本案的议题中。这位证人被问及有关反共产主义或是反共政府的问题，而证人的问题和证词的要点是，他被告知在那个特定区域并没有共产党。我反对将问题指向中国各政党的成分问题，因为它们和对证人的询问范围没有相关性。

韦伯庭长：克莱曼上尉，它是怎么关联的？

克莱曼辩护律师：向本法庭表明防共自治政府的建立是为了防止共产主义在那一地区的传播；同时，表明这类共产主义活动危害到了在华日本国民以及日本的在华投资，这就是我所希望的。

韦伯庭长：检察长，我不认为你可以提出两次反对。

季南检察长：我在反对——我请问，尊敬的法庭，如果主张……

韦伯庭长：不，你不能再提第二次。这点你应该知道。

季南检察长：我是在问这个问题在本案中的关联性。

韦伯庭长：我告诉你，你不能提两次。除非我的同僚们不同意我的意见，否则我会阻止你。

季南检察长：在本法庭做出一项规则之前，我希望本法庭能清楚地理解我询问的意图。根据《远东国际军事法庭宪章》，辩方并没有公开的表述，而检方也不知道辩方的观点，我想知道……

韦伯庭长：我觉得你是在试图劝服我。

季南检察长：您能再说一遍吗？

韦伯庭长：除非我的同僚们都同意，否则你不能再提第二次。如果他们同意，我很乐意遵照他们的决定。

我们现在休庭考虑一下这个问题。

（15：16～15：27 休庭）

（再次开庭如下）

法庭执行官：本法庭现在再次开庭。

韦伯庭长：本法庭拒绝允许检察长，或者其他任何的辩护人对他的反对意见进行第二次辩护。你继续，克莱曼上尉。有一个不同意的。

克莱曼辩护律师：我想要表明的是，日本军队有必要被派到冀东地区，以保护日本的国民和投资不受那一地区共产党人的伤害；也希望表明，这个行为是冀东人民自愿进行的，因为他们也和共产党人的观点不合；同时还想表明，在同一时段，蒋介石正在同中国的共产党进行战斗。

韦伯庭长：你说完了吗？

克莱曼辩护律师：就还有一点，尊敬的法庭。那位证人在证词里说在冀东有少数共产党员，这留给我们一个推论：在那个地区有少数的共产党员,还能推断出共产党人在河北地区之外的中国就有,也有偷偷混进河北的。

韦伯庭长:证人已就他所知道的共产主义活动的范围作了证明,如果再有问题问及这个范围,都将被禁止。

克莱曼辩护律师:是,阁下。这一次……

韦伯庭长:这个问题不允许提问。

克莱曼辩护律师:是,阁下。这次我就想知道我是否能请问本法庭——因为这位证人来自美国——我是不是能问他两到三个和他的证词不直接有关的问题?我做出这个请求是希望给同盟国节省开支,也为了方便这位证人自己。

韦伯庭长:克莱曼上尉,你可以把开支和方便问题留给那些最需要关心的人。你也许可以问问这位证人别的他知道的问题。

克莱曼辩护律师:是的,阁下。

问:戈特先生,你作证说在日本有宣传社团在运行。请你告诉我们,在中国是否也有——抱歉——在中国和"满洲",当日本的国民和投资利益受到损害时,是不是也有共产主义的宣传社团作用其中?

韦伯庭长:这个问题已经给出了定论,不允许再问。

问:戈特先生,你作证说有一位日本人告诉你,说在中国有一些中国人是乐意同日本合作的。1935至1936年期间,蒋介石是不是也是其中之一?

答:那些年,中日两国都还在对方国家的首都留有各自的大使;但是,同样是在那几年,蒋介石政府和日本方面在南京的谈判非常的艰难,这点从日本反反复复派出、撤回它的大使就能看出来。在我看来那不能说是合作,蒋介石和日本方面之间不能用"合作"这个词。

问:根据你的理解,蒋介石和中国国民政府是不是愿意中日之间的问题能得到和平解决?他们是不是因为受到中国共产党的阻挠才没能这么做?

季南检察长：我想反对这个问题，但一直到我听到要求相关性的理由之前，我才会做辩论，这样的话我就能在不被辩方要求陈述理论的情况下作出回应。

韦伯庭长：你应该知道，在没听到对方解释之前，你是基于什么理由来反对它的。唯一的理由就是，你提出反对暗示了你有理由反对它，你应该在对方给你回复前先做陈述。用这个做借口你是没法得到最后定论的。

季南检察长：尊敬的法庭，我不是在试图得到任何一件事情的最后定论，我只是在我的能力范围内，努力保护本案的记录，把问题限定在有关问题上；另外我反对这个问题，还因为它和起诉书里的任何一个问题都无关，也不在交叉质证可允许的范围内。这些就是我的理由。

克莱曼辩护律师：尊敬的阁下，就有关起诉书中的问题，起诉书中所控告的罪状……

韦伯庭长：那个太宽泛了。你必须将你自己的问题限定在对证人的询问当中。

克莱曼辩护律师：是，阁下。这位证人作证说有一些中国人乐意同日本进行合作。我的问题只是想问他，从他作证内容的意义上来讲，蒋介石和整个国民政府是否也愿意和日本友好共处，并同日本进行合作？

韦伯庭长：在对他的询问中，他说的哪一点承认这个问题了？

克莱曼辩护律师：阁下，他提到的证词中，说有个日本人告诉他有中国人乐意同日本合作。

韦伯庭长：你可以问他是哪些中国人，但你不能问他蒋介石是不是也准备那么做。

克莱曼辩护律师：好吧，阁下。那我撤回这个问题，尊敬的法庭。

问：有关中国共产党发表抗日宣言——这篇宣言是在江西发表的，你是不是在1932年写过一篇文章？

答：我记得这篇文章，但时间我记不清了。大概是在那个时候，在九一八事变之后。

问：在这篇文章里，你有没有说在发表了这篇抗日宣言后，中国共产党要求蒋介石及国民政府也对日宣战？

答：如果这个报道是国际新闻社发布的，那就是我发表的。我没法从回忆里去核实了。

问：你还写过一篇关于1935年在莫斯科召开的第六次全国代表大会〔1〕的文章。你在这篇文章里说，会议决定，中国共产党应该对日采取类似战争的行动，还说为了对抗在中国和"满洲"的日本国民和投资，要加强反日宣传。是不是？

季南检察长：我反对这个问题，这个问题超出了本方询问的范围，根据本法庭的规则，这是不允许的。

韦伯庭长：你打算做辩护吗？

克莱曼辩护律师：不，阁下，我不打算。

韦伯庭长：反对有效。

问：戈特先生，你作证说中国军队中有些部分是受到在华日本人训练的。那么与此同时，有没有一些中国的红军是受到苏联军官的训练呢？

季南检察长：检方再次重申反对这个问题，理由和之前那个反对一样。

克莱曼辩护律师：我不辩论。我只是在等本法庭的规则。

韦伯庭长：很显然，你问的是你知道自己没有权利问的问题。本法庭不能容忍任何一位辩护人有这样的行为。

克莱曼辩护律师：尊敬的阁下，老实说我不知道那些问题是不是切题。如果知道它们不切题，那我就不会问。这位证人作证说他了解那一时段的中国的大致情况。我认为，有了那些证词，本法庭也许可以认

---

〔1〕 青年共产国际第六次全国代表大会——校者注。

为这些问题是切题的。

韦伯庭长：你甚至不认为这些问题是有争议的。那就是给你的最好答案。

克莱曼辩护律师：当然，我脑子里的其他问题是会被认为是不切题的。我不会再继续提问了，辩护律师也没有要进一步交叉质证的了，尊敬的法庭。阁下，我弄错了，我认为我没有其他要质证的了，但别的辩护律师还有要提问的。

列文辩护律师：庭长阁下。

韦伯庭长：列文律师。

交叉询问（由列文辩护律师询问约翰·戈特证人）（继续）

问：戈特先生，当你在1937年9月27日到访东京时，你的目的是不是要确定日本最高统帅部有关中国局势的态度？

答：我觉得有点困惑，1937年9月我在华北，在北平。

问：我是说"东京"。我说的是"东京"。

答：我懂你的意思，但我说1937年9月我在华北，在北平，我不在东京。

问：你今天上午作证，是不是说1939年9月27日在东京？

答：1939年，抱歉，我以为你说的是1937年。

问：那么，说到那个日期，你那时去东京的目的是什么？

答：那次去东京的目的就是要弄清相关的日本政策，在中国这里实地进行观察后，从日本那里弄清楚他们的对华计划。

问：所以你采访了当时的日本政府首脑，是不是？

答：我和某些官员进行了交谈，确实。

问：那么那时候有没有其他的记者和你一起？

答：如果你是指的采访铃木将军……

问：是的。

答：那次和我一起的是斯蒂尔先生，他是《芝加哥每日新闻报》的记者。

问：你们说的是日语？

答：我已经作证说过我不会说日语。

问：可能我没听到。你采访铃木将军用了多长时间？

答：我不记得了，可能是半小时左右，我不记得了。

问：那时他的官方职务是什么？

答：我们是在企划院的办公室采访他的。

问：你在中国见过他吗？

答：据我所知没有。

问：你知道……

列文辩护律师：庭长阁下，这个问题可能不在本方询问的范围内，但我认为这是唯一的一个问题，并且和这位证人所知道的有关铃木将军的事——也就是铃木在中国的声誉有关。我可以问这个问题吗？

韦伯庭长：本法庭不会允许这个问题，列文律师。

问：你现在能不能说明一下，铃木将军是否在本次采访中做过说明，对于战争是否会在中国继续这个问题，是他确认的，还是你自己做的判断？

答：我已经说过，铃木将军说，既然他们无法让蒋介石委员长站到日本这边，那战争将不得不继续。

问：我现在是在问你，关于战争是否会在中日之间继续的问题，你的判断是否因为铃木将军对你说的话而改变？

季南检察长：我反对这个问题，因为它超出了直接询问[1]的范围。

列文辩护律师：阁下，对我来说，考虑到证人的证词以及他对铃木

---

[1] 根据上下文内容，此处应该为"交叉询问"——校者注。

将军的采访,我认为这个问题是恰当的。我想确定的是,他做出的"战争无论如何都将继续"的判断是否是在采访铃木之前,我认为这是恰当的。

韦伯庭长:你仅限于问采访中发生的事。反对有效。

我们休庭,星期四 9:30 开庭。

(14:00 休庭)

1946 年 8 月 15 日,星期四
日本东京都旧陆军省大楼内远东国际军事法庭

……

法庭在休庭后于 9:30 再次开庭。

……

韦伯庭长:除大川、平沼和松井由辩护律师代为出庭外,其余被告均已到场。我这里有巢鸭监狱医生助理出具的平沼的生病证明,这份证明也将被记录在案。有辩护人想要提问的吗?列文律师。

(约翰·戈特,作为检方传唤的证人,重新入证人席并作证如下)

交叉询问(由列文辩护律师询问约翰·戈特证人)(继续)

问:戈特先生,在你采访铃木将军的时候,他还只是位少将,是不是?

答:铃木将军当时没有穿军装,所以我不知道他的军衔是什么。

问:你说他当时和企划院有联系?

答:是的。采访地点就在企划院的办公室。

问:那么,有那时的证据表明,铃木当时担任着兴亚院代理总裁,那时刚离开部队。你知不知道他那时是否真的和企划院有关?

答：就在同一天，我和兴亚院的日本官员们交谈，在这之中，因为铃木将军与兴亚院有关，我也同他交谈了。

问：采访只是在你和将军之间进行，还是斯蒂尔先生也和你们一起？

答：采访就是由斯蒂尔先生安排的。

问：那时候还有其他的日本官员吗？

答：日本官员——有一位翻译在那里。

问：那时候，日本同中国的战争实际上是进行着的，是不是？

答：日军在中国发动了全面的军事行动，但他们还没有正式宣战。

问：不管是在东京还是在别的地方，这是不是你唯一一次同铃木贞一将军见面？

答：那是我知道的和铃木将军的唯一一次见面。

问：整个采访过程中是和翻译一起的，持续了半个小时，是不是这样？

答：我只能说基本上是这样。

问：在你看来，将军所做的声明是一个政策声明，还是对既存事实所做的一个客观陈述？

答：将军接受了我们的采访，他是日本的官员，我们只能假定他说是官方情况。

问：那么就我的理解，你认为他不是在表达他个人的观点，是吗？

答：我相信将军在和两位记者见面时会诚实地说出他的想法。

列文辩护律师：我的提问结束，庭长阁下。现阶段辩方这边没有更多要问这位证人的问题了。

韦伯庭长：检察长。

季南检察长：我有一个问题。

再次直接询问（由季南检察长询问约翰·戈特证人）

问：请你说一下，根据你的了解，《何梅协定》是由中国当局，也就是国民政府公布的,还是由你所知的其他人公布的?

答: 据我所知,中国国民政府从未将《何梅协定》视作正式的官方文书,他们,或者其他人也没有公布过这个协定。

季南检察长: 这个阶段的提问完了。

再次交叉询问(由洛根辩护律师询问约翰·戈特证人)

问: 尽管协定没有公布,但也阻挡不了你作为记者去弄清楚它的条款,是不是?

答: 是这样的。外国的记者们和我本人也确实找到了条款,所以我们就将这些条款通过电报发送给了在国外的负责人。

问: 你周二在这里作证的时候是不是说你并不知道那个协定的条款内容?

答: 我想我说的是中国官员告诉我,那个协定要求于学忠将军的部队和商震将军的部队撤出北平地区。

问: 那我再问你一遍,戈特先生,你周二在这里的时候是不是说了你没见到协议,而且也不知道它都包含了哪些内容?

季南检察长: 尊敬的法庭,检方反对这个问题,因为这个问题假定这位证人说了他在某个时间确实看见过那个协定。他已经说了没有正式的协定,他也没能找到那里面究竟有什么,协定从未被公布过,他也没见过。因此,我反对这个问题,它误导并假定了这位证人说了某些事情,但事实上他在整个询问过程中从未说过。

韦伯庭长: 我想我不得不对你说,洛根律师,那些进一步的问题超出了再次询问所提出的新问题的范围。新问题局限于国民政府对那个协定的态度。但是你就这位证人对协定内容的了解问题做进一步询问是不合法的。

洛根辩护律师: 嗯,阁下,如果他在周二的作证中说他没见过协定,不知道里面的内容,对这个协定一无所知,那我不知道为什么今天他可以作证说协定里都有什么内容。

我还要说的是,阁下,你看星期二的庭审记录,里面说:"为了对证人表示公平,那我必须说,他已经确认他不知道那些是不是在这个协议里面。"这也是我为什么不能理解,他今天怎么可以说他将协议的内容电报给他的报社。我认为这本身就说明了这一点,阁下。

韦伯庭长: 反对有效。

季南检察长: 尊敬的法庭,我想请出助理检察官之一的亨利·奥斯汀·豪克斯赫斯特。

豪克斯赫斯特检察官: 尊敬的法庭,现在要做的证词将转向经济剥削或者说经济侵略阶段的情况。

直接询问(由豪克斯赫斯特检察官询问约翰·戈特证人)

问:戈特先生,在1937年8月日军正式军事占领北平后,你有没有和日本官员交流过他们今后的政治计划?

答:有,和很多日军官员有过交流,包括华北方面军特务机关的根本[1]将军。

问:你能不能说下那次都和谁,谈了些什么?

答:那次谈话,根本将军提到在北平成立一个傀儡政府的计划,他还特别提到他在这方面有困难。在北平的日本人又进一步给我留下了这么个印象:要想建立这样一个政府,任重而道远。

问:关于建立这样一个政权,你能不能说下都发生过什么?

答:后来到1937年12月13日的晚上,我接到了驻北平日军新闻班发言人的电话。

问:电话里都谈了些什么?

答:他邀请我在第二天的上午11:30,到前北平皇宫的其中一个宫

---

[1] 即根本博——译者注。

殿去。

第二天上午我去了那个宫殿,见到了其他的外国记者同僚,然后那时,也就是1937年12月14日,在那个宫殿,所谓的"中华民国临时政府"宣誓成立。

问:你在那里看到了谁?

答:出席人员有身着军装的日军军官,有日本平民,当然,也有这个新傀儡政府的成员。简短的仪式之后,傀儡政府的成员——内阁成员,被介绍给了记者们,其中一位还发表了一个很简短、很模糊的讲话。

问:这个政权的首脑是谁?

答:是王克敏先生,他一度是前中国国民政府的财政部长。

问:你跟他经常接触吗?

答:我见到王克敏先生,并在后来的几年里跟他交谈过多次。

问:你出席过其他政权的成立仪式吗?

答:出席过。

问:接下来建立的是什么政权?

答:1938年11月,日军新闻班发言人护送一组外国记者乘坐火车,到了我们称之为内蒙古,也就是中国北方的察哈尔和绥远省。那次旅程是由日本陆军发起的,所有记者在整个旅途中都是日本陆军的贵宾。我们和日军军官们,以及供职于当地三个傀儡政权中的日本平民交谈。一个傀儡政权建立于山西省北部,第二个在归化的内蒙古地区,第三个在张家口。这三个地区政权后来合并成立了蒙疆联合自治政府。

问:那个政权的首脑是谁,你有和他谈过话吗?

答:那个傀儡政权的主席是德亲王,一位内蒙古领袖,在中国被称为"德王"。在日军发言人和当地日军军官的陪同下,我到了德王在归化的指挥部。

在那里——还是在日军军官和负责翻译德王讲话的日本翻译在场

的情况下——我在他那里待了一个多小时。尽管在日本入驻之前,德王就是内蒙古的首领;从经济上来说,他是日本资助的新政府的傀儡首脑,但他除了模糊不清的言论之外,并没有说其他事情的机会。

韦伯庭长:史密斯律师。

史密斯辩护律师:我们反对这位证人一再提及"傀儡政权"和"傀儡政府"。我们认为,应该要求证人陈述事实,而不是给本法庭结论。

韦伯庭长:嗯,"傀儡"说的是一个个体,不一定是在表达观点,这个词也能用于公正的描述,我不认为这个说法有任何违背这一点的地方。

答(继续):德王被迫在外国记者面前坐着,供职于新政权的日本文秘展示了一幅地图,并继续描述他们计划在归化城所进行的城市改革。看着一个低级别的日本官员谈论着自己政府中的琐事,而自己却不得不坐在外国记者的面前,德王难掩尴尬。

问:你有没有同这个政权里的其他官员交谈过?

答:记者们随后被带到了张家口,在那里,在联合政府的张家口办公室,我们试图从一位叫马永魁的中国籍财政部长那里获得这个新政府的经济和财政政策数据。尽管我的问题是指向财政部长的,但在他回答之前,一名日本籍文秘就会从一张写着字的纸上出示数据,并继续回答。财政部长就那么坐着,抽着烟,在整个谈话中无论如何都不做评论。

问:一般来说,你都是从谁那里得到有关这些政权的信息的?

答:有关经济和政治方面政策的具体消息,我们都是从日军发言人那里得来的。

问:你和这些傀儡政权都有哪些进一步的联系,戈特先生?

答:1940年1月,我在华北军一位负责媒体关系的官员陪同下到了山东省青岛市。那时候,日军已经决定将北平的傀儡政府,也就是"中华民国临时政府"和位于南京的所谓的"维新政府"合并。在那里,在青岛,当时日本已经将王克敏先生,也就是"中华民国临时政府"的首脑和汪精卫都带到了那里。在青岛的第一天，我在午餐会上见到了一位身穿平民服装的日本人，从他的谈话中，他向我表明了自己在这些会议中扮演主导角色。当我向日军发言人询问时，他告诉我那个日本人是影佐将军。之后又过了几天，我又被日军新闻班发言人带过去同汪精卫先生交谈。那时我被告知，所有方面都已达成协议，在南京组建"中华民国国民政府"。

问：那个政府成立时，你在不在现场，能不能说下都发生了什么？

答：1940年3月那个政府在南京成立时，我就在现场。我们这些外国记者再一次以日本陆军贵宾的身份于3月中旬到了南京，并就政府就职问题做了初步交谈。我们这些记者去了上海，之后又重回南京参加最后的就职仪式。我们是3月29日回到南京的。

在那列火车上有中国傀儡政府的高级官员，日本官员，还有几位美国的新闻记者。大约在当晚的9点左右，就在我们在火车上已经能看到南京城墙的时候，这列火车突然停了下来。车头和列车的前三节车厢出轨了。显然，这是中国人为反对南京政府就职而做出来的事，但日本陆军在南京的审查官并没有阻止我们中的任何一位记者将这条新闻通过电报发出去。

第二天，我们这些记者坐着日军的汽车，被带到了汪精卫政府——也就是所谓的"中华民国国民政府"正式宣誓就职的那个地方。我们就在举行仪式的大厅里。

问：当你在那儿的时候，你还看到什么与就职有关的事？

答：那些天里，我又见到了影佐将军，那次他穿着日本陆军的军装。同样地，记者们同汪精卫交谈，汪提到了和日本达成的模糊不清的合作条款，还说他政府的政策是和平、反共以及重建。

问：有关这些新政府的效应，你本人是怎么看的？

答：不久，这些新政府就开始执行日军所谓的"合作"和"共荣圈"政策，换句话说，他们立即进入了中国人民的经济生活。几百名，甚至上千名日本籍公务员进入了这些政府的各个机构,特别是经济和财政机构。关于这点没什么秘密可言。我们记者想要消息的时候,就直接去找机构里的这些日本人,他们有数据,也有说话的权力。

问:有工业问题而言,你能不能给我们一个具体的事例?如果有的话,就给我们一个。

答:我发现山西省是日本,尤其是日本军队收并中国工业一个很突出的例子。1939年我被带到了太原府,也就是山西的省会,那时当然也由日本占领着。我是被一名日本陆军新闻班的发言人带过去的。山西长期以来被认为是中国的一个模范省份,这主要是因为省长创建了42家现代工业企业。日军告诉我说,那些企业当时正由他们经营着。在很多情况下,我都看到类似的企业大门上写着这样的标语:"这家企业由日本帝国陆军经营。"

这些企业涵盖了许多门类。有一家炼铁厂,在日本陆军的控制下恢复开工时,我出席了它的开工仪式。还有烟草工厂、面粉厂、棉花厂,在日军官员的陪同下,我去过其中的大多数。太原府日本特务机关长谷萩中佐给了我这些由日军经营的工厂的实际数据。在那里,在太原,1939年2月,谷萩中佐说,在经营这些山西企业的第一年,日本陆军从日本借了600万日元,在成功经营了这些企业后,陆军在第一年就向日本偿还了600万日元中的大部分。

谷萩中佐跟我讲了六家棉花厂的例子。在仅仅6个月里,日军就从中获利300万日元。谷萩中佐解释说,这些棉花厂生产山西日军所需的棉内衣、绷带、蚊帐、毛巾、床单以及类似的棉制品。除了供给日本陆军外,这些由日军经营的厂子所生产出来的棉花,还被投放到山西省的公开市场卖给中国人,日本陆军就用这种方式来获得谷萩中佐所提到的利润。

问:戈特先生,这个程序和其他占领区的程序的不同点是什么?

答:根据我的经验,日本特务机关在山西经营这些企业的方式其特殊点在于：在其他地区，日本陆军攻占了工业企业之后都会暂时搁置一边，让日本的民营企业过来经营。但那时候在山西，日本陆军掌控一切，发言人告诉我说，账目事实上都在特务机关长谷萩中佐的名下。

问：在别的地区是怎么处理的？

答：在别的地区，就拿华北地区来说，一般会移交给华北开发株式会社的下属子公司，在华中就是移交给华中振兴株式会社。

问：有关这些傀儡政府和你提到的这些日本新创立的经济体系的关系，你有什么观察？

答：傀儡政府外的中国人都对此表示担忧，因为这些傀儡政府正在将中国政府的特许经营权移交给华北开发株式会社和它的子公司。我特别要提到的一个例子就是在北平运行的北平铁路，那是属于中国政府的。由此，这些前中国政府的铁路在华北交通会社的经营下，被傀儡政府冠冕堂皇地蚕食。不夸张地说，数百万美元的公共财产就这样被傀儡官员处理了。

洛根辩护律师：尊敬的法庭，辩方反对这位证人有关经济侵略的任何进一步证词，反对理由是它的重要性和关联性，特别是考虑到本法庭在 1946 年 7 月 24 日发表的主席声明，里面说经济侵略不是罪名。

韦伯庭长：如果是侵略战争的附属产物，当然也是犯罪。

问：就这些经济控制权改变的后果，你有没有做过什么观察？如果有，请你说一下你都观察到了什么？

答：日本在华北的财政政策就是创立一种新的货币，并建立一个新的国家银行——联银。之后又对所有的进出口商做了规定，除日本人外，其他要和日本进行贸易往来的中国和非中国人，都必须通过这个银行兑换外汇。这项工作是通过一种名为"联银券"的系统完成的。一位中国的进口商要想从国外购买货物，就首先要找到一个最近刚刚向国外出口过货物的、手上正好有外汇的人。当找到这样的外汇时，就要做好安排，接着通过联银将一定比例的外汇放入银行自己的外汇资金池。

仅这一项日本的强制措施就逐渐钳制了外国同被占领区的所有贸易，只能与日本进行贸易往来。

问：这些规定对中国国内有什么影响？

答：日本在被占领地区强制实行的新的财政制度，事实上从经济上将被占领的中国一分为二。

韦伯庭长：我们休庭15分钟。

（10:48到11:03休庭）

（再次开庭如下）

法庭执行官：远东国际军事法庭现在再次开庭。

韦伯庭长：史密斯律师。

史密斯辩护律师：尊敬的阁下，这位证人已经开始回答问题了，但还没结束。我们想对这个问题提出反对，理由有两个：第一，这个问题太过宽泛，不亚于一张天罗地网；第二，这位证人还不具备作为一名经济学家，或是在关税、海关问题或财政问题上作为专家的资格。我们的意见是，这个庭审完全丢掉了一位证人的背景和他的有限经历是否允许他在这些宽泛的事务上发表观点这样一个秩序。

韦伯庭长：嗯，他没必要为了作出那些证词而成为一个会计，或是经济学家，或者是那一类的专家。

史密斯辩护律师：比如说，阁下，在这位证人对这个问题已经做的一部分回答里，他说这些措施产生的后果是将中国一分为二。现在，我怀疑您是否能在世界上任何一个地方找到一位经济专家，到这里来做出这样的证词——哪怕只是个有资格的人也可以。

韦伯庭长：嗯，任何一个住在中国的有脑子的人都能得到那个结论。反对无效。

豪克斯赫斯特检察官：我能继续吗，尊敬的法庭？

韦伯庭长：可以。

直接询问（由豪克斯赫斯特检察官询问约翰·戈特证人）（继续）

问：戈特先生，你说了你是北平的一位居民。关于日本的经济体系对北平居民的影响，你有什么样的观察？

答：一个结果就是，他们对自己不能像以前一样在冬天获得取暖的煤炭感到困惑。在日本经营之前，煤炭是廉价的，而且供应充足；在日本经营了之后，煤矿由华北开发株式会社的子公司经营，尽管日本方面说那些煤矿全部都在运转，但人们很难买到煤炭了，而且价格也高了许多；当然，北平几乎就是在产煤区的核心地带。同样的，向北平地区人民销售煤炭也完全由日本公司把持，是华北开发株式会社另一个家子公司。

问：就有关北平的煤炭问题，有没有任何日本官员告诉过你他们实行这种政策的原因？

答：日本方面有提到他们的成功经营，也就是他们开采的煤矿数量。但同样的，他们也坦白地说，这些煤炭很多都是日本和平时期所需要的——是平时和战争工业所需要的，所以都被拿走了。他们没有试图去藏着这些东西。

问：戈特先生，你提到了华北开发株式会社。你有没有在任何一个场合中有机会遇到这个会社的官员？

答：我和很多低级别的官员有过交谈，有一次是和当时的华北开发株式会社社长进行交谈。那是1940年在北平。那位会长就是被告之一的贺屋兴宣先生。

问：你能不能陈述下采访贺屋先生的机会是怎么来的？

答：外国记者们受到日本驻北平军队新闻发言人的邀请去见贺屋先生并采访他。在采访中，那位发言人为贺屋先生担任了翻译。

问：在这次采访中，贺屋先生有没有发表什么声明？

答：这次采访就是以贺屋先生发表声明开场的，记者们都没有打断他。

问：你是不是对这次采访做了记录？还是因为有日本翻译给你材料，所以你没做记录？

答：我在类似的采访中一直都会做记录，这次也一样。

问：对于那次发生的特殊事件，你在采访后都做了什么？

答：我写了报道，并把它发送给了国际新闻社。

问：你看到报道刊印了吗，报道是在哪里刊登出来的？

答：我在国际新闻社称之为"快报"上看到了这个报道，快报是一种用报纸的形式刊印的资料，并会发送给国际新闻社的所有客户。

问：你现在手边有没有这个报道的复印件，你是从哪儿得到的，什么时候得到的？

答：我有国际新闻社于1940年8月26日在纽约发行的快报的拷贝。我是在1942年回到纽约后拿到的。

问：自你到东京以来，你有没有重读过那则报道？

答：有。

问：请你说明下，这是否是一份真实的贺屋采访报道的拷贝，你是不是在采访后立即将这个报道发送了出去？

答：是这样的。

问：那个报道里是不是包含了译员在采访时翻译的贺屋说的内容？

答：是的。

问：戈特先生，你能不能用提到的这个在你手边的报道，精确地向国际新闻社陈述这些话？

答：可以。

问：那么现在，请你向本法庭陈述这个由国际新闻社刊印的报道；为了你可以精确地陈述，我要求你看着那篇文章，并从这篇文章里念这些话。

韦伯庭长：看看如果你不看那篇文章，是不是也能想起来。

豪克斯赫斯特检察官：尊敬的法庭，我希望接受本法庭给出的建议；如果他能根据回忆精确地说出原话，我希望他能那么做；但我也希望他能确定他说出的这些话是来自采访时的那些记录；在我看来，这与其说是在恢复记忆，不如说是涉及对记录的回忆的规则——他要回忆那时候记录下来的内容。因此，为了让他恢复对这些记录的回忆，可能他要用到这篇文章。

韦伯庭长：嗯，这个规则的话——即便我们会介意，可是我们不会被它束缚，但他不能照念他的记录。他只能在回忆的时候提到它们。没有例外。

豪克斯赫斯特检察官：很好。

韦伯庭长：好，继续。

豪克斯赫斯特检察官：尊敬的法庭，他是否被允许在作证时看他的记录？

韦伯庭长：如果需要的话。

豪克斯赫斯特检察官：如果需要的话。

问：戈特先生，在回答这个问题时，你要陈述你能回忆起来的最有用东西，如果你能不看新闻报道就讲出原话，那你就那么做；但如果对于那篇新闻报道中出现的确切原话，你不得不（通过看文章来）恢复记忆，我的理解是本法庭会允许你那么做。

韦伯庭长：我们只要实质内容，为什么一定要确切的原话呢？坚持这么做就要迫使证人宣读他的记录，也迫使他违反规定。

豪克斯赫斯特检察官：尊敬的法庭，我让证人自己决定。

韦伯庭长：好，他最好能遵守规定。

答：贺屋先生的话是由日本陆军发言人在采访时翻译给我的，内容是：日军占领华北地区后，关于在该地区进行物资动员的计划，日本有三点主要设想。第一点就是要向日本提供中日冲突中所消耗的战争物资；第二点要扩大日本的军备数量；第三点要满足和平时期工业的需要。那其实就是我在报道中记录的贺屋先生的原话。

之后的，就不是原话了，是我说的，贺屋先生补充说，这个计划不必受制于任何国家的需要，而是根据中国、日本和"满洲国"三国的日常需求来考虑的。

问：你有没有那次采访所有的要点？如果没有，你能不能说个大概？

答：那次采访，在我们记者提问之前，贺屋先生说了很多。在谈到有关华北开发株式会社在中国的所作所为时，贺屋先生提到了华北交通株式会社。贺屋先生所说的这个华北开发株式会社下属子公司，经营着华北3 750英里的铁路线，6 250英里的公交线路，以及625英里的内陆航道。在提到华北开发株式会社其他的下属子公司时，贺屋说到了华北电信电话株式会社、华北航空株式会社、华北食盐会社、大同煤矿株式会社以及龙烟铁矿株式会社。

问：戈特先生，你能不能说下那次采访的所有的要点——只要你能想起来的？

答：那次采访的主要问题，就是我记录并发送给国际新闻社的那些。

豪克斯赫斯特检察官：那么，尊敬的法庭，我们没有要进一步询问的了。

高野辩护律师：庭长阁下，我是被告贺屋的辩护人高野弦雄。

交叉询问（由高野弦雄辩护律师询问约翰·戈特证人）

问：我想简单地问你，证人先生，你刚才说华北的铁路经营权被移交给了华北开发株式会社。那是什么时候的事？你能告诉我们移交的日期吗？

答：我没有关于确切日期的法律文书。我只知道从那时起，华北开发株式会社的这个下属子公司——华北交通株式会社开始经营这些铁路。另外，就像我已经说的，贺屋在1940年给了我华北开发株式会社经营下的华北铁路的实际公里数。

问：那我能不能这样理解，这些铁路经营权的移交是指将它们移交给华北交通株式会社，而不是移交给华北开发株式会社？

答：确实是这样，就跟我作证的一样。华北开发株式会社有很多这样的下属子公司，其中的一家，也就是华北交通株式会社，经营着这些铁路。

问：然后你说你记不得日期了。好，华北开发株式会社第一任社长是大谷尊由，贺屋兴宣是这个会社的第二任社长。那么，你知不知道这个事情是在大谷担任社长时发生的，还是贺屋担任社长后发生的？

答：这次采访是由日本陆军新闻班新闻发言人发起的，去采访贺屋先生——那时他们告诉我说他是华北开发株式会社的社长。

问：就在刚才，证人先生，你提到有关华北开发株式会社的章程和规定的问题。那么证人先生，你是不是熟悉——是不是知道华北开发株式会社本身并没有参与到公司的经营中，而只是投资或借款给不同的子公司，然后控制他们，但本身并不参与这些子公司的实际运营？

答：那也完全是我的理解。

问：证人先生，你刚才提到谷萩中佐是军队机构中积极参与工业活动的人，然后你又说到在采访中与贺屋先生谈话的有关内容，你说贺屋向你提及了物资供应计划的三个要点，以及提供各种和平工业所需的物资，还有其他的需求以及扩大军备数量。那么，贺屋先生是不是告诉你，这些计划是陆军的计划，他有没有论及那些计划是陆军的计划？

答：贺屋没有提到日本陆军，而是我在开场白中说到的日军占领华北地区后，在该地区进行物资动员的计划。那是唯一一次提到军队计划。我不知道贺屋脑子里想的是什么。我只能这么假设：当我同一个日本民营企业的平民长官谈话时，他们谈论的就是那家民营企业的计划；在记者们想要得到有关军事方面的消息时，我们会去日军军事指挥部。

问：时任华北开发株式会社的贺屋先生，那时候在他的表述中有没有表达过一些会社的愿望，比如说，会社的目的是为了促进日中之间的合作，从而发展中国的农业，增加中国的粮食产量，管理好黄河流域，进而提升中国人民的幸福感？

答：我不记得有这样的话了。我们从机构中的下属那里听到过很多次这样的话，但贺屋先生不会把他宝贵的时间用来发表这样的言论。就促进中日合作来说，毫无疑问，贺屋会在类似场合对每一个谈论对象说这样的话，就像每一个日本人都会做的那样——不论这些人是军人还是平民。

问：你有没有听说过这个事，证人先生，作为时任会社社长的贺屋先生花了2 000万日元缓解当年发生在中国的一次大饥荒？

答：没有，这就是日本宣传机构忽视在北平外国记者的表现之一。

问：那么还有一个问题，证人先生，那时候在天津发了一次大洪水。贺屋先生刚回到日本，就向那里运去了抽水机和其他设备，力图将人们从灾难中解救出来。这类事情在这次采访中有没有被提及过？

韦伯庭长：辩护律师无权做那样的事实陈述。

豪克斯赫斯特检察官：在我看来，这不是恰当的交叉质证。

高野辩护律师：我的问话结束。

韦伯庭长：还有要交叉质证的吗？

高野辩护律师：庭长阁下，我的交叉质证是按照原计划或者说时间表结束的。那我现在是不是可以等阁下您对反对意见作出裁定呢？

韦伯庭长：嗯，我以为他已经放弃了交叉质证。我问是否还有要交叉质证的，这个问题不是直接对发言台上的那个辩护律师说的。似乎没有要进一步交叉质证的了。

高野辩护律师：庭长阁下，现在出庭的这位证人的证词里，已经提到了贺屋的名字。因为事发突然，我没时间与被告贺屋商量。正因为这样，我能否请求本法庭允许我和美国辩护律师在中午休庭的时候同被告商量一下,这样的话我们才能就可能要进行的进一步交叉质证交换意见。

韦伯庭长:嗯,证人能不能给我们一点启示?

证人:这是在回答他的最后一个问题吗?

韦伯庭长:我是在问你。好像他们对你提到的这个人的身份不是很确定。你说的是被告之一吗?

证人:是被告之一。

韦伯庭长:哦,那就好。

证人:我认为辩方不会否认这点。

韦伯庭长:嗯,我们会在稍后给你这个机会。平心而论在你和你的被告谈完之后,你应该可以对这位证人进行交叉质证。

高野辩护律师:谢谢。

韦伯庭长:我们休庭到 13:30。

(12:00 开始休庭)

(下午庭审于 13:40 再次开始)

法庭执行官:远东国际军事法庭现在再次开庭。

高野辩护律师:庭长阁下,我希望向本法庭说明,我要终止对这位证人的交叉质证,因为再继续质证这位证人对本法庭不会有太多的帮助,因为这位证人作证的事情和经济问题有关。

语言监督官:更正:在同被告商讨之后,我得到了这样的结论。

韦伯庭长:没必要解释你为什么不继续交叉质证。克莱曼上尉。

交叉询问(由克莱曼辩护律师询问约翰·戈特证人)(继续)

问:戈特先生,你作证说你在 3 月 29 日那天,就是 1940 年 3 月 29 日那天去参加南京的就职典礼时,你遇到了一场火车事故,并且中国人该对那次事件负责,你还把这个报道传回了美国。你是不是在那个报道里说中国共产党该对那次火车事故负责？

答：每一位记者都将这个新闻传回各自在上海的同僚，然后由上海的同僚们通过电报或无线电传播。我没有用到"共产党"这个词，从来没有。在你现在提到这事之前，我从未想过是这样。如果有，那我的用词也是中国"游击队员"或者"游击队"，中国游击队，但肯定不是共产党。

问：那时，在那一地区，除了中国共产党的游击队外，还有没有其他的游击队员？

答：作为一名经过日本军队认可的记者，我当然没法知道任何中国游击队的组成人员，因为他们是敌对的一方。不过，在那则南京的新闻报道中，在我提到中国游击队员，而不是共产党员的时候，当然，我是引用的日军观点，他们认为是游击队员该对这事件负责，他们应该知道自己的作战对手是谁。

问：不管消息来源是什么，戈特先生，你有没有在任何你的文章中说明或是暗示抗日的力量是中国共产党，或者是中国共产党的游击队？

答：这个问题原本是有关1940年3月30日在南京发生的事件。我的回答是我没说他们是中国共产党。

你问道，我是不是曾说过是中国共产党在同日本进行战斗，我确实那么说过，但那包括了很长一段时间内的中国全部的八个省份。如果你是那个意思，那么我的回答就是"是"。

克莱曼辩护律师：我没有要问的了，阁下。

成富辩护律师：阁下，这位证人记得我昨天问他的一些事。我现在能不能再问他一个问题，阁下？

韦伯庭长：不行，其他有权利进行交叉质证的辩护律师可以替你问。

成富辩护律师：但没有想要进行进一步交叉质证的辩护人了。

韦伯庭长：豪克斯赫斯特先生。

豪克斯赫斯特检察官：尊敬的法庭，我想问个问题。今天下午我没有在辩方说的前面的部分中听到他们说开始第一阶段，我是不是可以理解为现在所有的交叉质证都结束了？

韦伯庭长：是的，现在是他证词的第二阶段。他是不是要作证另一阶段的内容了？

豪克斯赫斯特检察官：不，阁下，这位证人的作证已经结束了。

韦伯庭长：嗯，那就对他没有更多的要求了。

豪克斯赫斯特检察官：太好了。那么也没有再要本方询问的了。

韦伯庭长：你是想允许他离开东京吗？

豪克斯赫斯特检察官：是的，阁下。我们想让他从做证人的压力中解脱出来。

列文辩护律师：鉴于豪克斯赫斯特先生刚刚说的，他们希望他不再作为证人，可能暗示着辩方不会再传唤他到庭。我希望简单地说明，辩方在不久之后可能会希望传唤他作为辩方的证人出庭。

韦伯庭长：嗯，我们在其他案子里已经告诉过你，你可以控制你的质询。

列文辩护律师：是的阁下。我们只是不想暗示说现在他不担任证人，那辩方就不能再用其他方式传唤他到庭了——不管是用质询还是其他的方式，就像本法庭所做的那样。

韦伯庭长：嗯，他可以离开了，但是要知道后面他还可能受到质询或者是交叉质证。

豪克斯赫斯特检察官：嗯，尊敬的法庭，如果戈特先生希望回国的话，他什么时候会收到通知？

韦伯庭长：质询将采用书面形式，也可能会在美国进行。

（证人被准许离开）

索　引

A

阿穆尔河　100

阿派旺　323

埃德加·赫尔斯布斯　235

艾伯特·多兰斯(多兰斯，A. A. 多兰斯)　171

艾奇逊　233

爱德华·莫纳汉　262

爱辉　102

爱泽通(爱泽)　151,157

安德斯　232

安徽　227

"奥古斯塔"号美国军舰　230

澳大利亚　64

B

八宝山　152,153

八田　290

巴黎　326

《巴黎非战公约》　141,142

《巴黎公约》　143

巴莫　323

"白俄部落"　355

白鸟传记　379

白鸟敏夫(白鸟)　354,355,379－382

板垣　290,350－352,356－358

板垣征四郎(板垣)　290,350－352,356－358

包头　102,306

宝昌　4

保定(保定府)　8,14,22,43,53,54,72,153,188,340,352

鲍曼　209,212,310

鲍威尔　89,94,96,97,100,103,111,115,117,119－121,125,129,356

爆炸事件　91－93,117,118

北京　5,6,137,153,327

北满洲　95

北宁铁路　214－216

北宁铁路局局长(北宁(北平-辽宁)铁路局局长)　6,15,19,148

北宁线　147

北平　4－8,12－14,18－20,22－24,

27,31-34,36,38,40,43,51,53,54,56,66,69,71,72,102,106,137,138,143,147-153,158,159,163-166,219,266,277,327,329-332,335-340,342-350,353-355,358,359,364,366-370,378-382,387,391,392,394,397,399,404

北平步兵部队　214

北平城彰仪门　8

北平市市长（北平市长）　7,14,27,71,147,164,366,367

北平铁路　397

北四川路　133

北洋大学　354

北苑　8

贝茨　169

贝加尔湖　286

本·布鲁斯·布雷克尼　1

本·多夫曼（多夫曼）　92,93

本间　352

本庄　91,103

比利时　292

比维斯　232,233

宾夕法尼亚　326

滨海省　309

波集团参谋长　312

波兰　292

布拉戈维申斯克　100,101

C.C.布朗（布朗）　235,331

布雷克尼　52,53,368-373

布鲁克斯　72-88,96,162,167,180-183,239,261,274-276,324

C

蔡廷锴　116,363

沧石铁路　3,252

沧州　8

藏本　149

查尔斯·恩斯明格　235

察北事件（察北北部事件）　3,16,18,52,77

察哈尔（察哈尔省）　4,5,7,8,10,11,16,26,27,29,40,58,77,138,341,393

察哈尔省政府民政厅厅长　77,78

察哈尔政府　4

柴沟堡　8

柴山　51

昌黎　145

长城　31,167,325,336,337

长城战役　7,29,31

长江　108,113,140,171-174,176,177,179,181,230,231,236,237,267,298,300,332,363,382

长三角地区　113

长沙　189

长辛店（长辛店地区）　8,11,12,151,153,155

常德　189

巢鸭监狱　195,305,351,389

朝见一男　219,326

《朝日新闻》　257

朝鲜　49,106,122,128,132,320

朝鲜半岛　277

朝鲜军队　197

朝香宫鸠彦亲王　204

朝香亲王　206

陈觉生　6,15,19,20,24,25,148

成富信夫（成富）　379,381,382,406

成田　290

程克　15

程希贤　152

惩罚性战争　73

池田　288,290

崇仁亲王　290

船田　290

村上　223,290,294

D

达西　105

大阪　321,339

大不列颠王国　238

大川周明（大川）　1,42,72,305,351,389

大刀队　151,155,156

大东亚附属国　322

大东亚共荣圈（共荣圈）　221,311,323,355,380,395

大东亚战争　323

大谷尊由（大谷）　403

大和旅馆　90

大井村　151

大连　90,111,266,331

大连港　222

大名　8,13,14

大桥监狱　122,123,125,126,128,130

大山　139,277

大山事件　277

大同煤矿株式会社　402

大卫·萨顿　109

大亚细亚协会　6,25,26

大亚细亚协会年报　24

大亚细亚协会在华之友　24

大亚细亚主义　6,24

大亚细亚主义原则　25

戴维·巴雷特（巴雷特）　2,146,161,162,163,167-169,347,348,366

R.S.戴维斯（戴维斯）　121,125,130

丹尼斯·基尔福伊尔　196

德国（德）　28,238,269,280,322,345

德王（德亲王）　393,394

德因霍夫尔　235

德租界　173

狄思威路　133

抵制日货　132

"帝国海军在中国事变中的活动" 314

第八十八师 136

第二十九军(二十九军) 4,8,7,11,13,40,53,55,148,153,159,163,165

第二十九军副军长 3,4,7,12,14,77-79,153

第二十九军军长 3,4,7,158

第二十七师团 13

第六次全国代表大会 386

第六师团 204

第三十七师(三十七师) 8,11,13,40,53,55-58,72,153,158,165

第十九路军 105,116,332

第五舰队 312

第一次上海事变 114,119,362

第一三二师 4,8,16,53,153

第一三二师军法处长 4

第一三二师师长 4,14,153

第一四三师 8,53

电灯公司 173

电力公司 173

调查委员会 44,293

东方传染病信息部 291

"东方会议" 62

东京 9,23,111,127,138,186,190,195,197,207,210,219,228,233,239,249,260,262,264,266,295,321,328,355,379,387,390,400,407

东京第一酒店(第一酒店) 375,376,377

《东京周报》 242,244

东三省(东北三省) 7,18,29,62,148

东条英机 194,304,306

东乡茂德 1

"东亚协会" 353

东亚战争 318

东印度群岛 323

东闸子事件 58

毒化政策 14

毒品 109,343

对华战争 200

对苏战争 279

多伦 3,16,78

多田骏 213

E

"二十一条" 81

F

法国传教士 203

法国(法) 28,37,38,115,137,203,206

法勒 98

法属印度支那 222

凡尔赛和会 326

《反共产国际协定》 286,288

反日法案 5

反日活动　26,278

反日机构　26

反日联合会　26

反日秘密社团　71

反日运动　27,28,69,70

反日组织　26,27

饭田　352

泛亚细亚运动　287

方济会　128

方振武　338

《防共协定》　270

防共自治政府　382

菲律宾　323

费城　326

丰台　6,8,12,13,57,59,60,147,148,151,153,158,160,367,368

丰台火车站　153

丰台事件　6,58

丰台战役　159

丰台驻军　6,34

冯治安　7,8,40,53,152

奉天　23,50,90,91,93,94,96-99,103,115,167,329,330,336

奉天临时政府（临时政府）　98,99,265,266

奉天事变　329

弗兰克·麦考益　116

弗内斯　87,114,115,117,119,170,210,211,315,316,358-360,362,365

福岛安正　61

福冈　266

福州　189,198

阜平　43

复员局　208,295,304

盖斯特　222

G

冈本敏男（冈本）　65,66,68-70,294

冈本尚一　257

冈木彻　345

冈田启介　61,62

高桥　38

高桥坦　5,6,344

高辻　290,294

高野弦雄　402

戈登　115

哥伦比亚长老教会医学中心　129

哥伦比亚广播公司　329

《革新的必然性》　236,240

格拉内斯　235

"格瑞普尚"号客轮　129

根本　26,40,54,60-62,68,78,127,165,187,195,220,221,223,225,253,263,282,284,315,319,359,366,377,392

庚子赔款　354

《工厂管理令》　287

《工业动员法》 287

公共租界 106,109,113,114,140,333

公共租界防务委员会(防务委员会) 132

公共租界工部局 132

IBM公司 107

供水公司 173

共产党 65,67-69,288,298,301,302,343,382-384,406

共产党军队(共产党部队) 67-69

共产党员 69,343,382,383,406

共产国际 254,267,288,386

共产主义 44,45,69,265,277,285,301,312,382,384

共产主义组织 265

沽源 4

古北口 31,152

古庄干郎(古庄) 2,213

谷 204

谷萩 396,397,403

关东地区 59

关东军 13,20,59,160,216

关东军参谋长 214

关东军铁道线区司令部 214,215

"关于帝国同国际联盟各机构终止合作关系事宜" 291

《关于中国事件应使用各原则及政策之条约》 141

广安门 367

广安门事件 277

广岛 201,358

广东 116,188,253,267,363

广东军队 116

广濑 290

广田 139,280

广西军 301

归化 393,394

归绥 188

桂林 190

国防部 78,115

国防部次长 7,14

国际法庭 291

国际公法 11,33,35,47

国际会议帝国事务局 292

国际检察局 185,186,196,212,218,220,226,236,239,242,251,252,258,259,261,262,270,271,273,289,295,304,309,310,314,317,326,357

国际检察局英国检查团 121

国际联盟 44,45,47,49,76,77,85,98,99,119,120,131,135,136,140,223,224,289-293

国际联盟常设委任统治委员会 291

国际联盟大会 34,291,364

国际联盟第十九届大会决议 224

国际联盟李顿调查团(李顿调查团)

45,93,223,360

国际联盟理事会　291-293

《国际联盟盟约》　291-293

《国际联盟特别大会关于中日争议报告书》　131

国际新闻社　327,328,339,362,386,400,402

国家动员法　321

国家总动员　321

《国家总动员法》　286

国立北平大学　354

国民城市银行　129

国民大会代表　5,8,38

国民党　5,7,26,29,44,64,71,72,193,242,284,298,299,301,353

国民党察北总部　26

国民党地方党部　27

国民政府　7,8,38,46,81,102,227,228,242,253,254,283,284,299,338,363,385,386,390,391

国内战争时期　84

国统计局　185

H

哈尔滨　95,101

哈雷特·阿班（阿班）　204,207

哈益茂　123

海德　246

《海牙公约》　141

韩复榘　24,25

汉口　14,169,171,173,174,176-181,189,267,284,285,288

汉口机场　178

汉口美国商会　171,172

汉口政府　284

汉阳龟山　309

杭州　113,198-200

豪克斯赫斯特（亨利·奥斯汀·豪克斯·赫斯特）　355,392,398-402,404,407

合众国亚洲舰队长江警备队　230

《何梅协定》　40,138,339,368-371,390,391

何应钦（何）　339,370-372

"和平救国"运动　299

和知　9

河北（河北省）　5,7,8,10,11,13,14,29,40,43,58,59,137,138,141,336,340,341,368,369,384

河北省第三行政区督察专员　147,153

河北省政府主席　70,152

河边正三（河边）　14,150,155,156,160,177,349

河合　290

河间　8,13

河南　341

河南路　133

河相达夫（河相） 3,351

荷属东印度公司 221

贺屋兴宣（贺屋） 399,403,404

黑龙江（黑龙江省） 100,251

黑田 290

横滨 98

衡阳 189

衡州 188

红军 386

红十字会 123

虹口 111,114,115,118,122,333

虹口公园 120

虹口公园事件 118

呼和浩特 306

湖南 302

花园饭店 171

华北地方政府 9,47

《华北地区军事处理铁路情况概要草案》 212

华北电信电话株式会社 402

华北方面军特务机关 392

华北航空株式会社 402

华北（华北地区,中国华北） 5,6,8,9,24,25,27,29,31,33,34,36,38,40,48,62,63,65 – 70,83,113,137,138,141,147,148,158,193,214 – 219,242,250 – 252,255,265,267 – 269,281,282,285,287,288,296,306,323,327,329 – 331,336,339,344,350,351,353,355,364,371 – 373,387,394,397,401 – 403

华北交通株式会社（华北交通会社） 397,402,403

华北局势 1,10

华北开发株式会社 397,399,402,403

华北开发株式会社第一任社长 403

华北食盐会社 402

华北铁路军事处理情况概要草案 213

华北五省 67,107,251

华北政府（华北地方政府） 9,47,193,217,218

华北驻屯军司令部 213

华北驻屯军司令官 213

华北自治 40

华北自治运动 19,26,214

"华北自治政府" 5,6,341

华盛顿特区 92,93,230

华盛顿文书中心 259,262

华中派遣军 246,295,296,301

华中派遣军司令部 296

华中派遣军总司令官 196,203

华中振兴株式会社 397

化德（加十寺） 4

怀来 350,358

荒木 107,290

荒木 107,290

"皇道一体主义" 237

黄村 145

黄河 215,216,350,357,404

黄浦江 111,333

火车事故 405,406

霍尔特 235

霍伊尔 235

J

矶野勇三(Y. 矶野) 259,260

基督徒 353

吉安机场 308

吉安樟树镇(樟树镇) 308

吉本贞一 295,296

吉星文(吉) 11,58,150,151,154

季南 326,332,335,341-343,352,355-358,365,373-376,378,379,382,383,385,386,388,390-392

济南 25,188,216

冀北保安队 151,152

冀察平津四地 8

冀察外交委员会 149

冀察政务委员会 5,7,8,11,18-20,38,45,47

冀察政务委员会外交委员会主席 12

冀察政务委员会委员长 5,7,14,43,147,340,370

冀东地区 22,342,343,368,383

"冀东防共自治政府"("冀东自治政府") 341-343,368,382

冀东宪兵队 368

冀南 8,153

加拿大 64,328

加州大学 92

嘉定 240,241

菅原 290

江湾监狱 121

江西 302,385

蒋介石(蒋) 14,43,45,54,64,69-71,72,77,83,101,159,199,227,264,265,267,279,283-285,288,298,301-303,338,355,363,368,370,383-386,388

蒋介石军队 107

蒋介石政权 266,267,270,283,284,302

蒋政府 283,287,296,302,303

交通银行 265

胶济铁路 215,216

教会医院 353

教育总监 197

金子 290

津浦铁路 14,215-217,287

津石铁路(津石(天津-石家庄)铁路) 3,10

近卫 252,257,258,260,261,267,290

近卫内阁 59,282

近卫首相关于调整日中关系的谈话 258

"近卫首相关于重新调整同新生中国关系的谈话" 254

京奉铁路 141,336

经济委员会 291

警察部队 37,83

警卫军第八十七师 136

《九国公约》 61,108,141,143,201,270,291

九江 178,179,188

九一八事变 14,22,23,28,31,47,50,51,76,89,99,100,329,336,359,364,365,377,385

酒井隆 14

旧东北军 301

旧金山 98

军粮城 8,145

军事审判法庭 208

军事铁路委员会 217

军事指挥部 91,348,403

君子协定 35

K

卡尔 209,234

卡尔森 234

卡莱尔·W.希金斯 196

开封 188,189

《凯洛格-白里安公约》 108

康保 4

抗日会 132

抗日容共政策 253

抗日宣言 385,386

抗日运动 69

抗日战争 7,11,14,72

抗日政策 71,72

抗日组织 5

"抗战救国" 301

柯帝斯-莱特公司 75

科尔 194,235

O.S.科尔克拉夫 230

克拉默 17

克莱尔·法雷尔 196

克莱曼 63-65,87,262,263,382-387,405,406

肯德尔·雷格厄姆 94

堀江 290,294

昆仑关 189

L

郎坊 145

廊坊 8

劳莱尔 323

雷蒙德·布朗宁 235

C类罪行 109

冷口 31

李顿报告书 36,44,45,47-50,224,359,360,362

李顿调查团　45,93,223,360

李慧园　185

李立柏　186,190

李维诺夫　309

笠井　151,157,160

莲沼　306

联邦储备银行　265

联合通讯社　329

"联银券"　397

梁廷芳　170

列文　110,114,120,129,130,144,153,154,161,162,185－187,259,387－390,407

林　290

林耕宇（林）　12,149－151,155,156

林逸郎（林）　53,54,61－63,154,157,158,161,365,366,368

铃木贯太郎（铃木）　290,355,387－390

铃木小分队　368

铃木贞一（铃木）　355,390

领事调查团　131,133

刘桂堂　338

刘汝明　7,8

柳川　209,249,279

柳川兵团　279

柳条沟　223,224

柳州　190

六国饭店　380

龙陵　189,190

龙王庙　155,156

龙王庙战役　155

龙烟铁矿　10,252

龙烟铁矿株式会社　402

龙州　189

陇海铁路（陇海线）　215,216,218

卢沟桥　3,8,11－13,33,36,54,55,57－59,72,106,137,147,148,150－153,158,159,161,163－165,218,338,347,348

卢沟桥事变　1,10,11,14,22,23,29,32,33,40,41,48,53,55,56,58,63,69,72,80,105,107,108,113,136,146－148,161,162,184,188,251,252,277,278,350,352,366

卢沟桥事变纪实　147

卢沟桥战争　22

卢沟桥之战　148

芦台　145

陆军大学校　196,200

陆军第十军　204

陆军军务局（军务局）　192,193

陆军炮工学校　196

"陆军省报道班班长佐藤贤了演说摘要"　270

鹿儿岛　210

路透社　345

旅顺港 222

滦州 145

伦敦 328

《伦敦每日快报》 327

伦敦时报 345

罗伯茨 233

罗伯特·莱斯利·克雷吉 241

罗店镇 279,280

罗马 379

罗斯福纪念体育馆 354

G.L.罗素 230

罗伊·斯夸尔斯 234

洛根 98,103,110,134,135,190,191,213,244,245,252,255,256,260,261,309,310,326,391,397

洛阳 136,189

M

马厂 8

马当 188

马蒂斯 157,356,358

马尔曼 233

马尼拉 73

马歇尔 162,167,234

马永魁 394

马占山 99,101,136

麦克马纳斯 10,107,119,211,334,335,349

麦肯锡 89,96-98,101,103,104

满洲 21,44,49,51,62,65,66,89-95,99,100,104-106,111,115,116,119,131,132,134-138,167,206,222,251,286,329-331,336,337,344,359,375-377,384,386

满洲冲突 105

"满洲国" 99,100,219,222,225,238,251,254,267-269,280,285,288,322,343,344,402

"'满洲国'——国际联盟调查团报告书" 135

"满洲国"建立之回顾 222

满洲里 31,33,80

《满洲日报》 328

满洲事变 44,90,93,98,99,103,104,119,221-223,225,286,329,330

满洲事态 115

"满洲"政府 106

《曼彻斯特卫报》 90

曼斯菲尔德 295-297

"梅安"号 231,234

梅津美治郎(梅津) 1,370,371

"梅平"号 231,232,234,235

"梅夏"号 234

美孚石油公司 94,171,182,231,234

美国辩护人 82

美国法庭 85

美国海关 93

美国海军调查委员会 228

美国舰船"瓦胡"号 233,234

美国领事馆 91

美国(美) 1,6,7,10,17,28,33,36-38,64,73-75,80,84,86,89,90,93,96,98,109,115,116,122,128,142,144,171-175,179,181,182,202,203,220,222,228,229,231,233,235,238,250,272,326-333,337,345,346,350-352,354,361,372,373,376,377,380,384,395,404,405,407

美国亚洲舰队总司令 230

美国政府 99,127,134,229

美国驻中国汉口大使 231

美国驻中国南京大使馆 231

美舰"威克"号 114

美利坚合众国 163,166,238

美利坚合众国海军部(美国海军部) 230

门头沟 152,153

蒙古 21,61,222,254,255,281,285,288,311,312,393,394

蒙古军制度章程 311

蒙疆地区 267-269,306

"蒙疆地区特别调查计划"(蒙疆调查计划) 304,306,309

蒙疆联合委员会 266

"蒙疆联合自治政府" 393

蒙军扩军之基本纲要 310,311

米勒斯·兰普森 116

米内 239,290,318,324

米内山 219

秘鲁 292

密苏里州 89

密云 337

缅甸 323

明治天皇 206

摩尔 275,276,289,294

末次 290

莫洛 1-3,7,9,10,15,19,27,28,32,37,44,61,62,64-66,70,73,74,85,87,88,103-108,110-114,121,131,135,136,143,144,146,147,157,158,161-163,169,170,173,181-186,188,190-192,195,196,202,208-212,245,246

莫斯科 386

墨西哥 328

牟田口廉也(牟田口) 14,149,150,154-156,160

木户 244,245,290

N

纳尔逊·特拉斯勒·约翰逊(纳尔逊·约翰逊) 116,346

奈良 290

南昌 189,307,308

南昌火车站　307,308

南弘(南)　294

南京　7,34,71,107,113,136,159,163,169,170,179,188,193,197,198,202-209,226-228,231,236,237,240,242,246-248,250,253,279,280,282-284,307,308,316,332,358,359,361-363,374,384,394,395,405,406

《南京的浩劫》　250

南京老虎山炮台(老虎山炮台)　332

南京沦陷　173,209,227

南京事件　203,205-207,257,373

南京政府(南京国民政府)　28,29,138,193,214,217,277,278,395

南京中央政府　46

南口　8,138

南满铁路　222

南满洲铁道株式会社　214-216

南宁　189,190

南洋群岛　292

南苑　8,13,14,59,153

南苑机场　165

南苑战役　159

内蒙(内蒙古)　138,254,255,281,285,312,393,394

"内蒙古自治政府"　288

嫩江桥战役　100

嫩河战役　100

纽约　89,129,157,326,328,400

《纽约先驱论坛报》　347

诺门坎战役　317

O

欧内斯特·E.丹利(丹利)　271-273,289,295

欧洲　6,7,10,61,73,74,84,86,238,326,350,352

欧洲记者　90

P

帕金森　144,212,213,218-220,226,228-230,236,239-242,244,245,251-253,256-264,270-276,281,282,289,294,295,304-306,308-311,314-317,325,326,377,378

帕克斯顿　233

"帕奈"号炮艇　230-234,282

"帕奈"号事件('帕奈'号炮艇事件)　209,228

排华暴动　132

排日暴动风潮　132

排日运动　132

炮击事件　361

皮克林　234

片冈　218,219

平冈闰造(平冈)　350,351

平汉铁路　14,147,164,215-217,349

平汉线铁桥　3

平津地区　20,206,278,369

平津卫戍司令　5

平绥铁路　138,215,216,349,350

平绥线　147

平沼骐一郎（平沼）　1,42,289,290,293,294,351,389

浦口　332,361

溥杰　330

溥仪　330,331,344,378

Q

七七事变（七七卢沟桥事变、七七事件、七七战争）　2,7-9,12,14,21,35,36,40,41,45,51,56,58,60,66,68,69,72,73,138

《七七事变纪实》　7,38

齐齐哈尔市　100

齐燮元　24,25

企划院　388,389

钱　30

桥本群（桥本）　4,9,14,63,87,88,151,209

桥本欣五郎大佐讯问记录　208,209

桥本欣五郎（桥本）　53,154,157,204,236,239,365

切斯特·罗厄尔　98

秦德纯（秦）　1-3,7,14,15,18,19,23-25,28,31,37,42,48,52-54,61,63,65,69,73,76,83,147,149,151,152,157,159,164,366-368

秦德纯证词　1,10

秦皇岛　33,137,145

青岛　111,216,394,395

清河　147

清华大学　354

清军　277

清濑　294,295,315

清水　290

全国广播公司　329

全球裁军大会　291

R

热河省　7,29,31,47

热河事件　31

人民自治指导委员会　20

任丘　8

日本辩护律师　88

日本财团　84

日本大使馆　16,38,219,329,338,345,346

日本当局　118,158,231,313,364

日本第二军总军司令官　201

日本东京都旧陆军省　1,19,42,68,102,156,187,255,305,351,389

日本关东军驻满洲特务机关长　53

日本海军　105,108,112,113,132,
　　133,136,140,143,177,235,313,
　　314,332,333

日本海军省海军军事普及部　314

日本会所　115

日本极权主义　225

日本记者　128

日本军队（日军）　3,5,8,11-14,16,
　　21,22,31-35,53,54,57,59,67,
　　81-83,90,91,100,102,105-109,
　　112-114,116-119,132-138,
　　140-143,147-157,159,160,
　　163-167,171,173,174,177,180,
　　181,188-190,193,194,201,203,
　　214,234,237,247,249,254,281,
　　291,306,325,329,311,316,333,
　　336,348-355,357,361-364,
　　366-368,371,383,390,392-396,
　　396,401,403,406

日本军阀　23

日本军方　22,68

日本军官（日军将校）　4,9,11,16,
　　23,78,357,358

日本军国主义者　18,26

日本领事馆　117,205

日本陆军　108,141,177,210,211,
　　231,234,268,333,334,336,344,
　　345,349-354,368,393,395-397,
　　401,403

日本陆军华北派遣军司令官　352

日本陆军华北派遣军新闻班　354

日本旅馆　91

日本内阁　55,352

《日本年鉴》　315,316

《日本年鉴:1941—1942》　315,316

日本侨民　119,133,138,365,368

日本侵略者（日本入侵者）　7,8,23,
　　29,31,38,

《日本侵略中国华北的事实》　17

日本（日）　2-14,16-18,21-29,
　　31,33-41,46-52,55-62,65-
　　75,77,78,80-87,89-91,93-96,
　　98-100,105-115,117-120,122,
　　124,125,127-129,132-143,
　　147-154,156-160,164-167,
　　169,171,172,175,177-179,181,
　　182,184,193-204,206,207,210,
　　212,214,220,221,223-225,227,
　　231,233-236,238-243,247,
　　250-252,254-258,261,264-
　　273,277-288,291-293,301,302,
　　309,313,315,316,318,319,321-
　　323,325-334,336-350,352-
　　355,358-364,366-372,374-
　　377,380-388,390,392-404,406

日本商人联合会　83

日本外事协会　316

日本外务省情报局局长　107

《日本为亚洲而战》 328

日本政府 19,29,38,51,73,76,109,116,133,138,143,192,210,228,229,240-242,252-254,259,260,262,269,271,274,277,279,289,291,292,295,304,323,325,344,387

日本驻丰台部队大队长 35

日本驻华北部队 66

日本驻华北地区部队参谋长 9

日本驻蒙兵团参谋长 304,306

日本驻南京总领事 149

日本驻屯军司令部 52,53

日本驻屯军司令官 14,35

日本驻张家口领馆（天津日本驻屯军司令部） 52,53

日本驻张家口领事 4,63

日本驻张家口领事处 4

日本驻中国大使馆武官 5

日本总领事 96,97,132,149

日德意防共协定 254

日俄战争 222,277,286,350

日高 205

日华防共协定 254

日军部队 66,165,166,268

日军参谋长 63

《日军侵华年鉴》 186,188

日军侵略部队 105

日军战机 119

日军指挥官 117,149,150,166

日军驻北平特务机关长（日本特务机关长） 5,6,11,149

日、"满"、中经济共同体 269

日内瓦 99,133,222

日清战争 277,286

"日苏事件" 309

日占区 14,281,282

日中关系 81,221,267

《日中关系基本条约》 256

日中特区 267

日租界 91,173,331,360

容共、抗日、反"满"政策 280

瑞士驻上海的总领事 127

S

萨布哈斯·钱德拉·博斯 323

三村 218,219

三谷 290

桑德罗·山德里 234

森岛 94,219

森山 290

森田 150

山东 11,13,25,29,215,216,341,349,394

山东军 301

山东省海州 316

山冈 1,228,229

山海关 137,145,152,159,160,166,335-337

山海关火车站　336,337

"山海关事件"　335

山西军　301

山西(山西省)　11,29,67,68,341,353,393,396,397

山下　352

山县有朋　61

山胁正隆　295

杉山　204,352

汕头　313

汕头港　312,313

商都　4

商务印书馆　111,131

商震　70,71,340,369－371,391

上海　61,89,93,94,97,100－102,105－107,109,111－116,118－121,125,126,128,129,131－136,139－141,171,188,197,198,203－206,208,235,240,246－248,250,277－281,298,303,304,332－334,358,359,361－365,395,406

上海港　111,115

上海公共租界　109

上海公济医院　128

上海火车北站(北站)　112,115

上海郊区　117

上海日侨　132

上海市郊　116

上海市市长(上海市长)　132

上海事变　119,131,135,365

上海事件　139

《上海停战协定》　116,120

上海吴淞战役　188

上海义勇队　133

上海战事　133,136

上海战役　107,113,204,279,364,365

上海战役　107,113,204,279,364,365

上海证券交易所主席　123

上海租界　114,115

社会问题咨询委员会　291

神崎正义　179

神武天皇　243

十九路军　136,279,340,369

石本虎三　304,306

石家庄　6,10

石井　290

石桥兼雄　295,304

石友三　67,72

石塚　290

史密斯　17,88,167,169,258,375,376,378,379,394,398

世界经济大会　291

《世界年鉴》　315

枢密院　261,263,266,289,291,294

顺德　216

A.T.斯蒂尔(斯蒂尔)　347－349,

366,388,390

斯诺克夫　125

四川北路　120

四川军　301

寺内　352

寺平　149,150,160

松冈洋右　220

松井　6,7,11,13,23,24,55,73,86,108,149,157,160,197,198,227,246－248,257,258,290,305,351,356,358,366,389

松井　6,7,11,13,23,24,55,73,86,108,149,157,160,197,198,227,246－248,257,258,290,305,351,356,358,366,389

松井-秦德纯协议　158

松井石根（松井）　6,7,11,13,23,24,30,55,73,86,108,149,157,160,197,198,203,227,246－250,257,258,290,305,351,356,358,366,389

松井石根讯问记录　202

松井司令官声明　226,227

松浦　290

松室孝良　5

淞沪铁路　132

宋哲元（宋）　4,5,7,13,14,19－22,24,25,40,43,57,70－72,147,153,159,340,341,369－371

苏联　100－102,123,125,222,270,278,279,287,298,301,302,309,386

苏联客轮　125

苏联囚犯　125

苏联政府　63

苏联驻哈尔滨总领馆　65

苏门答腊岛　249

苏州河　114

绥远（绥远省）　11,341,393

孙逸仙　24

T

塔夫纳　271,272

台湾　197,320

台湾军司令官　196

太仓　241

太沽　8

太平洋国际学会美国分会　98

太田金次郎（太田）　15,18－20,19,23

太原府日本特务机关长　396

太原（太原府）　15,18－20,23,353,396

泰国　222,323

唐纳德　329

唐山　10,145

塘沽　8,137,138,145

塘沽协定　31,32,138

藤泽　290

"天长节"　118

天皇　127,225,237,243,261,262,264,289,293,294,314,318

天津　5-8,13,14,18,20,24,25,31-33,40,59,69,137,138,145,148,152,160,166,265,266,330,331,340,354,360,361,369,370,404

天津步兵部队　214

天津法租界(法租界)　265

天津海关　6

天津海关关税　10

天津-浦口铁路　14

天津日本驻屯军司令(天津驻屯军司令,天津驻屯军司令官)　53

天津日本驻屯军(天津驻屯军)　4,14,53,160

天津日租界　166,330

天津神秘行动　331

天津市长　5,15,19,330

天津事件　360

天津英法租界(英法租界)　265

天普大学法学院　326

田中义一(田中)　11,21,61,62,87,290

《田中奏折》(田中计划)　21,60-62,64,65,87

畑俊六将军讯问记录　195

畑俊六(畑)　173,195,196,203

停战协定　41,116-118,134,139,140,154,309,338,364

通城　189

通州　14,22,31,32,278,337,342,368

通州事件(通州之乱)　22,368

佟麟阁　14,153

土肥原贤二(土肥原)　4-6,14,15,18-23,26,50,51,53,55,90,91,100-103,330,331,344,345,374

托马斯·科尔曼　235

托马斯·H.莫洛　196

洼田　290

W

瓦因斯　234

外国租界　115,117,177,303

外蒙(外蒙古)　80,302,281,306

外务省情报部部长　251

外相松冈洋右演说集　220

宛平事件　167

宛平(宛平城,宛平县)　8,9,12,13,35,36,55,58,147,149-151,153,155-158,163-167,347-349,366,367

宛平县长(宛平县县长)　8,12,147,153,164

宛平县政府　8

万宝山事件　223

汪精卫　297,299,302,303,316,395

汪精卫政府　193,395

王克敏 266,282,393,394

王冷斋 8,9,12,55,146,147,153,154,157,164

王丕承 184

望月 218,219

威廉斯 226

韦伯 1-3,9,10,15,17,19-21,23-25,27,30-33,36,37,39,40,42,44-50,52-54,61-66,68,70,72-88,95-98,100-108,110-114,117,119,121,125,129-131,134-136,143-147,153-163,167-170,173,175-188,190-192,194,195,202,208-213,218-220,226,228-230,236,239-242,244-246,251-253,255-264,270-276,281,289,294-297,304,305,308-311,314-317,324-326,331,334,335,342,343,349,351,356-360,362,365,366,368-376,378,379,381-392,394,397,398,400,401,404-407

韦尔农·帕克特 235

"维迪"号客轮 128

维盟士 233

维纳克 202

卫生委员会 291

魏宗瀚(魏) 12,149

沃伦 28,30-33,36,37,39-42,44,45,47-50,52,66,97,100,101,341,342,373-375

芜湖 209,235-237

吴淞 113,140,230,231,364

吴淞要塞 333,363

五省联盟 340

五四运动 28

五相会议 284

武昌 174

武昌蛇山 309

武汉三镇 253,308

武藤章(武藤) 190,191,194,245,246,248,257

X

西安事变 70-72

西班牙 98,122

西班牙领事馆 99

西伯利亚远征军 286

西藏边境 299

西点军校 196

西湖饭店 24

西尾 197

西苑 8

喜峰口 31

下田武三(T.下田,下田) 262

宪兵队指挥部 122

献县 8

香港 173

香月清司（香月）　14,59,160

向哲濬　109

萧振瀛　5,6,19,38

小渡长治　260

小矶国昭首相在第85届议会召开前的演讲　317

小矶国昭（小矶）　317,324,325

小林　221

小林靱而　295

辛丑条约　21,22,33,34,36,65,66,82,131,137,141,143

《辛丑条约》　21,22,33,34,36,65,66,82,131,137,141,143

新罗　278

新民会　353

新西兰　64

信阳　188

兴安岭　100,251

兴亚院　304,389,390

行政院　134

行政院长　78

匈奴大帝阿提拉　107,110

熊斌　56,159

熊袭族叛乱　278

徐州　188,215,216,218,287

许沙岗　150

宣仁亲王　290

宣战诏书　318

Y

鸦片　109

鸦片交易咨询委员会　291

鸦片战争　28,33,34

鸦片中央委员会　291

亚细亚协会华北支部　24

亚洲　7,24−26,69,73,75,84,86,225,243,277,318,328

亚洲市场　86

延庆　8

岩村　352

盐野　290

杨村　8,145

杨树浦地区　111,114

一木清直　6,35

伊藤清（伊藤）　23,25,28,226

宜昌　189

义和团事件议定书　2

义和团暴动　82

义和团运动　21,34,36,37,145

义勇军　136

义勇团　115

艺术科技联合委员会　291

议会代表团　89

意大利　115,206,238,269

阴山　306

殷汝耕（殷）　342,343

印度　211,219,323,326

英国传教士　353

英国大使　109,240,264

英国大使上海遇袭事件　239

英国汉学家　378

英国皇家军舰"蜜蜂"号　235

英国皇家"瓢虫"号海军炮舰　234

英国舰船"瓢虫"号　209

英国炮艇"海燕"号　109,114

英国(英)　28,36-38,64,80,89,90,98,99,109,115,116,120,122,123,203,236-239,241,264-267,270,278,285,298,303,328,364,365,380

英美传教士　353

英王陛下政府　241

英王陛下驻日本国大使　241

英王陛下驻中国大使许阁森爵士受伤事件　240

樱井　151,152,160,290,367

樱井德太郎　160,367

影佐　395

雍仁亲王　290

永定河　3,278,279

永井　290

有久　218,219

有马　290

有田　261,263,266,290,294

于学忠　340,369,370,391

宇垣　261,262,264,288,294

御前会议　282

袁金铠　98,99

原　289-291

原子弹轰炸　201

远东国际军事法庭　1,10,19,25,30,42,54,68,77,83,86,95,100,102,103,125,146,156,157,169,187,226,241,255,256,281,305,324,331,343,351,358,369,381,389,398,405

《远东国际军事法庭宪章》　21,114,186,383

《远东现代史》　202

约翰·邦科斯基　235

约翰·鲍威尔(鲍威尔)　89,94,96,97,100,103,111,115,117,119-121,125,129,356

约翰·戈特(戈特)　326,330,332,335,343,352,356-359,366,368,369,373-376,378,379,381,382,384,386,387,389-392,394,396,399,402,405-407　约翰·霍尔·帕克斯顿　234

约翰·卡特·文森特　93

约翰·马斯顿(马斯顿)　346

约瑟夫·伦沃·史迪威(约瑟夫·史迪威、史迪威)　163,346

岳阳　189

云南铁路　316

Z

载仁亲王 290

臧式毅 103

闸北机场 111

闸北区 111,119,132

斋藤 139,149,150,152

詹姆斯·弗里曼（弗里曼） 272 - 274,289

战俘营 192

张北事件 3,52

张北（张北县,张北地区,张北区） 3, 4,8,16,26,27,36,78

张鼓峰 309

张鼓峰事件 279

张家口 4,8,16,27,138,188,393, 394

张学良（张） 51,70,71,99,329 - 331,335,336,359

张学铭 330

张自忠 7,8,55,153

赵登禹 4,8,13,14,153

浙江 227

珍珠港 75,114

珍珠港计划 21

珍珠港事件 47,62,73,89,97,101, 114

郑州 189

芝加哥 98

芝加哥论坛报 90,93,96,97

芝加哥每日新闻报 347,388

中村 223

中村事件 23

中岛 151,152,160,290

中东铁路 63,100

中国保安队 140

《中国部队战斗力研究》 298

中国大亚细亚协会 24

中国东北 89,100

中国东部 105,108

中国东三省 31

中国法律 49

中国俘虏 192 - 194

中国共产党 64,65,68 - 71,384 - 386,406

中国官员 83,329 - 331,338,339, 341,348,369,371,372,391

中国国民军第十九路军 363

中国国民政府 47,68,242,253,283, 340,341,363,384,391,393

中国和县 235

中国华北（华北地区,） 3,10,14,21, 24,25,50,59,165

中国华北军 193

中国记者 90

中国警方 65

中国军队 6,11,14,22,26,32,36, 40,44,54,58 - 60,75,83,100,106,

108，113，116，119，133，135，136，139，140，152，155，156，165，166，180，192－194，200，207，240，242，331，334，337，349，357，360，363，364，367－369，386

中国军队第二十七师　367

中国军人　41

中国抗日战争期间中国军队伤亡情况统计表　184

中国每周评论　89，95

中国难民　203

《中国派遣军秘密日报》《中国秘密日报》）　305，309

中国派遣军总司令官　197，199

中国囚犯　122，124－126，175

中国士兵　12，16，92，108，109，164，171，207，218，236，237，331，352，353，363

中国事变　105，192，197，200，218，221，225，238，240，242，243，252，253，256，275－277，325，327

《中国事变和帝国外交》　251

中国水域　109

中国统计报表　184

中国各维和机构　300

中国沿海　105，108，140，143

中国银行　265

中国"游击队员"（中国游击队，中国游击队员，游击队）　406

中国战俘　108，171，177

中国战争犯罪调查委员会　207

中国战争物资　84

中国政府　4，5，16－19，22，28，34，40，49，53，54，56，63，67，78，79，81，132，136－141，148，149，158，193，252，265，278，291，327，347，397

中国（中，华）　1，2，5，7，8，10，11，15－17，21－29，31－41，46－51，53－60，62，63，65－67，69－76，79－85，89，95，96，98－103，105－113，115－117，120，122，123，126，128，129，132－134，136－143，145，146，148，153－156，159，162－167，169，171－173，175，177，179－182，186，187，189，190，192－194，197，198，200－203，205－208，211，214，216，221－223，227，228，230，234－238，240－243，249，251，253－255，265－270，277－288，291，293，295，298－304，314，316，323，325，327－344，347－349，351－355，358－360，362－364，366，368－372，375－377，380－388，390，393－398，402，404－406

中国中央政府（中央政府）　5，6，9，15，16，20，26，27－29，38，41，43－45，48，51，53，54，62，76－81，159，242，266，267，283－285，296，297，

301,302,359,363,370
中国主权　10,166
中国驻北满军队　99
中国驻军　8,81,82,132,166,363
中国驻南满部队　99
中国驻屯军铁道线区司令部（铁道线区司令部）　215－217,218
中华民国　1,2,44,45,47,49,135,169,185,325,329
中华民国国民军副总司令　359
中华民国国民政府　316,395
中华民国军令部第二厅　184,186,190
中华民国临时政府（临时政府）　266,393,394
中华民国维新政府（维新政府）　266,394
中华民国政府联合委员会　266
中美通讯社　327
中日纷争调停委员会　359
中日军事联盟　268

中日事件　291,292,296,301,302,304
中日战争　12,57,68,73,81,105
中山公园　51
中苏关系　64
塚田　247
重光葵（重光）　112,114,116－118,309,365
重庆　108,146,185,186,301,303
周思靖　151
周永业（周）　12,149
轴心国　270
驻北平日军新闻班发言人（日军新闻班发言人，日军发言人）　392
庄士敦　378
自由印度政府　323
自治政府　6,27,46,281,285,288,341,382
自治政权　47,48
最高战争指导会议　319
佐藤贤了（佐藤）　272,274－276